경외함으로 시작되는 신앙의 성장

신앙 가이드북 I

신앙 가이드북 I

경외함으로 시작되는 신앙의 성장

초판 1쇄 발행 2025년 12월 12일

지은이 차승목
펴낸이 장길수
펴낸곳 지식과감성#
출판등록 제2012-000081호

교정 정은솔
디자인 강샛별
편집 강샛별
검수 김지원
마케팅 김윤길

주소 서울시 금천구 벚꽃로298 대륭포스트타워6차 1212호
전화 070-4651-3730~4
팩스 070-4325-7006
이메일 ksbookup@naver.com
홈페이지 www.knsbookup.com

ISBN 979-11-392-2969-1(03230)
값 19,000원

지식과감성#
홈페이지 바로가기

경외함으로 시작되는 신앙의 성장

신앙 가이드북 I

guidebook

차승목 지음

지식과감성#

차례

프롤로그

교회를 비롯한 여러 기관에서 신자들의 신앙 성장을 돕고 있지만, 신자 스스로 자신의 신앙을 점검하거나 내가 전도한 새 신자의 신앙을 지도하는 일은 여전히 막막하기만 하다. 《신앙 가이드북》은 초신자들의 신앙 성장을 위해 쓰이길 바라는 마음으로 쓰게 되었다. 하지만 완전한 초신자를 위해서라기보다 오히려 이러한 초신자들을 지도하는 리더들을 위한 책이라고 보아야 할 것이다. 신앙 성장을 돕기 위해서는 정리된 이론이 필요하다. 더불어 가르치면서 자신의 신앙을 돌아볼 수 있는 기회가 된다면 더할 나위 없이 좋을 것이다. 한국교회의 신앙 성장을 가로막는 가장 큰 걸림돌 중 하나는 기복신앙과 옛 본성이다. 샤머니즘과 유교, 불교의 종교 ·문화적 토양에서 유입된 기복신앙을 극복하기 위해서는 타종교에 대한 정확한 지식이 필요하다. 또한 옛 본성을 십자가에 못 박을 수 있어야 비로소 신앙 성장을 도모할 수 있다.

[옛 본성 죽이기]는 이 책을 통해 반복하여 강조하고 있는 중심 주제이다. 신앙 성장은 기도만 한다고 해서, 성경만 열심히 읽는다고 해서 저절로 이루어지지 않는다. 그 가르침을 자신에게 적용하기 위해 내부의 죄(옛 본성)와 싸울 수 있는 실천적인 지식과 지혜가 필요하다. '믿음'으로 시작된 신앙은 '경외'를 회복할 때 성장한다. 옛 본성 십자가에 못 박기는 '경외'를 회복하는 과정이기도 하다.

죄의 오염에서 회복된 '경외'로 하나님 앞에 섰을 때, 우리는 복음의 진면목을 마주하게 된다. 십자가를 통해 증명된 성부 하나님의 사랑 앞에 의심과 원망, 불평을 그치게 되며, 내주하시는 성령 하나님의 인도하심을 거부하지 않고 순복하여 따를 수 있게 된다. 어떠한 어려운 일을 만나도 놀라거나 두려워하지 않게 되고 오직 하나님만을 의지하며 나아갈 수 있는 힘을 얻게 된다. 이 책을 통해 그러한 '경외심'이 독자들의 마음속에서 회복되기를 기대해 본다.

2025.11.11.

산인(散人) 차승목

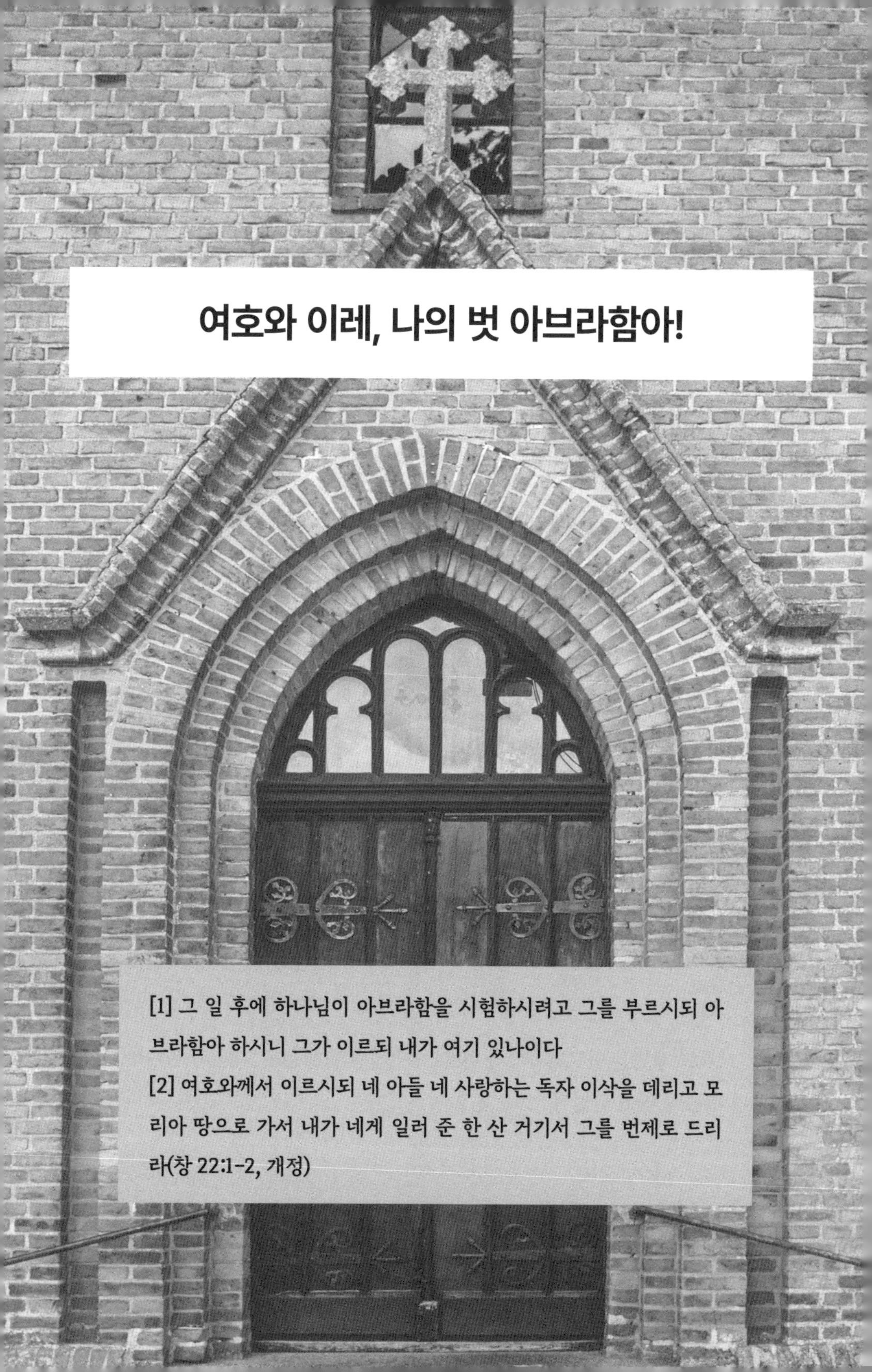

여호와 이레, 나의 벗 아브라함아!

[1] 그 일 후에 하나님이 아브라함을 시험하시려고 그를 부르시되 아
브라함아 하시니 그가 이르되 내가 여기 있나이다
[2] 여호와께서 이르시되 네 아들 네 사랑하는 독자 이삭을 데리고 모
리아 땅으로 가서 내가 네게 일러 준 한 산 거기서 그를 번제로 드리
라(창 22:1-2, 개정)

I. 아브라함의 제사

창세기 22장에 기록된 아브라함의 제사는 초신자의 입장에서 매우 두려운 사건이 아닐 수 없다. 하나님께서 아브라함에게 100세에 얻은 귀한 외동아들 이삭을 번제물로 바칠 것을 요구하셨기 때문이다. 신앙을 막 시작한 신자가 이 사건을 읽으면서 혹시 하나님께서 아브라함에게 그러하셨던 것처럼 나에게도 이런 가혹한 요구하시지 않을까 하고 걱정하며 두려워하는 모습을 종종 보게 된다.

그러나 이러한 걱정은 이 사건의 본질을 온전히 이해하지 못하여 오해했기 때문이다. 대부분의 초신자가 이 사건의 본질을 깨닫지 못한 채, 두려워만 한다. 그렇다면 이 사건의 본질은 무엇일까?

교인들에게 "하나님께서 아브라함에게 이삭을 바치라고 요구하신 이유가 무엇 때문이라고 생각하십니까?"라고 물으면 대부분

"그것은 아브라함의 믿음을 확인하려 시험하셨기 때문입니다."라고 답한다.

하지만 성경은 아브라함에게 허락된 이 시험의 내용을 '믿음'이 아니라, '경외(敬畏)'라고 말한다.

사자가 이르시되 그 아이에게 네 손을 대지 말라 그에게 아무 일도 하지 말라 네가 네 아들 네 독자까지도 내게 아끼지 아니하였으니 내가 이제야 네가 하나님을 경외하는 줄을 아노라(창 22:12, 개정)

하나님께서는 아브라함이 얼마나 하나님을 '경외(敬畏)'하는지 알고자 하셨다.

'경외'란 [지극히 높고 위대하신 대상에 대하여 마음속 깊은 곳에서 우러나오는 존경심과 그의 영광에 압도되어 느끼는 두려움]을 말한다.

하나님께서는 아브라함이 얼마나 하나님의 위대하심과 거룩하심을 깨달아 진심으로 자신을 '경외'하는지 알고자 하셨다.

좀 더 정확하게 표현하자면, 하나님께서는 이 사건을 통해 자신밖에 모르는 이기적인 아브라함이 하나님과의 깊은 교제로 인해 얼마나 자신을 아버지처럼 믿고 따르게 되었으며, 깊이 사랑하게 되었는지를 아브라함 자신과 성경을 읽는 우리에게 보여 주고 싶으셨던 것이다.

아브라함은 본래 매우 이기적이고 소심한 인물이었다.

그는 위기의 상황에서 사랑하는 아내를 지키기보다 오히려 두 번이나 아내를 팔아 자신의 생명을 지켰다. 또 얼마나 소심했던지 '본토와 친척, 아버지를 떠나라'라는 하나님의 명령에도 불구하고, 그의 고향인 갈대아 우르를 떠날 때 아브라함은 아버지 '데라'와 조카 '롯'을 대동하고서야 겨우 고향을 떠날 수 있었다.

심지어 성경은 이 이주를 주도한 인물이 하나님의 명령을 직접 받은 아브라함 자신이 아니라, 아버지인 '데라'였다고 말한다.

데라가 그 아들 아브람과 하란의 아들인 그의 손자 롯과 그의 며느리 아브람의 아내 사래를 데리고 갈대아인의 우르를 떠나 가나안 땅으로 가고자 하더니 하란에 이르러 거기 거류하였으며(창 11:31, 개정)

또한 그는 매우 의심이 많은 인물이었다. 아브라함은 가나안 땅에서 하나님의 선한 목자 되심을 믿지 못하였다. 기근으로 인해 하나님의 보호하심과 공급하심에 대한 강한 의구심이 들자 곧장 애굽으로 내려가 스스로 제 목숨을 보존하고자 하였다.

하지만 여기서 많은 사람이 의문을 품을 수 있다. '기근(飢饉)은 자연재해이다. 어쩌란 말인가? 그럼 아브라함이 가나안에 머물며 자신에게 속한 모든 사람과 수많은 가축이 기근으로 죽어 가는 것을 그냥 지켜보는 것이 믿음인가?' 하고 의문을 가질 수 있다.

흥미롭게도 성경은 이 문제에 대해 이삭의 행동과 아브라함을 대비시켜 답한다.

[1] 아브라함 때에 첫 흉년이 들었더니 그 땅에 또 흉년이 들매 이삭이 그랄로 가서 블레셋 왕 아비멜렉에게 이르렀더니
[2] 여호와께서 이삭에게 나타나 이르시되 애굽으로 내려가지 말고 내가 네게 지시하는 땅에 거주하라
[3] 이 땅에 거류하면 내가 너와 함께 있어 네게 복을 주고 내가 이 모든 땅을 너와 네 자손에게 주리라 내가 네 아버지 아브라함에게 맹세한 것을 이루어
[4] 네 자손을 하늘의 별과 같이 번성하게 하며 이 모든 땅을 네 자손에게 주

리니 네 자손으로 말미암아 천하 만민이 복을 받으리라(창 26:1-4, 개정)

아브라함에게 찾아온 기근은 이삭에게도 찾아왔다. 이삭이 '그랄'로 간 것은 아브라함처럼 애굽으로 내려가기 위함이었다. '그랄'은 가나안에서 애굽으로 내려가는 길목이기 때문이다.

하지만 하나님께서는 애굽으로 내려가지 말고 자신과 함께 가나안에 머물 것을 명하셨다.

이것이 무엇을 의미하는가? 그저 기근을 죽음으로 버텨 내라는 것이 아니다. 나(하나님)와 함께 머물라는 것이다. 하나님께서는 복의 근원이 되신다. 하나님께서 친히 신자의 기업이 되시고, 신실한 보호자가 되시며, 공급자가 되신다. 그는 능력 있는 아버지로서 신실하게 자녀를 양육하신다.

이것을 믿는가? 하나님께서 '선한 아버지'라는 사실을 믿는가?

이삭에게 임한 기근은 출애굽한 이스라엘에게 허락된 '광야(廣野)'와도 같다. 200만의 이스라엘은 먹을 것도, 마실 물도 없는 땅에서 하나님을 의지하여 40년을 살았다. 무엇이 그것을 가능하게 하였나? 하나님께서 모든 필요의 공급자가 되시고, 그들의 아버지가 되시고, 선한 목자가 되어 주셨기 때문이다.

아브라함에게 기근으로 먹을 것이 없는 가나안에 머물라는 명령은 가혹하게 보이지만, 이 명령은 사실상 하나님의 아버지 되심을 경험해 보라는 것이었다. '내가 아버지로서 너와 함께 있는 한, 기근 따위는 문제가 되지 않는다. 아브라함아 너는 이것을 믿느냐?'라고 말씀하시는 것이다.

“그것을 믿을 수 있나?”

이삭은 아브라함과 달리 이러한 부르심에 즉시 순종하였다. 그는 어떤 어려움이나 기근이 와도, 충분히 해결하실 수 있는 능력의 하나님을 잘 알고 있었다. 이삭은 어린 시절부터 아버지 아브라함을 지켜 주시고, 보호해 주시며, 모든 필요를 채워 주시는 하나님을 직접 체험하여 알았다. 그의 눈에 하나님께서는 아브라함에게 ‘신실한 아버지’가 되어 주셨다.

하지만, 이삭이 단번에 통과할 수 있는 그 시험(Test)을 아브라함은 쉽게 통과하지 못하였다.

하나님께서는 자신을 믿지 못해 애굽으로 내려간 아브라함을 꾸짖지 않으셨다. 오히려 그때도 아브라함을 지켜 주시고 보호하셨다. 하나님은 아브라함이 아직 하나님을 완전히 신뢰할 만큼의 경험이 부족하다는 걸 잘 알고 계셨다. 그의 부족함까지 이해하시고, 배려하며 기다려 주신 것이다.

하나님께서는 그런 아브라함을 인내하시고, 또 인내하셨다.

하나님의 자비는 늘 아브라함을 위기에서 구원해 주셨고, 심지어 그를 전쟁에까지 능한 사람으로 만드셨다. 아브라함은 가나안 패권 전쟁에 휘말려 납치된 조카 롯과 그의 가족을 구원하기 위해 전쟁터로 나아갔다. 가나안 남북전쟁에서 하나님을 의지하여 왕들을 물리치고, 홀로 승리자가 된 아브라함은 조카 롯과 그의 가족을 구원했을 뿐만 아니라 가나안 땅에 평화를 가져왔다.

이제 가나안 땅에서 아무도 그를 대적할 자가 없게 되었다. 순간 뜨내기 이방인에서 왕과도 같은 권세와 권위를 가진 인물로 가나안 땅에 우뚝 서게 된 것이다.

자신의 생명을 구걸하던 나약한 이방인에서 많은 사람의 생명을 위해 자신을 희생할 줄 아는 사람으로 그는 변하였다. 자신의 신변을 보장받기 위해 갈대아 우르에서 호위병으로 데리고 온 조카 롯을 오히려 구원해 준 사람으로 아브라함은 성장한 것이다.

그의 전인격적인 변화는 결국 눈에 보이는 증거 없이도 하나님의 선하신 약속만을 믿고 따를 수 있는 '믿음의 사람'으로 변화시켰다.

아브라함이 참으로 '믿음의 조상'인 이유가 바로 여기에 있다.

그가 너무나 훌륭한 인품과 믿음을 가졌기 때문이 아니라, 그가 너무나 의심이 많은 사람이었기 때문이다. 우리가 하나님을 믿기 전에 할 수 있는 거의 모든 종류의 의심을 아브라함은 하였다. 또한 아브라함은 그 시대 평균적인 남성을 기준으로 보아도 그 인격이나 품위조차 누구와 견줄 수 없을 만큼 형편없는 사람이었다. 이기적인 생존 본능을 따라 자기 목숨만을 구하려고 내린 즉흥적인 결정 때문에 위기에 빠지는 모습을 자주 보여 준다.

하지만 하나님은 이렇게 신뢰할 수 없는 사람을 선택하셔서 그를 '믿음의 사람'으로 변화시키셨다.

그렇다면 우리 같은 사람도 아브라함처럼 변화될 수 있는 것이 아닌가? 이것이 하나님께서 아브라함을 선택하신 이유이다.

아브라함에게 허락하셨던 그 은혜와 자비를 우리에게 허락하신다면, 우리는 오히려 아브라함보다 더 위대한 신앙인이 될 수 있는 것이 아닌가?

아브라함의 변화는 우리에게 소망을 준다.

하나님께서는 타락한 인류에게 자신이 여전히 아버지 노릇하고 계심을 아브라함을 통해 증명하셨다. 그러므로 아브라함은 타락한 인류 가운데 (바벨탑 사건 이후) 잃어버린 자녀를 찾으시는 하나님을 아버지로 인정하고 받아들인 첫 번째 인물이 된다.

하나님께서 아브라함을 부르시고 그를 성경에 기록하시고, 100세에 얻은 그 귀한 외동아들 이삭을 바치라고 요구하시는 이유가 바로 여기에 있다. 자기 자신밖에 모르는 이기적인 아브라함이 자신의 목숨보다 더 귀한 아들을 하나님께 바칠 수 있게 변화된 것을 통해, 앞으로 변화될 우리의 모습을 보여 주시는 것이다. 하나님께서는 아브라함을 통해 자비와 사랑으로 우리를 변화시켜 아브라함과 동일한 믿음의 소유자로 만드실 것을 우리에게 알게 하시는 것이다.

따라서 우리는 아브라함의 제사를 바라보면서, '혹시 나에게도 이러한 것을 하나님께서 요구하시면 어떻게 하지?' 하는 두려움으로 이 사건을 보아서는 안 된다. 오히려 '도대체 얼마나 큰 하나님의 은혜와 사랑과 자비가 아브라함에게 부어졌기에 저렇게 이기적인 사람이 변화되었을까?' 하는 놀라운 관점으로 이 사건을 바라보아야 한다.

저렇게 의심 많은 사람이 얼마나 위대하신 분으로 하나님을 알게 되었기에 자신의 소중한 아들을 바치면서까지 '경외(敬畏)하게 되었을까?' 하는 관점으로 이 사건을 바라보아야 한다.

많은 신자가 신앙 성장의 동력이 '믿음'이라고 생각한다. 아니다. 그렇지 않다. 신앙의 성장은 '경외'로부터 시작된다. 구원의 시작은 '믿음'으로 시작되지만, 성장은 '경외'로부터 시작된다.

내 모든 것을 내어드려도 아깝지 않은 하나님을 '경외하는 마음'으로 알아야 한다. 그래야 목숨을 다하고 마음을 다해 그분을 따를 수 있게 된다. 그래야 십자가에서 보여 주신 그 사랑의 넓이와 깊이를 이해할 수 있게 된다.

즉, 하나님께서 나를 얼마나 사랑하시는지, 이 사랑을 회복하기 위해 어떤 대가를 치르셨는지, 구원의 계획이 얼마나 구체적인지, 얼마나 신뢰할 만하고 인자한 분인지, 그리고 나를 얼마나 소중히 여기시는지를 오직 '경외'를 통해서(회복하여) 인식하고 그 깊이를 깨달아야 하는 것이다.

여호와를 경외하는 것이 지식의 근본이거늘 미련한 자는 지혜와 훈계를 멸시하느니라(잠 1:7, 개정)
네 시대에 평안함이 있으며 구원과 지혜와 지식이 풍성할 것이니 여호와를 경외함이 네 보배니라(사 33:6, 개정)

'경외'는 그냥 두려운 마음이 아니다. 그의 본질에 대한 깨달음에서 오는 두려움이다. 그의 위대하심과 거룩하심에 대해 알게 되어 오는 두려움이다. 세상의 모든 학문과 지혜와 지식은 모두 다 창조주이신 하나님께로부터 시작된 것이다. 그로부터 시작하지 않은 것이 이 세상에는 존재하지 않는다. 그러므로 '경외'는 모든 지혜와 지식의 근본이기도 하다.

그런데 세상은 애써 그를 잊으려 한다. 그를 기억하지 않으려 한다.

창조주 하나님께서는 한 번도 지구를 떠나신 적이 없는데, 바벨탑 사건 이후 타락한 인류는 완전히 하나님을 잊어버렸다. 지구상에 하나님에 대한 '경외함'이 완전히 사라져 버린 것이다. 온갖 잡신은 다 알아도 천지를 창조하신 하나님을 아는 이가 없다.

이후, 창조주를 잃어버린 인류는 혹독한 대가를 치르게 되었다.

아무도 자신이 왜 태어났는지 모른 채 출생하게 된 것이다. 태어나긴 했는데 무엇이 되어야 하는지 알지 못한 채 혼란 속에 살아가게 된 것이다. 또한 출생의 이유를 알지 못하는 것처럼 죽음의 이유 또한 알지 못한 채 언제 올지 모르는 두려움 속에 죽음을 맞이하게 되었다.

결국 인류는 창조주를 잊어버림으로써 막대한 시간과 자본, 체력의 낭비를 경험하게 되었다. 젊음이 가장 빛나는 청춘을 대부분 자신이 무엇이 되어야 하는지에 대한 이상과 현실 속에서 고민하며 방황하게 되었다. 자신의 재능과 능력을 알지 못하여 인생의 진로를 쉽게 결정하지 못하는 혼란을 경험하게 된 것이다.

많은 젊은이들이 이렇게 방황하다 자신의 길을 찾지 못한 채 결국 환경에 맞춰 사는 삶을 받아들여야 했다.

이것은 창조주이신 하나님을 찾으면 되는 일이었지만, 이상하게도 아무도 그렇게 하지 않았다. 이렇게 아무도 하나님의 존재를, 그의 창조주 되심을, 그의 아버지 되심을 잊고 있을 때, 하나님께서 아브라함을 불러 자신을 나타내심으로 스스로 드러내셨다.

II. 여호와 이레

아브라함이 그 땅 이름을 여호와 이레라 하였으므로 오늘날까지 사람들이 이르기를 여호와의 산에서 준비되리라 하더라(창 22:14, 개정)

아브라함은 하나님께서 보시기에 합당한 온전한 '경외'로 이 시험을 통과하였다.

아브라함은 이것을 기념하기 위해 이삭을 제물로 바치려고 했던 그 땅의 이름을 **'여호와 이레'**라고 하였다. 많은 신자가 '여호와 이레'를 개역개정성경의 번역에 따라 **'여호와의 산에서 준비되리라'**라는 의미로 기억한다. 하지만 이러한 번역은 많은 오해를 불러일으켰다.

'여호와의 산에서 준비되리라'라는 번역은 히브리어 원어적인 차원에서 틀린 번역은 아니다. 다만 이렇게 번역하게 되면 우리는 여호와의 산에서 이삭 대신 수풀에 걸려 미리 준비된 '숫양'만을 보게 된다. 물론 이 숫양은 구속사적 관점에서 예수님을 상징하는 매우 중요한 의미를 갖는다.

하지만 '여호와의 산에서 준비되리라'라는 번역은 즉시 한국 교회의 고질병인 기복신앙과 연결되어 나의 부족한 모든 것을 채우시는 하나님만을 찾게 하였다. 오직 신자 자신의 개인적인 소원 성취를 위해 하나님의 복 주심과 미리 예비해 주심만을 간구하는 것의 정당성과 근거를 제공하는 구절로 사용된 것이다. 따라서 기복신앙에 빠진 많은 성도가 "여호와 이레!"라고 외치며 '복(福)' 받기만을 간구하게 되는 부작용을 낳게 되었다.

그런데 대한성서공회에서 발행한 새번역과 공동번역성경은 이에 대한 다른 번역이 가능함을 제시한다. 각주를 통해 **'주님께서 산에서 친히 보이신다'**라는 번역도 가능하다는 것을 별도로 표기한 것이다.

이런 일이 있었으므로, 아브라함이 그 곳 이름을 ㉠여호와이레라고 하였다. 오늘날까지도 사람들은 ㉡'주님의 산에서 준비될 것이다'는 말을 한다.(창 22:14, 새번역)

각주 : ㉠<히> '아도나이 이레(주님께서 준비하심)' ㉡또는 '주님께서 산에서 친히 보이신다'

"야훼의 산에서 그가 나타나신다."라고 번역할 수 있다.(창 22:14, 공동역)

그렇다면 '주님께서 산에서 친히 보이신 것'은 무엇인가?

숫양일까? 아니면 다른 어떤 사물 혹은 사건인가? 그것도 아니면 자기 자신을 나타내신 것일까?

히브리어 원어에 능통한 학자들은 [여호와 이레(아도나이 이레)]가 '하나님 자신의 현현(顯現: 나타내심)'을 의미한다고 말한다.

이러한 번역을 따르면 이삭을 바치라고 명령하셨지만 대신 숫양을 미리 예비하시고, 자신이 경외함으로 드린 제사를 받으시기 위해 나타나신 하나님을 아브라함이 기념하기 위해 '여호와 이레'라고 그 땅을 부르게 된 것이 된다.

그렇다면 '여호와의 산에서 준비되리라'라고 번역한 것과는 구체적으로 어떤 차이가 날까?

이 번역은 미리 준비된 '숫양(성자)'보다 이를 예비하신 '성부 하나님의 모습'을 더욱 선명하게 드러낸다.

즉, '숫양'으로 상징되는 '성자 예수님의 희생'보다 타락한 인류를 구원하시기 위해 성자 예수님을 잃는 고통 속에 몸부림치셨던 '성부 하나님의 모습'에 더 초점을 맞춘 번역이라는 의미이다.

아브라함은 이전에도 하나님의 현현을 종종 체험하였다. 하지만 그때마다 이를 기념하기 위해 별도의 이름으로 땅의 이름을 새롭게 지어 기념하지는 않았다. 그만큼 이 사건은 아브라함에게 큰 의미가 있는 사건이며 그의 자손들은 대대로 반드시 기억해야 할 중요한 사건이었다.

따라서 우리의 묵상은 여기서 멈추면 안 되고, 우리가 미처 깨닫지 못한 더 깊은 의미를 찾아내야 한다. 이 사건의 보다 깊은 뜻을 이해하기 위해서는 창세기 11장부터 살펴야 한다. 11장에는 타락한 온 인류가 힘을 모아 하나님을 대적하여 일어난 바벨탑 사건이 기록되어 있다.

그러므로 그 이름을 바벨이라 하니 이는 여호와께서 거기서 온 땅의 언어를 혼잡하게 하셨음이니라 여호와께서 거기서 그들을 온 지면에 흩으셨더라(창 11:9, 개정)

하나님을 대적해 일어난 바벨탑 사건은 하나님의 준엄한 심판으로 끝을 맺는다. 하나님께서는 온 땅의 언어를 혼잡하게 하여 인류를 흩으셨다. 창세기 12장에 아브라함은 이러한 배경 속에 등장한다.

즉 아무도 창조주이신 하나님을 찾지 않는 무지와 불신앙 속에서 온갖 잡신이 난무한 가운데 아브라함이 하나님의 부르심으로 등장한 것이다. 하나님은 바벨탑 사건을 통해 드러나듯이 인류 가운데 이미 숭배의 대상이 아니었다. 그는 타락한 인류에게 대적해야 할 존재로 여겨졌으며, 바벨탑 사건 이후에는 흩어짐 당한 사람들의 관심 밖에 잊혀진 신(神)이 되었다.

범신론을 따라 그 당시 사람들은 아무도 창조주이신 하나님을 알지도, 찾지도 않았다. 하나님을 알지 못했기 때문에 그의 위대하심과 영광을 아는 사람은 당연히 아무도 없었다. 그러므로 아브라함은 자신을 부른 하나님의 위대하심과 그의 진정한 가치를 전혀 알지 못한 채, 하나님을 따라나선 것이 된다.

이는 참으로 '경외'받으시기 합당한 하나님께서 존재하셨지만, 아무도 그의 존재를 알지 못했을 뿐 아니라, 그를 만나도 그가 얼마나 경외받으실 만한 가치를 가진 존재인지 알지 못했다는 것을 의미한다.

아브라함이 살았던 시기의 신(神)에 대한 보편적인 관념은 범신론(汎神論)이다. 범신론의 세계관으로 볼 때, 세상은 온갖 신들로 가득한데, 이 신들은 저마다의 고유한 영역을 통치하고 있으며, 그의 고유 영역 안에서만 능력이 있었다.

예를 들면 샤머니즘에서 산에 가면 산신(山神)이 있고, 바다에 가면 용왕(龍王)이 있고, 하늘에는 옥황상제(玉皇上帝)가, 지옥에는 염라대왕(閻

羅大王)이 있다고 믿는 것처럼 말이다. 더욱이 범신론에 의하면 창조주는 세상과 여러 신들을 창조하였지만, 세상의 일에는 관심이 없어 지역 신들에게 일임하고 자신은 우주밖에 거하는 것으로 규정되어 있다.

이러한 이유로 범신론을 따르는 사람들은 직접적인 관계가 없는 창조주를 섬김의 대상으로 두지 않았다.

당시 범신론의 세계관을 가지고 있던 아브라함은 갈대아 우르에서 자신을 부르신 하나님을 자신이 갖고 있었던 범신론으로 이해했던 것이 분명하다. 즉 자신을 불러 가나안에 이주시킨 하나님을 천지의 창조주가 아닌, 바로 가나안만을 다스리는 작은 지역 신(神)으로 이해한 것이다.

이러한 사실을 분명하게 보여 준 사건이 바로 가나안 땅의 기근으로 인해 애굽에 내려갔다가 파라오에게 아내를 팔게 된 그 사건이다. 아브라함은 가나안 땅을 벗어나게 되자, 곧바로 하나님을 의지하는 것을 버리고 자구책을 마련하였다.

왜냐하면 애굽은 자신이 범신론을 따라 이해한 하나님의 통치 영역을 벗어난 곳이기 때문이다. 이곳에서 생존하기 위해서는 스스로 자신을 지키는 수밖에 없기 때문이었다.

[10] 그 땅에 기근이 들었으므로 아브람이 애굽에 거류하려고 그리로 내려갔으니 이는 그 땅에 기근이 심하였음이라
[11] 그가 애굽에 가까이 이르렀을 때에 그의 아내 사래에게 말하되 내가 알기에 그대는 아리따운 여인이라
[12] 애굽 사람이 그대를 볼 때에 이르기를 이는 그의 아내라 하여 나는 죽이고 그대는 살리리니

[13] 원하건대 그대는 나의 누이라 하라 그러면 내가 그대로 말미암아 안전하고 내 목숨이 그대로 말미암아 보존되리라 하니라(창 12:10-13, 개정)

그런데 뜻밖의 일이 일어났다. 당시 최강대국인 애굽에서, 가장 강력한 신들이 즐비한 이 애굽에서 하나님은 놀라운 능력으로 위기에 빠진 아브라함과 그의 아내 사라를 구원해 주셨다.

아브라함은 놀라지 않을 수 없었다. 자신을 불러 가나안 땅에 이주시킨 하나님이 가나안의 작고 연약한 지역 신이 아니라, 최강대국인 애굽의 모든 신들을 제압하고도 남는 권능을 가지신 것이 눈앞에서 증명되었기 때문이다.

아브라함은 이런 신(神)이 존재한다는 사실을 결코 들어 본 적이 없었다. 범신론의 상식을 뛰어넘는(자신의 고유 영역 밖에서도 능력을 발휘하는) 놀라운 하나님의 능력에 아브라함은 처음으로 경외심을 갖게 되었다.

하지만 이때 가진 경외심은 딱 여기까지였다.

아브라함이 블레셋(해양민족)의 거주지에 들어갔을 때, 그는 또다시 하나님의 통치 영역을 벗어났다고 생각하였다. 지난번 애굽에서처럼 스스로 자신을 지키고자 자구책으로 또 다시 아내를 여동생이라고 속여 결국 아비멜렉(블레셋 족속의 '왕'을 의미하는 호칭: 내 아버지는 왕의 의미)에게 팔려 가는 수모를 다시 한번 경험하게 되었다.

아브라함은 아직도 하나님을 범신론의 세계관 속에서 이해하고 있는 것이 분명하다.

물론 하나님이 지역 '신(神)' 개념을 넘어서 가나안 땅뿐만 아니라, 애굽에서도 통하는 신이라는 것이 놀라웠지만 여전히 하나님을 특정 지역을 다스리는 '육지의 신'으로 이해하였다. 육지에서나 통하는 신으로만 이해한 것이다. 아브라함의 생각은 육지와 바다의 경계를 뛰어넘지 못했다. 범신론에서 바다와 육지를 동시에 다스리는 신이란 존재하지 않기 때문이다.

블레셋 족속은 해양민족으로 바닷가에 살고 있었기 때문에 비록 이곳이 가나안 땅의 일부이지만, 육지를 다스리는 신이 바닷가에서 바다의 신을 이길 수 있다고 생각한 것이다.

[10] 아비멜렉이 또 아브라함에게 이르되 네가 무슨 뜻으로 이렇게 하였느냐
[11] 아브라함이 이르되 이 곳에서는 하나님을 두려워함이 없으니 내 아내로 말미암아 사람들이 나를 죽일까 생각하였음이요
[12] 또 그는 정말로 나의 이복 누이로서 내 아내가 되었음이니라(창 20:10-12, 개정)

꿈을 통해 하나님의 경고를 받은 블레셋의 왕, 아비멜렉은 아브라함을 크게 책망하였다. 아브라함의 아내 사라에게 첫눈에 반한 아비멜렉은 사라를 아내 삼고자 하였다. 이는 아브라함이 자신의 아내 사라를 애굽에서 그랬던 것처럼 여동생이라고 하여 아비멜렉을 속였기 때문이었다.

아비멜렉은 나쁜 의도를 가지고 아브라함에게서 사라를 강제로 빼앗으려는 것이 아니라, 절차를 밟아 정상적인 결혼식을 올리려 하였다. 하지만 결국 남의 아내를 취하는 죄를 지어, 하나님의 심판을 받을 뻔한 상황에 놓인 아비멜렉은 이 일을 크게 두려워하였다. 꿈을 통해 하나님의 경고를 받은 것이다.

이러한 이유로 아비멜렉에게 크게 책망받은 아브라함은 자신이 이렇게 속이게 된 이유가 바로 이곳(블레셋: 해양민족)에는 하나님을 '두려워함(경외함)'이 없기 때문이라고 말한다. 즉 이곳에는 하나님을 아는 사람이 없을 뿐만 아니라, 자신이 믿는 하나님은 육지의 신이기 때문에 해양민족인 블레셋의 영역인 바닷가에서는 그의 통치가 미치지 못할 것이기 때문에 스스로 자구책을 사용하게 되었다고 변명하고 있는 것이다.

아브라함은 범신론에 사로잡혀 하나님의 능력을 의심하였다. 그는 온전히 하나님을 의지하지 못했다. 더불어 무고한 아비멜렉에게 죄의 빌미를 주어, 그로 죄에 빠질 뻔하게 하였으며, 아내마저 잃을 뻔하였다.

하지만 이번에도 하나님은 아브라함을 구원해 주셨다.

아브라함은 다시 한번 놀라지 않을 수 없었다. 자신을 부르신 이 하나님은 범신론의 세계관으로는 도저히 설명되지 않는 범신론 밖에 계신 놀라운 신이라는 것을 이제는 받아들일 수밖에 없었기 때문이다. 육지에서도 별도의 영역 없이 그의 통치는 최강대국 애굽에까지 미치고, 심지어 육지의 영역을 넘어 바다에서도 그의 통치가 이루어지고 있으니, 하나님은 그가 알고 있는 어떤 신과도 견줄 수 없는 독보적인 존재로 새롭게 인식되었다.

이처럼 하나님은 아브라함에게 말의 설명이 아닌, 스스로 행하신 권능으로 자신을 알게 하셨다.

이 사건 이후, 아브라함은 하나님의 통치를 완전히 신뢰하게 되었다. 어느 곳을 가든 온전히 하나님의 권능과 통치가 자신을 지켜 줄 것을 믿었다. 이제 아브라함은 하나님에 대한 특별한 경외심을 갖게 된 것이다.

아브라함은 어떤 편견 없이 하나님을 하나님으로 이해하기 시작했다. 그 당시 그 누구도 벗어나 본 적 없는 범신론의 틀에서 벗어나, 있는 그대로의 하나님을 이해하여 그의 가치는 이 세상 그 어떤 존재와 견줄 수 없는 위대한 가치를 가지고 계신 분으로 이해하게 되었다.

이제 아브라함은 하나님을 마땅히 경외해야 할 가치로 경외하게 된 최초의 사람이 되었다. 아담의 타락 이후, 하나님을 올바로 경외한 사람이 없었는데, 온전히 경외하게 된 최초의 사람이 된 것이다.

하나님께서는 이것을 기뻐하셨다. 이 세상에 자신의 가치를 알고, 진심으로 자신을 믿고 따르게 된 사람의 탄생을 크게 기뻐하신 것이다. 그리하여 하나님께서는 아브라함에게 100세에 얻은 아들 이삭을 번제로 바칠 것을 명하셨다.

온전히 하나님을 경외하게 된 아브라함은 부당하게 여겨질 수도 있는 이 일을 당연하게 받아들였다. 왜인가? 진심으로 하나님을 '경외'하였기 때문이다.

그럼 아브라함이 경외하는 하나님은 어떤 가치를 가지신 분인가?

아브라함 자신이 100번 다시 태어나, 100번 자신을 드려도 아깝지 않은 위대하신 하나님을 알고 있었기 때문에 이러한 요구에 어떠한 의구심 없이 응한 것이다.

그러므로 '여호와 이레'는 아브라함이 일평생 하나님과 교제하며 깨달아, 마땅히 '경외(敬畏)'하여야 할 지극히 높으신 하나님을 올바로 알아보고, 그에 걸맞은 합당한 경외함으로 온전히 경배하여 제사한 장소가 된다.

아브라함은 이전에도 하나님을 만나 뵈었지만, 그분의 진정한 가치를 알지 못해 합당하게 제사(예배)하지 못하였다. 하지만 이후 하나님의 진정한 가치를 알게 된 아브라함이 이곳에서 합당한 '경외'로 하나님을 높였다.

아브라함은 이곳에서 그러한 하나님을 바라보았다.

자신의 생명과 아들 이삭의 생명을 합친 것보다 훨씬 더 존귀한 분, 아브라함은 바로 그러한 하나님을 온전한 경외심으로 이곳에서 바라보았다.

또한 이곳에서 아들 이삭은 자신을 대신해 준비된 숫양, 곧 성자 예수 그리스도로 말미암아 죽음에서 구원을 받았다. 즉 성자의 대속(代贖)을 통해 이루어질 죄인 된 인간을 향한 '하나님의 구원'을 이곳에서 미리 맛본 것이다.

이 사건은 죄와 어두움으로 구원의 길(아버지께로 돌아갈 길)을 알지 못했던 인류 가운데, 한 줄기 빛으로 구원의 길이 선명하게 드러나게 된 사건이 된다. 또한 창조주이신 아버지 하나님께서 그의 잃어버린 자녀들을 찾고 계신다는 사실과 구체적인 구원의 계획을 가지고 계심을 처음으로 인류가 아브라함을 통해 확인한 사건이 된다.

죄로 잃어버린 아버지 하나님을 그의 자녀 된 아브라함이 인류를 대표해서 직접 만나고, 그가 바로 우리가 잃어버린 참되신 아버지이심을 확인하여 증거 한 사건이다. 그 아버지께서 자녀를 얼마나 간절히 찾고 계셨는지, 또 어떤 희생으로 자녀를 구원하실지, 그 구체적인 구원의 계획을 길 잃어버린 자녀들에게 보여 준 최초의 사건이다.

이것이 아브라함이 하나님을 '경외'하여 경배하였던 '여호와 이레' 사건의 본질이다.

III. 나의 벗, 아브라함아!

그럼에도 여전히 아브라함에게 독자 이삭을 바치라는 하나님의 요구가 불편하고 두렵기만 한 신자들이 있다는 사실을 나도 잘 안다. 하나님의 가치를 이해하게 되었다고 해서 이러한 요구가 편해지는 것은 아니기 때문이다.

만일 신앙이 성숙하게 되면, 반드시 하나님께서 아브라함에게 요구하신 것과 같은 시험을 신자에게 행하신다는 것이 공식처럼 이루어진다면 많은 신자가 신앙을 포기하게 될지도 모른다.

하지만 여기에는 아직도 더 다루어야 하는 보다 깊은 사연이 아직 남아 있다.

하나님께서는 아브라함에게 이삭을 모리아 땅에 있는 산에서 번제로 드릴 것을 명하셨다.

여호와께서 이르시되 네 아들 네 사랑하는 독자 이삭을 데리고 모리아 땅으로 가서 내가 네게 일러 준 한 산 거기서 그를 번제로 드리라(창 22:2, 개정)

그런데 모리아 산은 솔로몬이 성전을 세운 예루살렘 성전산(聖殿山)이다.

솔로몬이 예루살렘 모리아 산에 여호와의 전 건축하기를 시작하니 그 곳은 전에 여호와께서 그의 아버지 다윗에게 나타나신 곳이요 여부스 사람 오르난의 타작 마당에 다윗이 정한 곳이라(대하 3:1, 개정)

이 장소로 인해 아브라함의 제사는 다시 한번 반전을 이루게 된다. 이곳은 하나님의 성전이 세워질 장소이기 때문이다. 이곳은 하나님의 아들 예수 그리스도께서 화목제물로 드려지기 위해 예비된 장소이기 때문이다.

따라서 이곳은 아브라함의 아들 이삭이 제물이 되는 장소가 아니라, 성부 하나님의 아들 예수 그리스도께서 제물로 드려지는 곳으로 예비된 장소이다.

하나님의 무리한 요구에 아브라함이 100세에 얻은 귀한 아들 이삭을 번제물로 바치기 위해 예비된 곳이 아니라, 인류를 죄에서 구원하시고자 하시는 성부 하나님께서 그의 가장 사랑하시는 성자 예수님을 죄인들을 위해 화목제물로 내어주기 위해 예비된 곳이 된다.

이렇게 되면, 아브라함의 제사에 하나님이 오신 것이 아니라, 하나님의 화목제사에 아브라함이 시간과 공간을 초월하여 초청된 것이 된다. 아브라함의 아들 이삭이 죽임당한 것이 아니라, 하나님의 아들 예수 그리스도(숫양)께서 죽임당한 것이기 때문이다.

그렇다면, 왜 아브라함에게 이삭을 바치라고 하셨나?

하나님을 온전히 '경외'하게 된 아브라함만이 이 희생의 가치를 알아줄 것이기 때문이다. 하나님께서는 시험을 통과한 아브라함을 '나의 벗'이라고 부르셨다.

이에 성경에 이른 바 아브라함이 하나님을 믿으니 이것을 의로 여기셨다는 말씀이 이루어졌고 그는 하나님의 벗이라 칭함을 받았나니(약 2:23, 개정)

우리 하나님, 주님께서는 전에 이 땅에 사는 사람들을 주님의 백성 이스라엘 앞에서 쫓아내시고, 그 땅을 주님의 벗 아브라함의 자손에게 길이 주신 분이 아니십니까?(대하 20:7, 새번역)

성경에서 말하는 '벗(친구)'은 우리가 익숙하게 알고 있는 그저 '오랫동안 알고 지낸 친밀한 사람'을 의미하지 않는다. 성경이 제시하는 **'벗'의 개념은 [목숨을 담보로 모든 것을 나눌 수 있는 사람]**을 의미한다.

아브라함은 하나님을 위해 자신의 목숨보다 더 귀한 아들을 아끼지 않았다. 아브라함은 타락한 본성을 가졌음에도 불구하고 하나님의 놀라운 은혜와 자비로 거룩을 회복하여, 하나님을 온전히 '경외'할 수 있게 되었다. 그가 온전히 하나님을 알아 진심으로 '경외'하게 되었을 때, 하나님과는 목숨도 서로 내어줄 수 있는 사람, 모든 것을 함께 하나님과 나눌 수 있는 사람으로 변모된 것이다.

이런 아브라함을 하나님께서는 기뻐하셨다. 그리고 이렇게 변화된 아브라함을 자신의 사랑하는 독생자 예수 그리스도를 희생의 제물 삼아, 죄인 된 자녀들을 구원하시기 위해 내어주시는 성부 하나님의 화목제사에 시공을 초월하여 초대하셨다.

이러한 사실을 예수님께서는 요한복음 8:56-57을 통해 다음과 같이 밝히셨다.

너희 조상 아브라함은 나의 때 볼 것을 즐거워하다가 보고 기뻐하였느니라 유대인들이 이르되 네가 아직 오십 세도 못되었는데 아브라함을 보았느냐 (요 8:56-57, 개정)

요한복음 8:56절에 기록된 '때'에 해당하는 헬라어는 헤메라(ἡμέρα) 인데, 이는 단순한 24시간 단위의 '하루', '날(day)'뿐 아니라, 하나님의 정하신 때, 심판의 날, 구원의 날, 종말의 날 등을 표현하는 데에도 사용된 단어로 아브라함이 시공을 초월하여 예수님의 탄생과 죽으심의 생애 전체를 보았다는 의미로 해석될 수 있다.

그럼, 왜 아브라함을 초대하셨나?

당시 온 인류 가운데 하나님의 존귀하심을 알고, 또 그가 어떤 희생을 치러 죄인을 구원하시려 하는지 이해하는 사람이 오직 아브라함밖에 없기 때문이다.

복음의 가치를 이해할 수 있는 첫 사람으로 인해 마침내 자신의 구원 계획을 인류에게 드러내실 수 있게 된 것을 크게 기뻐하셨기 때문이다.

아브라함 이전에 그 누구도 이해할 수 없는 구원의 비밀이 경외를 회복한 아브라함이라는 한 사람의 헌신으로 인해 세상에 드러나게 되었다. 때가 찬 하나님에 구원의 경륜이 이를 이해할 수 있는 한 사람, 아브라함을 통해 세상에 전해질 수 있게 된 것이다.

복음의 가치를 이해할 수 있는 첫 사람, 또한 그 복음의 가치대로 삶을 드릴 수 있는 사람, 그것이 하나님 앞에선 아브라함의 가치이다.

아브라함은 자신의 생명보다 존귀한 아들을 잃는 비통한 심정을 뒤로 하고, 하나님을 경외하여 이삭을 드리려 하였다. 때문에, 아브라함은 지금 성부 하나님께서 얼마나 큰 고통과 얼마나 큰 아픔을 감내하시면서 죄인들에게 예수님을 내어주려 하시는지 그 누구보다 그 심정을 잘 안다.

그러므로 하나님께서는 아브라함을 '나의 벗'이라고 하였다.

'오직 아브라함뿐이다. 오직 아브라함만이 나의 마음을 안다. 아브라함만이 나의 벗이다!'

이 사건은 겉보기에 아브라함의 사건처럼 보인다. 광신자가 된 미치광이 아버지가 잔인한 신의 해괴한 부르심에 자녀를 희생시키는 반인륜적인 사건처럼 보이는 것이다.

그러나, 아니다. 그것은 이 사건의 본질이 아니다.

하나님께서는 처음부터 이삭을 제물로 받으실 생각이 전혀 없으셨다. 예비된 숫양이 이를 증명한다. 오직 이 산에서 친아버지로부터 버림받아 번제물로 잔인하게 희생된 것은 아브라함의 하나뿐인 외아들 이삭이 아니라, 하나님의 아들 예수 그리스도(숫양)이시다.

그러므로 아무짝에도 쓸모없는 무익한 죄인을 구원하시기 위해 자신의 존귀한 아들을 내어준 미치광이는 아브라함이 아니라 바로 성부 하나님이시며, 이런 말도 안 되는 희생의 부르심에 순한 양처럼 자신을 내어드린 것은 이삭이 아니라, 성자(聖子)이신 예수 그리스도이시다.

따라서 이 사건은 아브라함의 사건이 아니며, 성부 하나님의 사건이다.

왜냐하면 이 자리에서 아들을 잃은 슬픔으로 가슴을 부여잡고 뒹굴며 애통해하는 것은 아브라함이 아니라, 바로 성부 하나님이시기 때문이다.

성부 하나님께서는 타락한 그의 자녀들을 구원하시기 위해 잔인한 한 제사를 준비하셨다. 누군가를 살리기 위해 누군가를 죽여야 하는 구원의 제사, 누군가를 얻기 위해 누군가를 버려야 하는 제사, 이것이 바로 성부 하나님께서 준비하신 희생의 제사였다.

차라리 자기 자신을 죽음에 내던지는 것이 훨씬 덜 고통스러웠을 제사. 사랑하는 성자를 희생하기로 스스로 결정하셨지만, 도저히 바라보고 있을 수 없는 끔찍한 제사.

아무 죄도 없는 성자 예수님을 이 제사의 희생 제물로 삼으셔야 했던 아버지 하나님께서는 이 비통한 화목제사에 아브라함을 조용히 부르셨다. 아버지 하나님의 이 비통한 마음을 이해할 수 있는 경외함을 갖춘 사람은 오직 아브라함뿐이기 때문이다. 이 희생 제사의 가치를 온전히 이해할 수 있는 사람은 오직 아브라함밖에 없기 때문이다.

성자를 잃은 고통 속에 나뒹구는 성부 하나님을 위로할 유일한 친구로, 또한 증인으로 아브라함은 부르심을 받았다. 아브라함은 이 화목제사에 초대되어 친구로서 성부 하나님의 숭고한 결단을 찬양하고 경배하였다.

이제 '하나님을 경외한다'는 것이 무엇을 의미하는지 이해하겠는가?

하나님을 하나님의 값어치로 바라보게 되는 것이다. 지극히 위대하신 이를 지극히 위대하신 분으로 깨달아 알고 그의 가치로 바라보게 되는 것이다. 예수 그리스도의 숭고한 희생의 값어치를 올바로 이해하고, 내가 받은 은혜가 얼마나 큰 희생의 결과인지 알게 되어 영원토록 감사하는 것이다. 갚을 수 없는 값진 구원의 은혜로 말미암아 영원토록 찬양하게 되는 것이다.

너무나 값진 희생으로 구원을 받았기에 도저히 더 이상 죄 가운데 머물러 있을 수 없게 되는 것이다. 그 구원이 너무나 놀라운 것이기에 혼자만 알고 있을 수 없어 온 세상에 외치게 되는 것이다.

'하나님의 마음, 구원의 계획, 예수 그리스도의 희생의 가치…….'

여호와를 경외하는 것이 지식의 근본이거늘 미련한 자는 지혜와 훈계를 멸시하느니라(잠 1:7, 개정)

이 모든 것은 오직 '경외'를 통해서만 알 수 있다. 하나님을 온전히 경외하지 않은 자들은 이 은혜의 가치를 이해하지 못할 뿐만 아니라, 그 은혜 안에 머물지 못한다. 그러므로 여호와를 경외하는 것이 지식의 근본이라는 말씀은 참되다. 사람은 온전한 '경외'를 통해서만 이 구원의 하나님을 이해할 수 있다. 성자를 희생하신 성부 하나님을 이해할 수 있다. 창조주 하나님께서 얼마나 큰 사랑으로 잃어버린 자녀를 찾고 계시는지 '경외'를 통해서만 이해할 수 있다.

네 시대에 평안함이 있으며 구원과 지혜와 지식이 풍성할 것이니 여호와를 경외함이 네 보배니라(사 33:6, 개정)

결국 아브라함의 시험은 온전한 '경외'를 이루기 위함이지, 이삭의 생명을 빼앗으려는 것이 아니다. 모든 것을 함께 나눌 수 있는 친구의 자격을 주시기 위함이지 아브라함을 곤경에 빠뜨리고자 함이 아니다. 오직 죄에 빠진 인류에게 아브라함을 통해 구원의 길을 알려 주려 하심이다.

또한 온전한 '경외'를 이룬 '아브라함의 믿음'을 세상에 드러내기 위함이다. 하나님께서 아브라함과 같은 경외함으로 이룬 믿음만이 구원을 얻을 수 있는 유일한 길임을 온 천하에 보이시기 위함이다.

하나님께서는 이렇게 온전한 '경외'를 이룬 '최초의 믿음의 사람 아브라함'을 기뻐하셨다. 그로 인해 죄인을 위한 하나님의 구원 계획을 세상에 밝힐 수 있게 되었기 때문이다.

아무도 이해하지 못하는 구원의 복음을 세상에 전할 수는 없는 노릇 아닌가?

그리하여 잃어버린 자녀를 되찾기 위해 화목제물이 되실 예수 그리스도의 화목제사에 아브라함이 유일한 증인으로 초청되었다.

이 초청에는 분명한 기준이 있었다. 이 기준에 부합한 사람은 죄인을 위한 예수 그리스도의 희생 가치와 성부 하나님께서 얼마나 큰 고통을 감내하고 이러한 결정을 하셨는지 온전히 이해할 수 있는 경외를 갖춘 사람이어야 했다.

아브라함은 이제 이 기준에 딱 맞는 유일한 사람이자, 최초의 사람이다. 하나님께서 벗 삼으실 만한 사람이다. 하나님께서 아브라함을 위해 자신의 존귀하신 예수님을 내어주실 수 있듯이, 아브라함도 하나님을 위해 이삭을 내어줄 수 있는 사람이기 때문이다.

때때로 '전능하신 하나님께서 꼭 이런 희생을 통해서만 인류를 구원하실 수밖에 없나?'하고 반문하는 사람들이 있다.

이 질문은 언뜻 보기에 합리적인 질문처럼 생각되지만, 결국 하나님에 대한 경외함이 없는 질문이 된다. 만일 아브라함에게 이러한 질문을 했더라면 아브라함은 단호하게 이렇게 답할 것이다.

"다른 방법이 있었다면 결코 성자이신 예수 그리스도를 희생하지 않으셨을 것입니다. 그리고 이 방법밖에 없는 것은 그가 거룩하시고, 참진리 그 자체이시기 때문이지, 결코 하나님께서 무능하시기 때문이 아닙니다."

만일 아브라함이 하나님의 위치에 있었더라도 하나님의 벗으로 성장한 아브라함은 하나님과 똑같은 선택을 했을 것이다. 하나님의 선택과 계획을 완전히 이해할 뿐 아니라, 예수 그리스도의 희생 이외에 다른 방법이 없음을 경외함으로 깊이 통감했을 것이기 때문이다.

하나님께서 스스로 죄에 대해 정한 형벌은 죽음(사망)이다. '죄의 삯은 사망'인 것이다.

죄의 삯은 사망이요 하나님의 은사는 그리스도 예수 우리 주 안에 있는 영생이니라(롬 6:23, 개정)

진리이신 하나님께서는 자신이 정한 법을 스스로 어그러뜨릴 수 없으셨다. 자신도 지키지 않는 법으로 남을 심판하실 수 없기 때문이다. 기분에 따라 법을 바꾼다면 누가 그 법을 따르겠는가? 누가 그 법을 제정한 이를 진리라고 부르겠는가?

'경외'는 타락으로 말미암아 왜곡된 인간의 관점을 회복시켜 주는 안경과도 같다. 우리의 타락한 감성은 하나님을 향해 당신은 전능하시다면서 겨우 그런 방법밖에 없느냐며 조롱하거나 그의 능력을 의심한다.

하지만 '경외'라는 안경을 쓰고 타락에서 회복된 새로운 관점으로 하나님을 바라보면, 오히려 하나님께서 완전하실 뿐 아니라, 진리이시기에 자신이 세운 질서를 스스로 깨지 않으시는 분이라는 사실을 기억하고 그의 거룩한 결정에 감사를 드린다.

죄인의 생명을 구원하시기 위해 죄 없으신 예수 그리스도의 생명으로 죄인을 대신하시려는 성부 하나님의 숭고한 결정에 찬양과 경배로 감사드릴 뿐이다.

하나님께서는 아브라함처럼 타락한 본성을 가졌음에도 온전한 경외를 이루어 새 본성으로 하나님을 바라볼 수 있게 된 사람을 '친구(벗)' 삼으신다.

앞서 밝힌 바와 같이, 성경이 말하는 **'친구'**는 **'목숨을 담보로 모든 것을 나눌 수 있는 사람'**을 의미한다. 친구는 본래 한 가족은 아니지만, 생명을 나눌 수 있을 만큼 자신의 모든 것을 함께할 수 있는 사람이다. 구약성경이 구원받고 경외함으로 하나님을 온전히 이해한 하나님의 자녀를 **'친구(親舊)'**로 표현했다면, 신약성경은 이 친구의 개념을 **'양자(養子)'**로 표현한다.

너희는 다시 무서워하는 종의 영을 받지 아니하고 양자의 영을 받았으므로 우리가 아빠 아버지라고 부르짖느니라(롬 8:15, 개정)

'양자(養子)'는 생명보다 법적 자격과 신분에 더 강조점을 두고 있다. 본래 한 가족이 아니었으나, 양자로 받아들여지면 법적으로 한 가족으로 보장받을 뿐 아니라, 유산상속과 같은 모든 법적 권리에 대해 기존 가족 구성원과 같이 동등한 자격을 부여받는다.

성경은 구원받은 성도들에게 구약의 **'친구'**라는 개념을 통해 **'서로 생명으로 하나 된 관계'**를 설명하고 있으며, 신약의 **'양자'**라는 개념을 통해 **'법적으로 자녀의 신분을 획득하여 아버지의 모든 것을 함께 누릴 수 있는 자격(신분)'**이 있게 되었음을 확인시켜 주고 있다.

하나님께서는 아담에게 본래 이러한 자격을 부여하셨다. 하나님과 아담은 서로 생명으로 하나 된 관계이자, 하나님께서 창조하신 모든 것을 다스리고 함께 누릴 수 있는 '대리통치자'라는 신분으로 세운 자신의 분신과도 같은 존재였다.

이것이 얼마나 진실한 관계인지는 아담의 타락을 통해 증명된다. 타락한 것은 아담만 타락한 것이 아니다. 먼저 '루시퍼'라는 이름을 가진 반역자 '사탄'이 있었다. '사탄'은 에덴동산에서 아담과 하와를 유혹해 죄에 빠뜨려 타락하게 하였다. 죄는 결코 떼어 놓을 수 없는 하나님과 그의 자녀 사이를 갈라놓았다.

이렇게 사탄과 인간이 타락하게 되었다. 하지만 하나님께서는 이 둘의 타락의 결과에 대해 다른 태도를 보이셨다.

사탄과 그와 함께 타락한 천사의 무리에게는 사망과 지옥을 결정하셨지만, 아담과 하와에게는 복음과 함께 구원의 계획인 성경과 예수 그리스도의 십자가를 예비하셨다.

이것이 무엇을 의미하는지 아는가?

하나님께서 사탄의 죄를 대속하시기 위해 죽으실 계획을 가지셨다는 말을 들어 본 적 있나? 사탄을 구원하기 위한 복음이 있다는 말을 들어 본 적이 있나? 사탄과 타락한 천사의 무리를 변화시킬 성경이 있다는 말을 들어 본 적이 있나? 예수 그리스도께서 사탄과 타락한 천사들을 위해 십자가에 못 박히셨다는 말을 들어 본 적이 있는가? 결코 들어 보지 못했을 것이다.

오직 인간을 위해서만 그렇게 하셨을 뿐이다.

왜인가? 오직 피조물 중 인간만이 유일하게 하나님과 생명으로 하나 된 존재로 창조되었기 때문이다. 하나님의 모든 창조 세계를 함께 누리고 그분의 뜻대로 통치하도록 대리통치자로 지음 받았기 때문이다. 하나님께서 아담과 하와를 자신의 자녀 삼으셨기 때문이다.

예수 그리스도의 십자가는 사람이 하나님에게 어떤 의미가 있는 존재인지 확인시켜 준다. 태초에 하나님께서 사람에게 어떤 가치를 부여하셨는지 확연하게 드러나는 것이다.

예수님의 십자가 희생으로 구원받은 신자는 '경외'를 통해 '생명으로 하나 된 하나님과의 관계'를 이해하고 회복한다. '경외'는 구원받은 신자가 하나님을 어떤 시각으로 바라보고, 어떻게 예우해 드려야 하는지 알게 해 준다.

우리는 성경을 펴기 전에 '경외하는 마음'을 간구해야 한다. '경외하는 마음'이 없이 성경을 읽는 것은 무의미하기 때문이다. 성경을 통해 하나님을 올바로 알 수도 없으며, 하나님을 만날 수도 없다. '경외하는 마음'이 없다면 하나님의 인도하심을 항상 의심하고 결국 그의 길에서 벗어날 것이다. '경외함이 없는 신자'는 하나님의 말씀을 지키지도 않을 것이다. 이것은 예배도 마찬가지이다. '경외함이 없는 예배'로는 하나님을 온전히 높일 수도, 경배할 수도 없다.

IV. 주 너희 하나님을 경외하라!

사자가 이르시되 그 아이에게 네 손을 대지 말라 그에게 아무 일도 하지 말라 네가 네 아들 네 독자까지도 내게 아끼지 아니하였으니 내가 이제야 네가 하나님을 경외하는 줄을 아노라(창 22:12, 개정)

하나님께서는 아브라함을 부르시고 그에게 '경외'하는 마음을 주셨을 뿐만 아니라, 그의 '경외함'을 시험하셨다.

그런데, 아브라함만 그의 '경외'가 온전한 것인지, 아닌지 시험하신 것이 아니다. 모세를 통해 애굽에서 구원한 하나님의 백성들도 똑같은 시험을 통과하여야 했다.

모세가 백성에게 이르되 두려워하지 말라 하나님이 임하심은 너희를 시험하고 너희로 경외하여 범죄하지 않게 하려 하심이니라(출 20:20, 개정)

그렇다면 오늘날의 우리는 어떠한가?

하나님께서는 과거에도 그렇게 하셨듯이, 지금도 새 신자에게 경외할 만한 모습으로 나타나셔서, '경외'를 가르치시고 경배받으신다. 과거나 지금이나 하나님을 향한 '경외심'을 회복하지 않고 그 누구도 하나님을 올바로 알 수 없기 때문이다.

'경외심'을 회복하지 않은 타락한 관점이 성경을 얼마나 왜곡했는지 생각해 본다면, 이 말의 뜻을 충분히 공감할 수 있을 것이다. '경외함'이 없는 자들이 성경을 자의적으로 해석한다. '경외함'이 없는 자들이 모여 이단이 되고, 사이비가 된다. '경외함'이 없는 자들이 교회에서 하나님보다 자신을 높인다. '경외함'이 없는 자들이 두려움 없이 형제자매를 시기하고 질투하며 교회 안에서 문제를 일으킨다.

지금도 성경을 통해 아브라함의 제사를 읽고 나서, 악한 영에 미혹되어 신의 계시로 자신의 자녀를 제물로 바쳐야 한다는 황당한 주장을 하는 사람들이 종종 나타난다. 또한 여전히 이 제사의 본질을 올바로 이해하지 못하고, 하나님께서 나에게 이런 가혹한 요구를 하시면 어쩌나 하고 부담스러워하거나 두려워하는 신자가 지금도 있는 것이다.

아직도 두려운가? 그렇다면 아직 온전한 '경외함'이 없는 것이다.

'경외함'이 없어 이 사건의 본질을 이해하지 못하는 것이다. 죄인을 구원하시기 위해 큰 고통을 감내하신 아버지 하나님과 이 뜻을 받들고자 십자가에 오르신 예수님을 올바로 바라보지 못하는 것이다.

이처럼 '경외함'이 없는 타락한 관점은 십자가의 본질을 흐린다.

이삭은 죽지 않았다!

아브라함은 미리 준비된 숫양으로 제사하였을 뿐이다. 그저 성부 하나님은 자신의 비통한 마음과 예수님의 헌신을 이해해 주기를 원하셨던 것뿐이다. 때문에 아브라함이 모리아 산을 오르기도 전에 한 숫양을 예비해 두셨다. 이처럼 처음부터 하나님은 이삭을 받으실 의도가 없으셨다. 다만 아브라함이 자신과 같은 마음으로 이 산에 오르기를 원하셨을 뿐이다.

그러니, 이삭도 안 받으신 하나님께서 그대의 자녀를 받으시겠나?

현대의 신자는 예수님의 죽으심을 눈으로 직접 보지 못했지만, 성령 하나님의 은혜로 그가 나를 위해 대신 십자가에 오르셨음을 안다. 때문에 나 자신의 죄인 됨을 고백하고 회개하여 구원에 이른다. 이때 보잘것없는 나 같은 사람을 위해 하나님의 거룩하신 아들이 죽임당하셨다는 사실로 인해 가슴을 치며 회개하지 않고 구원받은 신자는 없다.

나 자신을 지금 당장 지옥으로 떨어져도 전혀 이상할 것이 없는 죄인으로 인식하는 것, 이것은 '경외'가 회복될 때 일어나는 현상이다. 구원이 얼마나 값진 사건인지, 얼마나 값진 희생으로 이룬 일인지 이해하는 일, 이것이 바로 '경외'가 회복되었을 때 우리에게 일어나는 일이다. 마치 아브라함이 모리아 산에서 이삭 대신 죽임당한 숫양을 바라보면서 예수 그리스도의 값진 희생을 깨닫게 되는 것처럼 말이다.

우리가 성부 하나님의 비통한 마음을 이해하게 되고, 예수 그리스도의 희생의 가치를 깨달아 죄에서 속히 떠나 하나님 아버지께로 돌아온다면, 그것으로 족하다. 은혜를 베푸신 성부 하나님께서는 더 이상 아무것도 원하시는 것 없이 만족하시는 것이다. 하나님께서는 이미 죄에서 떠난 신자에게 다시 가장 귀한 어떤 것을 요구하실 이유가 더 이상 없는 것이다.

이것이 아브라함이 치른 시험의 본모습이다. 그러므로 구원의 가치를 깨달은 하나님의 자녀에게 하나님께서 따로 불러 아브라함의 시험을 또다시 요구하실 이유가 없다.

그러나 반대로 교회를 다니며, 예배에도 참석하고, 성경을 읽지만, 여전히 구원의 가치를 이해하지 못한 마당만 밟는 신자(실제로 믿지 않는)이거나, 외식(外飾: 남에게 보이기 위해 거짓으로 믿는)하는 신자라면 이야기는 달라진다. 하나님께서 이들에게는 진정한 구원의 가치를 이해시키고 구원하시기 위해 '경외의 시험'을 요구하실 수도 있다. 또 다른 이유로 구원의 길에서 벗어나 경외를 잃어버린 신자에게 다시 돌아오게 하실 목적으로 '경외의 시험'을 시행하실 수도 있을 것이다.

하지만 단언컨대, 아브라함의 경우처럼 자식을 번제로 요구하시는 일은 결코 없을 것이다. 하나님께서 행하시는 구원의 방식이 죄인의 죗값을 대신한 성자 예수 그리스도의 '대속(代贖)의 죽음을 통한 구원'이라는 사실을 이미 모두가 다 알기 때문이다(아브라함 이전에는 대속을 통한 구원의 방법을 아무도 알지 못했다).

오히려 아브라함 이후에 시행되는 '경외의 시험'의 내용은 하나님보다 더 사랑하는 재물이나 명예, 신분, 지위, 권력, 탐심, 지속적인 죄 등 마음속의 '우상(偶像)'을 내려놓는 것이 될 것이다.

이처럼 신자가 '경외함'을 회복하지 못하면 성경을 왜곡하여 이해하거나, 본질을 바라보지 못하고 쓸데없는 부담감에 신앙이 성장하지 못하게 된다. 하지만 진짜 문제는 이러한 왜곡이나 신앙의 성장이 멈춰 버리는 일이 실제로 많은 교회에서 일어나고 있음에도 불구하고, 이것이 '경외'의 문제라는 사실 자체를 교회나 신자 스스로가 알지 못한다는 점에 있다.

진단이 잘못되면 처방도 엉터리일 수밖에 없다.

따라서 교회에서 이루어지는 모든 교육의 목표는 오직 '경외'가 모든 신자의 '신앙의 기초'가 될 수 있도록 깊이 있게 가르치는 것이 되어야 한다.

네 하나님 여호와 앞 곧 여호와께서 그의 이름을 두시려고 택하신 곳에서 네 곡식과 포도주와 기름의 십일조를 먹으며 또 네 소와 양의 처음 난 것을 먹고 네 하나님 여호와 경외하기를 항상 배울 것이니라(신 14:23, 개정)

평생에 자기 옆에 두고 읽어 그의 하나님 여호와 경외하기를 배우며 이 율법의 모든 말과 이 규례를 지켜 행할 것이라(신 17:19, 개정)

또 너희가 요단을 건너가서 차지할 땅에 거주할 동안에 이 말씀을 알지 못하는 그들의 자녀에게 듣고 네 하나님 여호와 경외하기를 배우게 할지니라(신 31:13, 개정)

신명기는 출애굽 이후, 가나안에 정착한 하나님의 백성에게 여러 차례 율법을 통해 그들의 자녀에게 '하나님을 경외하는 것'을 배우도록 가르칠 것을 하나님께서 명령하셨다는 사실을 강조하여 기록하고 있다.

그러므로 나는 여러분 모두가 **'하나님을 경외하는 마음'**으로 이 책을 시작하기를 권하는 바이다.

우리가 성경을 반드시 읽고 배워야 하는 이유가 바로 '하나님을 경외'하는 것에 있다는 사실을 잊지 말아야 한다. 죄에서 우리를 속히 떠나게 하고, 구원의 길에서 벗어나지 않게 하는 것이 오직 '경외'를 통해 이루어진다. 말씀을 읽고 올바로 깨닫는 것 역시 '경외심'을 회복되지 않고서는 불가능하다.

우리는 이것을 마음속 깊이 새겨야 한다.

성경을 통째로 암기한다고 해도 '경외함'이 없어 죄의 길로 빠진다면 이것이 무슨 의미가 있을까? 성경 공부를 아무리 열심히 한다고 해도 그것이 머리에만 남아 있고, '경외함'이 없어 실천되지 않는다면 무슨 유익이 있을까…….

나는 이것이 늘 두렵다.

겁 없이 지극히 높으신 분의 말씀에 불순종하고 있으면서, 자비로우신 아버지이시기 때문에 괜찮다고 말하는 어리석은 신자가 두렵다. 갓 믿어 신앙이 어린 것과 성장이 멈춘 것을 구별하지 못하고, 자신은 열매 맺지 못하는 나무이면서 도끼가 예비되어 있다는 사실을 알지 못하는 신자가 두렵다.

[9] 속으로 아브라함이 우리 조상이라고 생각하지 말라 내가 너희에게 이르노니 하나님이 능히 이 돌들로도 아브라함의 자손이 되게 하시리라
[10] 이미 도끼가 나무 뿌리에 놓였으니 좋은 열매를 맺지 아니하는 나무마다 찍혀 불에 던져지리라
[11] 나는 너희로 회개하게 하기 위하여 물로 세례를 베풀거니와 내 뒤에 오시는 이는 나보다 능력이 많으시니 나는 그의 신을 들기도 감당하지 못하겠노라 그는 성령과 불로 너희에게 세례를 베푸실 것이요
[12] 손에 키를 들고 자기의 타작 마당을 정하게 하사 알곡은 모아 곳간에 들이고 쭉정이는 꺼지지 않는 불에 태우시리라(마 3:9-12, 개정)

자신의 신앙 연한이 10년, 20년, 30년이라고 말하면서, 예수님과 같은 인격으로 변하지 못한 것을 아무렇지도 않게 여기는 부끄러움을 모르는 신자가 진심으로 두렵다. 세상의 성공을 위해 새 생명의 신앙 성장을 아무렇지도 않게 버려 버린 세속에 물든 신자가 참으로 두렵기만 하다.

때문에 나는 '경외함을 잃어버린 신자'가 가장 두렵다.

그가 교회에 불러올 해악을 생각하니, 몸서리치도록 두렵다. 그가 직분을 얻어 교회와 신자에게 더 많은 해악을 끼칠 것을 생각하니 더욱 두렵다. 그가 교회 안에 세속화를 불러올 통로가 될 것을 생각하니, 진정 너무나 두렵다. 그들의 세상적인 승승장구함을 보고 많은 신자가 하나님을 '경외'하는 것을 버리고 편법과 불법에 물들 것을 생각하니, 숨이 막히도록 두렵다.

결국 준엄한 하나님의 징계와 심판을
교회 안으로 불러올 '경외'를 잃어버린 그들이 가장 두렵다.

여호와를 경외함이 네 보배니라(사 33:6, 개정)

V. 경외를 가르치는 신명기

신학자들은 구약성경을 논하면서 신명기(申命記)가 '구약성경의 중심'이라고 말한다. 신명기는 모세오경의 마지막 책이다. '신명(申命)'이란 '계명(誡命)을 거듭 되풀이하여 알려 준다'라는 뜻이다. 예수께서 공생애를 시작하시기 전에 광야에서 사탄의 세 가지 시험을 받으실 때 이 시험의 유혹을 단호히 거절하시면서 인용한 세 가지 말씀이 모두 신명기에 기록된 말씀을 인용한 것이다.

신명기는 그 자체로 하나님의 율법을 기록한 법전이며, 모세의 고별설교이자, 유언이다. 그런 신명기의 핵심 단어 중 하나가 바로 '경외'이다. 신명기는 '경외'를 14회나 언급하면서 신·구약성경 중 그 어느 성경보다 '경외'의 중요성을 강조하고 있을 뿐 아니라, 하나님의 백성은 반드시 '경외'를 배워야 하며, 이를 후손에게 꼭 가르칠 것을 명한다.

또한 신명기는 경외의 중요성에 대해 복과 저주를 함께 기록하고 있는데, 하나님을 경외하는 자들에게 주시는 복의 내용은 아래와 같다.

다만 그들이 항상 이같은 마음을 품어 나를 경외하며 내 모든 명령을 지켜서 그들과 그 자손이 영원히 복 받기를 원하노라(신 5:29, 개정)
곧 너와 네 아들과 네 손자들이 평생에 네 하나님 여호와를 경외하며 내가 너희에게 명한 그 모든 규례와 명령을 지키게 하기 위한 것이며 또 네 날을 장구하게 하기 위한 것이라(신 6:2, 개정)

여호와께서 우리에게 이 모든 규례를 지키라 명령하셨으니 이는 우리가 우리 하나님 여호와를 경외하여 항상 복을 누리게 하기 위하심이며 또 여호와께서 우리를 오늘과 같이 살게 하려 하심이라(신 6:24, 개정)

신명기는 하나님을 경외하는 자들에게 주시는 복만 기록된 것이 아니라, 경외하지 않는 자들에게 내려질 징계와 심판도 다음과 같이 저주하여 기록하고 있다.

[58] 네가 만일 이 책에 기록한 이 율법의 모든 말씀을 지켜 행하지 아니하고 네 하나님 여호와라 하는 영화롭고 두려운 이름을 경외하지 아니하면
[59] 여호와께서 네 재앙과 네 자손의 재앙을 극렬하게 하시리니 그 재앙이 크고 오래고 그 질병이 중하고 오랠 것이라
[60] 여호와께서 네가 두려워하던 애굽의 모든 질병을 네게로 가져다가 네 몸에 들어붙게 하실 것이며
[61] 또 이 율법책에 기록하지 아니한 모든 질병과 모든 재앙을 네가 멸망하기까지 여호와께서 네게 내리실 것이니
[62] 너희가 하늘의 별 같이 많을지라도 네 하나님 여호와의 말씀을 청종하지 아니하므로 남는 자가 얼마 되지 못할 것이라
[63] 여호와께서 너희에게 선을 행하시고 너희를 번성하게 하시기를 기뻐하시던 것 같이 이제는 여호와께서 너희를 망하게 하시며 멸하시기를 기뻐하시리니 너희가 들어가 차지할 땅에서 뽑힐 것이요
[64] 여호와께서 너를 땅 이 끝에서 저 끝까지 만민 중에 흩으시리니 네가 그곳에서 너와 네 조상들이 알지 못하던 목석 우상을 섬길 것이라
[65] 그 여러 민족 중에서 네가 평안함을 얻지 못하며 네 발바닥이 쉴 곳도 얻지 못하고 여호와께서 거기에서 네 마음을 떨게 하고 눈을 쇠하게 하고 정신을 산란하게 하시리니
[66] 네 생명이 위험에 처하고 주야로 두려워하며 네 생명을 확신할 수 없

을 것이라
[67] 네 마음의 두려움과 눈이 보는 것으로 말미암아 아침에는 이르기를 아하 저녁이 되었으면 좋겠다 할 것이요 저녁에는 이르기를 아하 아침이 되었으면 좋겠다 하리라
[68] 여호와께서 너를 배에 싣고 전에 네게 말씀하여 이르시기를 네가 다시는 그 길을 보지 아니하리라 하시던 그 길로 너를 애굽으로 끌어 가실 것이라 거기서 너희가 너희 몸을 적군에게 남녀 종으로 팔려 하나 너희를 살 자가 없으리라(신 28:58-68, 개정)

신명기에 기록된 징계와 심판의 말씀은 경외함이 없는 불신자나, 경외를 온전히 이루지 못한 신자가 볼 때 매우 불편하게 보일 수 있다. 우주를 창조하시고 전능하시다는 하나님께서 너무 소심해 보이는 것이다. 자기 말을 들으면 복을 주고, 말을 듣지 않으면 벌을 주시는 옹졸한 신(神)으로 인식되기 때문이다.

하지만, 경외를 온전히 이루었다면 이 신명기의 말씀으로 인해 자비로우신 하나님에 대한 오해는 없을 것이다. 우리는 늘 하나님을 기억할 때 자신의 가장 귀한 성자 예수님을, 죄인을 위해 십자가에 내어주신 분이라는 사실을 잊지 말아야 한다.

'경외'는 오히려 우리에게 성경에서 언급되고 있는 하나님의 저주나, 징계, 심판이 아무 기준 없이 옹졸하게 이루어지지 않는다는 사실을 보게 한다.

갚을 수 없는 은혜를 받고도 이 은혜에 올바로 응답하지 않는 자들에게만 주어지는 것이다. 은혜를 걷어차 버린 자들에게 임하는 것이다.

또한 하나님께서 내리시는 징계나 심판에는 공통점이 있는데, 그것은 우리가 저지른 죄에 대하여 처벌을 강력하게 더하시는 것이 아니라, 오히려 관계의 단절로 말미암아 우리가 하나님의 은혜를 누리지 못하게 될 때 일어나게 되는 일들을 그저 나열한 것이 대부분이라는 사실이다.

죄는 하나님과의 관계를 끊는다.

그러면 하나님의 자녀는 더 이상 하나님의 아버지 되심을 맛볼 수 없게 된다. 하나님의 아버지 되심은 아버지와 자녀 된 관계뿐 아니라, 자녀에 대한 공급과 보호, 인도하심과 위로, 치유와 가르침 같은 보살핌의 단절을 의미한다. 미성숙한 자녀가 부모를 잃었다고 생각해 보라. 자기 힘으로 삶을 살아갈 준비가 안 된 미성년의 아이가 험악한 세상에 내던져졌다면 그에게 무슨 일이 일어날지 우리는 이미 잘 알고 있다.

신명기 28장의 말씀은 이스라엘 백성에게 '경외'를 잊어 하나님을 잃어버리게 된다면, 하나님 아버지의 보살핌 없이 가나안 땅에 내던지게 된다면, 어떤 일이 일어날 것인가를 상세하게 기록하고 있다.

하나님께서는 자신의 손을 들어 경외하지 않는 이스라엘을 치시려는 것이 아니다. 죄 된 것과 함께하실 수 없는 거룩하신 아버지 하나님께서는 '경외'를 잊어 죄악에 물든 이스라엘을 그저 떠나신다.

죄로 보호자를 잃은 이스라엘은 아버지 하나님의 보호하심과 돌보심 없이 이 죄악 된 세상에서 사탄의 유혹과 세상 권세에 대항하여 홀로 싸워 이겨야 한다. 하지만 싸워 이길 힘이 이스라엘에게는 없다. 마치 언약을 지키지 않아 권능을 잃어버린 삼손이 블레셋 왕에게 사로잡혀 두 눈을 뽑힌 채, 조롱거리가 되어 노예가 된 것처럼 말이다. 이처럼 '경외'를 잃어버린 자녀로부터 아버지 하나님께서 떠나시는 것만으로도 그 자체로 징계가 되고 심판이 된다.

그러므로 신명기는 하나님의 자녀에게 이렇게 말씀하고 있다.

"절대로, 나와 떨어져서는 안 된다! 내가 너희의 아버지인 것을 잊지 말아라! 내가 너희를 돌볼 수 없는 고통을 내게 주어서는 안 된다! 너희를 다시 잃어버리는 고통을 내게 주어서는 안 된다! 내가 예수를 십자가에 못 박을 만큼 너희를 사랑한다는 것을 잊었느냐? 너희가 아버지 없는 고통 속에 사는 것을 이 아버지가 다시 보지 않도록 너희는 언제나 내 곁에 있으라!"

오직 '경외'를 회복한 자녀만이 아버지 곁을 떠나지 않는다. 오직 '경외'를 회복한 자녀만이 믿음의 성장을 이루어 하나님께서 기뻐하시는 예수님과 같은 하나님의 자녀로 성장한다. 결국 '경외'는 죄에서 자유를 얻은 모든 하나님의 자녀에게 신앙 성장의 근거이자, 시작점이 된다.

영(靈)이신 하나님과 소통하기

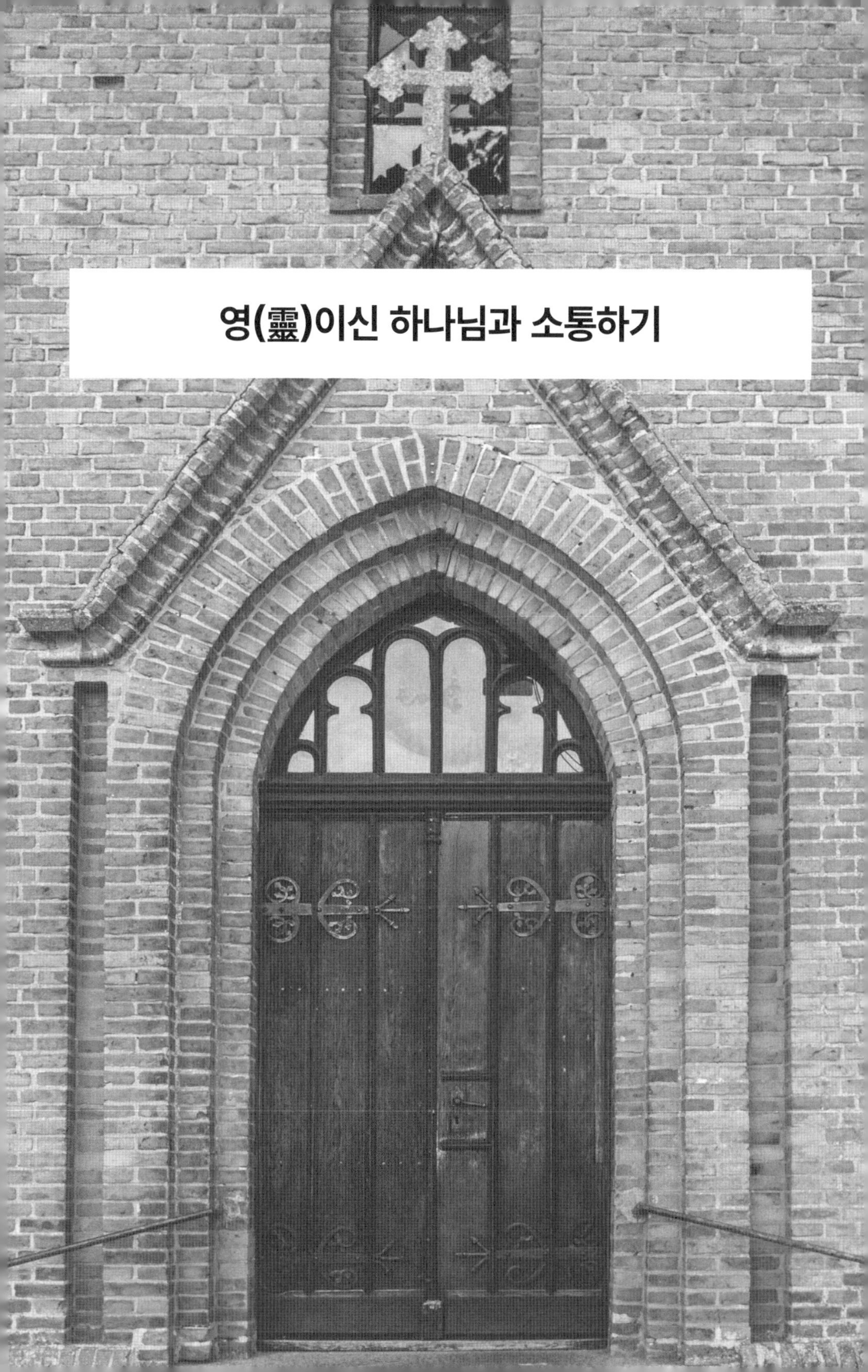

I. 영이신 하나님과 소통하기 위한 준비

신앙을 처음 시작하는 초신자에게 가장 어려운 신앙의 문제 중 하나는 바로 '영(靈)이신 하나님과 어떻게 소통할 수 있나?' 하는 문제일 것이다. 초신자의 경우 [하나님과 소통하기]라는 주제를 떠올리면, 하나님의 음성이 사람의 목소리처럼 육성으로 들리는 것을 생각할 만큼 이 주제에 대해 막연한 지식을 가지고 있거나, 하나님과 영적으로 소통하는 것을 너무 신비롭게만 생각하는 경향이 있다.

하지만 구체적으로 [하나님의 음성을 어떻게 들을 수 있나? 하나님의 뜻을 어떻게 분별할 수 있나? 하나님과의 소통은 어떻게 이루어지나?]의 문제는 초신자들만 겪는 어려움은 아니다. 신앙생활을 꾸준히 해 온 신자라고 해도 종종 하나님과의 소통에 어려움을 경험하곤 한다.

이러한 현상은 하나님과 소통하는 일에 대한 구체적인 지식이 정립되지 않았을 때 나타나곤 한다. 구체화되지 못한 신앙 지식은 신앙생활에 별 도움이 되지 못한다.

더불어 막연한 신앙 지식은 오히려 신앙에 방해될 수 있다. 따라서 구체적이고 명확하게 하나님의 음성 듣기(소통하기)를 성경에 기반을 둔 이론을 통해 체계적으로 이해하는 것이 매우 중요하다. 초신자들은 다음의 내용을 꼭 기억해 주기 바란다.

1) 우리는 [하나님과 소통하기]라는 주제를 다루기 위해 먼저 하나님께서는 '영(靈)'이시라는 사실을 명심해야 한다

하나님께서는 창조자이신 까닭에 피조(누군가에 의해 만들어진) 된 육체가 없으시다. 때문에 육체를 통해 말씀하지 않으신다. 사람의 몸에 있는 발성기관을 가지고 말씀하시는 것이 아니라는 의미이다. 오직 하나님께서는 영적인 존재이신 까닭에 영적인 방법으로 말씀하신다.

그렇다고 사람의 귀에 육성(肉聲)처럼 들리는 것이 절대 불가능하다는 뜻은 아니다. 하나님께서는 필요하시다면 이런 방식을 통해서 말씀하실 수 있으실 만큼 능력이 많으시다.

실제로 신·구약시대의 선지자들이나 사도들은 종종 하나님께서 사람의 육성기관을 통해 말씀하시는 것처럼 대화하시는 장면이 성경 곳곳에 기록되어 있고, 그 대표적인 경우가 하나님께서 모세와 대화하시는 장면이다.

사람이 자기의 친구와 이야기함 같이 여호와께서는 모세와 대면하여 말씀하시며 모세는 진으로 돌아오나 눈의 아들 젊은 수종자 여호수아는 회막을 떠나지 아니하니라(출 33:11, 개정)

하지만 엄밀히 말해 하나님의 음성은 사람의 발성기관과 같은 육체적인 발성기관을 통해 나오는 음파(音波)와는 근본적으로 다르다. 하나님의 음성은 육체적인 발성기관을 통하지 않은 영적인 음성이며, 사람이 귀로 듣는 것처럼 느껴질지라도 이 음성은 근본적으로 사람의 귀로 듣는 것이 아니라, 사람의 영이 듣는 것이다. 다시 말해, 귀로 듣는 것이 익숙한 사람이 하나님의 영적인 음성을 육체의 귀로 듣는 것처럼 이해하지만, 실제로는 사람의 영(靈)이 명확하게 알아듣는 것이란 의미이다.

하지만, 하나님께서는 능력이 많으신 까닭에 반대로 동물의 입을 통해서 자신의 뜻을 전하시기도 하신다. 하나님께서는 나귀를 사람처럼 말하게 하여 이방 선지자 발람에게 경고의 뜻을 전하기도 하셨다.

[28] 여호와께서 나귀 입을 여시니 발람에게 이르되 내가 당신에게 무엇을 하였기에 나를 이같이 세 번을 때리느냐
[29] 발람이 나귀에게 말하되 네가 나를 거역하기 때문이니 내 손에 칼이 있었더면 곧 너를 죽였으리라
[30] 나귀가 발람에게 이르되 나는 당신이 오늘까지 당신의 일생 동안 탄 나귀가 아니냐 내가 언제 당신에게 이같이 하는 버릇이 있었더냐 그가 말하되 없었느니라
[31] 그 때에 여호와께서 발람의 눈을 밝히시매 여호와의 사자가 손에 칼을 빼들고 길에 선 것을 그가 보고 머리를 숙이고 엎드리니
[32] 여호와의 사자가 그에게 이르되 너는 어찌하여 네 나귀를 이같이 세 번 때렸느냐 보라 내 앞에서 네 길이 사악하므로 내가 너를 막으려고 나왔더니
[33] 나귀가 나를 보고 이같이 세 번을 돌이켜 내 앞에서 피하였느니라 나귀가 만일 돌이켜 나를 피하지 아니하였더면 내가 벌써 너를 죽이고 나귀는 살렸으리라(민 22:28-33, 개정)

그러나 많은 신자는 여전히 하나님의 음성을 귀로 직접 듣기를 소망한다. 이렇게 듣게 되면 강한 확신을 가질 수 있게 될 것이라고 여기기 때문이다. 하지만 하나님께서는 창조주이시고, 영이시라는 사실을 기억한다면 이렇게 말씀하시는 것이 일반적이지 않다는 것을 깨닫게 된다.

사람은 육체를 가졌음에도 영이신 하나님과 교제할 수 있는 영적인 존재이다. 하나님의 음성을 듣는 것은 영이신 하나님과 교제하는 매우 영적인 일이다. 그렇다면 육체의 기관인 귀를 통해, 영이신 하나님의 음성을 들으려는 것은 오히려 상식에 맞지 않는 이상한 일이 된다.

사람에게는 하나님과 교제할 수 있는 영(靈)이 있다는 사실을 기억한다면, 육체의 귀로 하나님의 음성을 들으려고 고집하지 말고, 이것이 오히려 영이신 하나님과의 올바른(보편적인) 교제 방법이 아니라는 것을 먼저 인정해야 한다. 물론 능력이 많으신 하나님께서 자신을 도무지 이해하지 못하는 초신자나, 믿지 않는 사람에게 귀로 음성을 듣는 것처럼 강력하게 역사하실 수도 있다. 하지만 이러한 방법은 매우 이례적인 상황에서 특별한 방법으로 소통하시는 것이다.

그러므로 이 말을 꼭 기억했으면 좋겠다.

영이신 하나님과의 소통은
영적인 방법을 사용하는 것이 일반적인 방법이다.

예수님께서는 우리를 구원하시기 위해 하늘의 영광을 버리시고 낮고 낮은 이 땅에 임하셨다. 하지만 그렇다고 해서 영이신 하나님께서 우리와 소통하시기 위해 사람의 육체적인 소통 방법에 적응하셔야 하는 것이 아니다. 오히려 우리는 예수님의 보혈의 공로로 거듭난 우리의 영을 죄와 육체의 본성에서 회복하여, 영이신 하나님 앞에 영적인 방법으로 듣고, 영적인 방법으로 반응할 수 있어야 하는 것이다.

가장 보편적인 하나님과의 영적인 소통은
성경을 읽고 묵상할 때 일어난다.

하나님을 만나기 전까지 영적인 활동을 하지 않았던 사람이 예수님을 유일한 구원자로 고백하고 성령 하나님을 선물로 받는 과정에서 영적인 활동이 다시 시작된다. 초신자에게 이러한 영적인 활동은 단지 아직 익숙하지 않을 뿐이다. 영적인 활동이 연습 되지 않아 어색하고 능숙하지 않을 뿐이다.

따라서 하나님의 음성 듣는 것을 영적인 일로 이해하고, 내가 보다 영적인 일에 익숙해질 수 있도록 연습하고, 영이신 하나님과 소통할 수 있는 은혜를 간구하는 것이 신앙 성장의 올바른 방향이다.

2) 하나님의 음성을 잘 듣기 원한다면 반드시 '성경(聖經)'을 읽어야 한다

아기가 태어나면 어머니와 아버지 품에서 온종일 부모님의 입 모양을 따라 뜻 모를 '옹알이'를 한다. 아기는 아직 발음도 정확하게 낼 수 없을 뿐만 아니라, 그 단어의 뜻도 알지 못한다. 하지만 눈빛으로, 얼굴 표정으로 부모와 교감하면서 부모의 언어를 체득한다.

초신자에게 성경을 읽는 것은 쉬운 일이 아니다. 내용이 생소할 뿐 아니라, 등장하는 인물도 많고, 무엇을 의미하는지 이해되지 않는 독특한 히브리인들만의 표현들로 가득하기 때문이다.

하지만 성경은 하나님의 영적 언어 체계이고, 하나님의 뜻을 기록한 유일한 기록물이다. 즉 성경을 처음부터 이해하지 못하더라도, 부모의 입 모양을 끊임없이 따라 하는 갓난아기가 결국 말하게 되는 것처럼 영이신 하나님과의 원활한 교제를 사모하는 마음으로 성경을 읽고, 또 읽으면 하나님과의 영적인 교제가 자연스럽게 일어난다.

또한 거듭난 신자 안에 내주하시는 성령 하나님은 우리 안의 어두움을 물리치시고 하나님의 뜻을 알도록 도우시는데, 이를 [성령의 조명하심]이라고 한다.

신자는 이처럼 성령 하나님의 '빛 비추어 주심'으로 성경을 깨닫게 되면서 하나님과의 원만한 소통이 가능하게 된다. 그러므로 성경을 읽는 것은 일반 도서를 읽는 것과 전혀 다른 것이다. 일반 도서를 읽는다고 해서 영적인 일, 즉 하나님과의 영적인 교제나, 성령 하나님의 조명하심과 같은 영적인 깨달음이 일어나지 않기 때문이다.

이처럼 예수님을 믿어 성령 하나님을 선물로 받은 성도는 성경을 읽는 것이 '영적인 일'이라는 사실을 분명히 알아야 한다. 또한 성경을 읽는 것은 하나님과의 교제를 위함이지, 성경적 지식을 남에게 자랑하기 위함이 아니라는 사실도 반드시 기억해야 한다.

성경을 얼마나 많이 읽었느냐가 자랑거리가 아니라, 성경을 읽어서 얼마나 하나님을 깊이 있게 이해하게 되었고, 얼마나 하나님을 더 닮게 되었느냐가 훨씬 중요하다.

그러므로 신자가 하나님과의 영적인 교제를 원한다면 반드시 성경을 읽어야 한다. 하나님의 뜻을 분별하고, 그분의 뜻 안에서 살고 싶다는 거룩한 열정이 있다면 반드시 성경을 읽어야 한다.

거듭난 신자 안에 생긴 거룩한 열정은 기도와 말씀 묵상에 힘쓰도록 우리의 삶을 이끈다. 신앙 성장을 방해하는 사탄의 유혹과 옛 본성을 거룩한 열정으로 이겨 내고, 계속해서 하나님과의 영적인 교제에 막힘이 없도록 신자는 말씀 묵상과 기도에 힘써야 한다.

신자는 옛 본성에 휘둘려 성경이 당장 이해되지 않고, 말이 어렵다는 이유로 성경 읽기를 그만두어서는 안 된다.

왜냐하면, 이 세상 누구도 성경이 이해되어서 읽은 사람은 단 한 사람도 없기 때문이다.

성경은 일반 학문에 대한 해박한 지식이 있다고 해서, 혹은 스스로 열심히 공부해서 자신의 노력만으로 이해되는 책이 결코 아니다. 성경은 근본적으로 성령 하나님의 도우심 없이 이해되는 책이 아니기 때문이다.

오히려 학력이 낮고 배움이 짧아도 성령 하나님을 온전히 의지하고 인도하심을 따라 묵상하기를 멈추지 않는다면 누구에게나 열린 책이다. 하나님과의 영적인 교제만을 사모하고, 묵상하면 하나님께서는 반드시 만나 주신다.

'현대 선교의 아버지'라 불리는 윌리엄 캐리 선교사(William Carrey, 1761년 8월 17일 ~ 1834년 6월 9일)는 문맹률이 높던 시절 가난한 시골 동네에서 태어났다. 고등학교밖에 졸업하지 못했지만, 그는 하나님을 향한 높은 신앙심을 가졌다. 그는 구두 수선공으로 일하면서도 성경 말씀에 온전히 사로잡혀 하나님과 깊은 교제를 즐겼는데 하나님께서는 윌리엄에게 특별한 은혜를 허락하셨다.

하나님께 헌신하기로 결심한 그는 1792년 봄, 《이교도 개종에 대한 크리스천의 의무에 관한 연구》라는 책을 썼다. 그는 이 책을 통해 세계 선교는 그리스도인이 반드시 해야 할 의무임을 역설하였다. 이 책은 《루터의 95조 항》과 함께 베스트셀러가 되었으며, 세계 선교 열풍이 전 유럽으로 확산하게 되는 결정적인 역할을 하였다.

이후 그는 1793년 개신교 역사상 최초의 해외 선교회인 침례교 선교회(BMS) 설립하였고 인도 선교에 앞장섰다. 그는 수많은 인도 방언과 중국어 버마어 말레이어 등 44개의 언어로 성경을 번역 출판하였다.

윌리엄 캐리는 항상 다음과 같이 외쳤다.

항상 하나님으로부터 위대한 일을 기대하라!
그리고 하나님을 위하여 위대한 일을 시도하라!

그는 자신의 좌우명처럼 끊임없이 하나님으로부터 위대한 일을 기대하였고, 위대한 일을 시도하였다. 수많은 역경과 아픔을 이겨 낸 윌리엄 캐리는 인도에서 40년간 선교에 힘쓰다 1834년 73세의 나이로 하나님의 부르심을 받았는데, 그의 묘비에는 다음과 같이 기록되어 있다.

윌리엄 캐리, 1761년 8월 17일생, 여기 잠들다.
가엾고, 불쌍하고, 무력한 벌레 같은 인간이
주님의 친절한 팔에 안기나이다.

D. L. 무디(Dwight Lyman Moody, 1837년 2월 5일 ~ 1899년 12월 22일)는 미국의 저명한 평신도 설교자이자 복음주의 부흥사이다. 그는 가난한 소작농의 여섯 번째 자녀로 태어났다. 초등학교 5학년 때, 아버지가 사고로 별세하면서 빚쟁이들이 와서 가구를 가져갈 정도로 극심한 가난에 시달렸다. 무디는 어린 나이에 농장에서 아동노동을 해야 했다. 그는 초등학교 5학년을 끝으로 학업을 그만둘 수밖에 없었다.

17세 때인 1854년 시카고에 간 무디는 외삼촌의 구두 상점에서 구두 판매원으로 일했다. 1855년 주일학교 교사 에드워드 킴빌의 영향으로 기독교인이 된 그는 시카고 빈민가의 어린이들에게 전도하는 어린이 사역을 시작하였다.

구원받은 무디는 성경 읽기에 힘쓰며, 자신의 성경에 다음과 같은 말을 기록해 두었다.

성경은 당신을 죄로부터 지켜 줄 것이다.
그렇지 않으면 죄가 당신을 성경으로부터 지켜 줄 것이다.

어린이에 대한 관심과 사랑이 많았던 무디는 어린이 선교단의 주일학교 교사가 되어, 천 명이 넘는 아이들을 예수님께 인도했다. 자신처럼 어려운 어린 시절을 보내는 아이들을 위해 '노스필드 신학교'와 '마운트 헐몬 학교'를 세웠다. 또 '시카고 성경 학원'을 세워 보다 많은 사람이 성경을 읽고 연구할 수 있도록 도왔으며, 1886년 무디신학대학교(Moody Bible Institute, MBI)를 세웠다.

그는 1899년 뉴욕시 집회 때, 다음과 같이 설교하였다.

"언젠가는 무디가 죽었다는 소식을 신문에서 읽게 될 것입니다. 그 말을 한마디도 믿지 마십시오. 그 순간 나는 지금보다 더욱 생생하게 살아있을 것입니다. 나는 1837년에 육신으로 태어났지만 1855년 영으로 태어났습니다. 육신으로 태어난 것은 죽겠지만, 영으로 태어난 것은 영원히 살 것입니다."

왜 수많은 사람이 이해하지도 못하면서 성경을 읽기 시작했나? 어떤 사람이 성경을 읽는가? 영이신 하나님과 소통하기를 간절히 원하는 사람이다. 너무나 간절히 하나님을 찾는 사람들이 성경을 찾아 읽었다. 아기가 엄마, 아빠와 대화하고 싶어서, 이해되지 않는 입 모양을 따라 하며 온종일 옹알이를 하는 것처럼 말이다.

그러므로 나는 "하나님의 음성을 어떻게 들을 수 있습니까? 하나님의 뜻을 어떻게 알 수 있을까요?" 하고 묻는 신자에게 항상 이렇게 되묻는다.

"얼마나 하나님의 음성을 듣기 원하십니까?"
"그 거룩한 열정으로 성경을 창세기에서 계시록까지 읽어는 보셨습니까?"
"성경 읽는 것을 자랑하시라는 의미는 아닙니다만, 3독 이상 통독하지 않고 명확하게 하나님의 음성을 들으시려는 것은 아기가 옹알이 연습도 안 하고 부모님과 대화하려는 것과 같습니다! 성경 3독은 하시고 하나님의 음성을 듣고 싶다고 하시는 건가요?"

개인적인 경험상 예수님을 나의 유일한 구세주로 영접하고, 성령 하나님을 선물로 받은 신자 중에 성경을 3독 이상 통독했으면서, 하나님의 뜻을 잘 분별하지 못하는 신자는 거의 없었다. 신자는 성경을 읽는 동안, 내면에 거하시는 성령 하나님의 인도하심을 받으며 수많은 영적인 경험을 쌓게 된다. 이러한 친밀감은 하나님과의 영적인 교제로 이어져서 자연스럽게 하나님과 소통하게 된다. 누구나 신자라면 이러한 자연스러운 과정을 통해 하나님과 교제하는 일에 능숙해진다.

그러므로 하나님의 음성을 듣기 원한다면, 하나님의 뜻을 분별하기 원한다면 너무 서두르지 말자. 조바심 내지 않아도 된다. 서두름과 조바심은 우리 안에 회복된 영적인 기능을 활성화시키는 것이 아니라, 우리 안에 죽어 다시는 깨지 말아야 하는 옛 본성을 활성화시킬 뿐이다.

우리는 죄 사함을 받아 영적인 활동을 이제 막 시작했을 뿐이다. 영적인 활동이 익숙해지고, 하나님의 언어 체계인 성경 말씀에 익숙해지는 일은 단숨에 이루어지지 않는다. 옹알이로 시작했던 어린아이가 성숙할수록 어른들과의 소통이 원활해지고 완숙해지는 것처럼 말이다.

[1] 복 있는 사람은 악인들의 꾀를 따르지 아니하며 죄인들의 길에 서지 아니하며 오만한 자들의 자리에 앉지 아니하고
[2] 오직 여호와의 율법을 즐거워하여 그의 율법을 주야로 묵상하는도다
[3] 그는 시냇가에 심은 나무가 철을 따라 열매를 맺으며 그 잎사귀가 마르지 아니함 같으니 그가 하는 모든 일이 다 형통하리로다(시편 1:1-3, 개정)

3) 하나님의 음성을 듣기 위해서는 '기도의 훈련'이 꼭 필요하다

기도는 말씀 묵상과 더불어 신자가 할 수 있는 가장 직접적인 하나님과의 소통 수단이다. 수많은 믿음의 선배들이 기도 생활을 강조하며, 기도는 '영혼의 호흡'이라고 하였다. 또한 기도는 우리 안에 죄로 말미암아 죽은 영혼이 다시 살아났다는 증거이기도 하다. 하지만 기도는 여전히 어렵다. 개인 기도도 어려운데 성도들을 대표해서 하나님 앞에 아뢰는 대표기도는 세월이 지나도 여전히 부담스럽기만 하다.

나는 예수님을 영접하고 믿음으로 고백하여 신자가 되기 전에 불교의 도를 닦아 승려(僧侶)가 되고자 했던 때가 있었다. 그때는 하루에 8시간씩 참선(參禪)하며 용맹정진(勇猛精進)하였다.

그런데 이상하게도 기독교 신자가 되어, 하나님 앞에 기도할 때에는 단 5분도 기도하기 어려워 몹시 당황했던 기억이 있다. 나중에 불교의 참선은 나 혼자 하는 것이지만, 기독교의 기도는 참선과 같은 '일방 소통'이 아니라, 하나님과 내가 함께 소통하는 '쌍방 소통'이기 때문에 나 혼자 하고 싶은 말을 아무 때나 하는 것이 기도가 아니라는 사실을 깨달았다.

그러므로 기도가 나 혼자 하는 것처럼 보여도 하나님께서 나를 향하여 바라봐 주시지 않으면 (소통이 이루어지지 않으면) 할 수 없는 것이, 또한 기도인 것이다.

[24] 여호와는 네게 복을 주시고 너를 지키시기를 원하며
[25] 여호와는 그의 얼굴을 네게 비추사 은혜 베푸시기를 원하며
[26] 여호와는 그 얼굴을 네게로 향하여 드사 평강 주시기를 원하노라 할지니라 하라
[27] 그들은 이같이 내 이름으로 이스라엘 자손에게 축복할지니 내가 그들에게 복을 주리라(민 6:24-27, 개정)

민수기에 기록된 말씀처럼 비록 하나님께서 말씀하지 않으시더라도, 임재하셔서 나를 향하여 귀 기울여 주실 때, 비로소 기도는 시작된다. 영적으로 하나님과 내가 서로 마주하여 상호 소통하는 것이 기독교가 말하는 기도의 특징이다. 그러므로 기도는 [쌍방 소통]이다.

믿음이 없이는 하나님을 기쁘시게 하지 못하나니 하나님께 나아가는 자는 반드시 그가 계신 것과 또한 그가 자기를 찾는 자들에게 상 주시는 이심을 믿어야 할지니라(히 11:6, 개정)

또한 기도는 기본적으로 '믿음을 가지고 하나님과 소통하는 영적인 활동'이다. 하나님을 믿는다는 것은 하나님께서 선(善)하시고, 의로우시며, 좋으신 아버지 되심과 더불어 나의 필요를 채워 주실 수 있을 만큼 능력이 많으시다는 사실과 항상 가장 좋은 것으로 만족하게 하시며, 가장 좋은 길로 인도하신다는 사실을 믿는다는 의미이다.

하지만 우리가 생각하는 가장 좋은 방법과 가장 좋은 길은 우리 수준에서 생각한 것이기 때문에, 하나님의 높으신 수준에서 내린 결정과 큰 차이가 날 수도 있다. 그 때문에 우리는 선하신 아버지께서 주시는 결과를 가장 좋은 결정으로 믿고 따라야 한다. 이러한 신뢰가 없다면 우리는 하나님께서 판단하신 가장 좋은 결정을 받아들이지 못하고 불만과 불평에 빠져 그의 선하신 인도하심에서 벗어나게 될 것이다.

또한 기도는 철저히 영적인 활동이어야 한다. 이 말은 거듭났음에도 우리 육체 안에 남아 있는 옛 본성이, 영이신 하나님과 만나는 기도의 시간에 영향을 주어서는 안 된다는 말이다.

아무 것도 염려하지 말고 다만 모든 일에 기도와 간구로, 너희 구할 것을 감사함으로 하나님께 아뢰라(빌 4:6, 개정)

기본적으로 염려, 근심, 걱정, 불안, 두려움 따위는 대표적인 '옛 본성', 즉 '육체의 본성'이 하는 일이다. 육체의 본성은 영적인 일을 전혀 이해하지 못한다. 그럼에도 이 육체의 본성은 우리의 마음을 정복하고, 육체의 본성대로 결과를 만들어 내기 원한다.

더불어 우리 안에 있는 옛 본성은 눈에 보이는 증거만을 쫓는 특성이 있다. 때문에 신자가 이 옛 본성을 십자가에 못 박아 그 활동을 죽이지 못하면 하나님께서 주시는 영적인 증거로 만족하지 못하고, 눈에 보이는 증거를 쫓아 파멸에 이르게 된다.

즉 하나님의 영적인 음성에 즉각 반응하지 못하고, 마음을 점령한 옛 본성을 따라 악한 영이나, 악한 사람에게 이끌려 하나님을 떠나 악한 길로 나아가게 된다는 의미이다. 악한 영의 대명사인 사탄과 악인은 '눈에 보이는 증거'에 이끌리는 옛 본성의 속성을 이용해, 신자를 미혹하고 유혹해 마침내 악한 길로 인도한다.

빌립보서 4:6절은 우리에게 '아무 것도 염려하지 말고 기도하라'라고 말한다. 여기서 말하는 '염려(念慮)'는 옛 본성을 대표한다. 기도는 육체의 본성에 사로잡힌 상태로 영이신 하나님과 마주하는 것이 아니다. 기도는 철저히 영적인 활동인 까닭에 육체의 본성(옛 본성)이 개입되면 안 된다.

이미 죄에서 자유를 얻은 우리가 옛 본성의 족쇄를 차고 하나님 앞에 서서는 안 된다는 의미이다. 많은 신자가 이 부분을 오해한다. 염려거리, 걱정거리가 있어서 하나님을 찾고 기도하는 것인데, 어떻게 염려하지 않고 걱정하지 않고 기도할 수 있느냐는 것이다.

성경은 죄로 말미암아 가장 비참해진 인간의 모습을 다음과 같이 표현한다.

그로 그들 앞에 출입하며 그들을 인도하여 출입하게 하사 여호와의 회중이 목자 없는 양과 같이 되지 않게 하옵소서(민 27:17, 개정)

무리를 보시고 불쌍히 여기시니 이는 그들이 목자 없는 양과 같이 고생하며 기진함이라(마 9:36, 개정)

염려, 근심, 걱정, 불안, 두려움은 목자 없는 양들이나 겪는 일이다. 선한 목자가 있는 양은 무엇을 먹을까? 무엇을 마실까? 염려하지 않는다. 선한 목자가 있는 양은 그저 선한 목자를 따르는 것으로 좋은 꼴과 시원한 물을 먹고 마신다. 목숨을 걸고 자신을 지키는 선한 목자를 믿는 양은 평안 가운데 잠들고, 늑대를 만나도 두려워하지 않는다.

염려, 근심, 걱정, 불안, 두려움 가운데 하나님 앞에 나아오는 것은 선한 목자이신 하나님을 모욕하는 행위이다. 이는 그를 온전히 의지하지 못한다는 증거이다. 아직 그를 나의 선한 목자로서 충분히 신뢰하지 못한다는 증거이다.

하나님의 목자 되심을 신뢰하지 못하여 그의 선하심과 능력을 의심하는 것은 단순히 내면의 두려움과 신뢰의 문제만으로 끝나는 것이 아니라, 선한 목자를 부끄럽게 만드는 결과를 낳는다.

선하신 목자를 따라가는 양들이 자신의 목자를 의심하며 마지못해 억지로 끌려가는 모습을 상상해 보자. 그 모습을 본 사람들은 스스로 선하다고 주장하는 목자를 어떻게 생각하게 될까? 목자 뒤로 두려움에 벌벌 떨면서 따르는 양 떼를 보고, "저 뒤따르는 양들의 모습을 보니, 지도력이 없거나 능력 없는 목자가 확실하다!"라며 조롱하지 않겠나.

결국 눈에 보이지 않는 영(靈)이신 하나님 아버지의 돌보심을 의심하는 신자는, 믿음으로 따를 수 없는 상태가 되어 하나님과의 동행을 포기하게 될 것이다. 또한 하나님께 드린 자신의 기도가 응답되기까지 조바심에 기다리지 못하고, 다른 누군가(세상의 권세자나 우상)를 찾아 떠나게 된다.

여기서 한 가지 흥미로운 사실은 우리의 생각과 달리 성경은 염려, 근심, 걱정, 불안, 두려움을 마음에서 제거하는 것이 우리의 몫이라고 밝히고 있다는 점이다. 우리를 구원하시기 위해 모든 것을 주신 아버지, 즉 예수 그리스도를 십자가에 못 박고, 성령을 선물로 주신 아버지 하나님께서 이상하게도 염려, 근심, 걱정, 두려움의 문제에 대해서는 유독 냉정하시다. 오직 스스로 자기를 부인하고 자기 십자가(옛 본성을 못 박는 일)를 지고 따르라고 요구하시는 것이다.

이에 예수께서 제자들에게 이르시되 누구든지 나를 따라오려거든 자기를 부인하고 자기 십자가를 지고 나를 따를 것이니라(마 16:24, 개정)

그리스도 예수의 사람들은 육체와 함께 그 정과 욕심을 십자가에 못 박았느니라(갈 5:24, 개역)

즉 염려, 근심, 걱정, 두려움의 문제는 하나님께 맡겨야 하는 문제가 아니라, 새 본성으로 거듭난 신자가 스스로 자기(옛 본성)를 부인하고 하나님의 도우심을 간구하여 옛 본성이 마음에 어떤 영향력도 행사할 수 없도록 십자가에 못 박아야 하는 일로 규정하고 있다.

이러한 과정을 정리하면 다음과 같다.

(1) 목자 없는 양처럼 염려, 근심, 걱정, 불안, 두려움의 옛 본성에 사로잡힌 나를 회개한다.
(2) 염려, 근심, 걱정, 불안, 두려움의 옛 본성이 주는 생각에 죽은 것처럼 반응하지 않는다.
(옛 본성에서 나오는 습관적인 관념과 행동 양식에 대하여 죽은 것처럼 반응하지 않는 것을 성경은 그 정과 욕심을 십자가에 못 박았다고 표현한다.)
(3) 염려, 근심, 걱정, 불안, 두려움에 사로잡힌 마음을 하나님 앞에 설 수 있는 상태로 회복하기 위해 성령 하나님의 도우심을 간구하고, 예수님의 보혈로 씻어 정결하게 해 주실 것을 요청한다.
(4) 죄와 멀어지기 위해 구체적인 선한 일만 생각하고 여기에 힘쓴다(말씀 묵상, 봉사, 헌신 등).

하나님 앞에 옛 본성의 염려, 근심, 걱정, 불안, 두려움에 사로잡힌 마음으로 기도하는 것은 기도가 아니라, 옛 본성이 불신하여 내지르는 비명(悲鳴)인 것이다. 이는 염려와 두려움에 압도되어 외치는 외마디 탄식에 불과한 것으로, 이러한 상황에서는 믿음과 신뢰로 하나님 앞에 서지 못한다.

단지 외롭고 두려운 현재 상황에서 속히 벗어나기만을 바라며, 뭔가 할 수 있다면 좀 어떻게든 해 달라는 울부짖음으로 아버지 하나님 앞에 서는 것은 믿음으로 서는 것이 아닌 것으로 예수님을 희생하시면서까지 우리를 구원하신 아버지 하나님을 민망하게 만든다.

창조주이신 하나님은 이 세상을 창조하셨을 뿐 아니라, 여전히 주관하신다. 우리에게 허락된 고난은 하나님의 허락하심 없이 그냥 주어지는 것이 아니다.

다윗은 왕이 되기 전까지 사울 왕에게 아무 잘못 없이 쫓겨 다녀야 했다. 요셉은 아무 잘못 없이 형제들에 의해 노예로 팔리고 결국 죄인이 되어 감옥 생활을 해야 했다. 다니엘은 자신의 죄와 상관없이 바벨론제국에 포로가 되어 환관이 되었다.

유독 독실한 신앙인들에게 닥친 고난과 역경은 자신들의 잘못에 의한 것이 아니다. 하지만 여기에는 중요한 영적인 이유가 있다. 하나님께서는 고난과 역경을 통해 그들을 위대한 신앙인으로 길러 내신다. 하지만 육체의 정욕이 신자의 마음을 사로잡으면, 고난과 역경에 대한 하나님의 깊은 의도를 생각하기도 전에 어렵고 힘겨운 상황에서 벗어나려고만 몸부림치며 연단을 거부하여 결국 소중한 영적 성장의 기회를 놓치게 만든다.

사랑의 하나님이시라면서 나에게 왜 이런 상황을 허락하시느냐며 핏대를 세우며 항의할 뿐, 자신에게 이런 연단이 필요하다는 사실조차 인정하려 하지 않는다.

또한 옛 본성의 비명은 울분과 억울함으로 문제의 원인을 하나님 탓으로 돌리려는 것으로 기도와 구별된다. 옛 본성의 비명은 현재의 어려움과 책임에서 어떻게 해서든 벗어나기만 하려는 것에 의도가 있다. 절망 속에서 하나님을 향한 원망과 불평으로 기도를 끝내는 것은 옛 본성이 기도에 개입한 결과이다.

하지만 이와 달리 하나님께서 명하신 사명과 명령을 수행하는 과정에서 생긴 마음의 상처나 원수의 괴롭힘에 억울함으로 울분을 토로하는 것은 어떻게든 사명을 완수하기 위한 몸부림이다. 여전히 믿음으로 자리를 지키며 도우심을 바라고자 성토하는 것은 깊은 영적 탄식(歎息)이다.

원수의 방해나 어려움으로 인해 소멸되었던 성령충만을 회복하기 위해 눈물로 호소하는 것은 옛 본성의 결과가 아니다.

성경은 평안 가운데, 믿음을 가지고 하나님 앞에 나아오라고 말씀하신다. 우리가 이러한 옛 본성의 개입에서 자유를 얻어 하나님 앞에 합당한 모습으로 서는 것을 구별하는 것은 그리 어렵지 않다. 내가 정말 기도할 수 있는 상태인지 알 수 있는 가장 보편적인 방법 중 하나는 바로 '감사(感謝)'이다.

지금 내가 감사로 하나님 앞에 설 수 있는지 확인하는 것이다.

내가 하나님 앞에 감사한 마음으로 기도하여 아뢸 수 있을 때, 바로 그때가 하나님 앞에 올바로 준비된 상태인 것이다.

마지막으로 기독교의 기도와 샤머니즘의 기도는 전혀 다른 것이다. 우리는 우리의 전통문화에 익숙한 나머지 기독교의 기도와 샤머니즘의 기도를 구별하지 못하고, 문화적인 익숙함에 따라 샤머니즘적인 기도 관습을 가지고 하나님 앞에 기도하는 일이 종종 벌어지곤 한다.

기독교의 기도는 '자녀 관계'라는 신분상의 관계를 기반으로 자녀가 아버지 앞에 서는 것이다. 하지만 샤머니즘의 기도는 '지성(至誠)이면 감천(感天)'이라는 방법을 기반으로 서로 원하는 것을 얻기 위한 '거래관계'로 자신들의 우상 앞에 서는 것이다. 샤머니즘의 기도는 지극한 정성으로 신들을 감동시켜야 하기 때문에 온갖 정성을 다한다. 그리하여 만족한 신은 한 가지 소원을 들어줌으로 거래가 끝난다.

때로 이러한 샤머니즘의 관습이 교회에 들어와 일천번제(一天燔祭)라는 이름으로 지극 정성을 다해 1,000일 동안 기도하거나, '새벽 제단'을 쌓는다는 모습으로 교회 안에서 재현되기도 한다. 새벽기도는 정해진 시간에 하나님 앞에 자녀로서 아버지를 만나는 것이 되어야 한다. 새벽기도는 내 소원을 관철시키는 도구가 아니라, 아버지와 뜻을 나누는 시간이 되어야 한다.

샤머니즘의 기도와 기독교의 기도의 진정한 차이가 바로 여기에 있다. 샤머니즘의 기도는 인간의 보편적인 본성 안에 있는 육체의 정욕을 이루기 위함이다. 즉 내가 원하는 것을 이루기 위해 신적인 존재의 도움을 얻고자 하는 것이다. 그러나 기독교의 기도는 기본적으로 아버지 하나님의 뜻을 이 땅에 이루기 위함이다.

옛 본성이 아닌, 거룩한 새 본성으로 거듭난 신자가 아버지의 뜻을 이루기 위해 이 땅에 오신 예수님처럼 자녀로서 아버지의 뜻을 이루기 위해 기도하는 것이다.

그러므로 너희는 이렇게 기도하라 하늘에 계신 우리 아버지여 이름이 거룩히 여김을 받으시오며 나라가 임하시오며 뜻이 하늘에서 이루어진 것 같이 땅에서도 이루어지이다(마 6:9-10, 개정)

우리가 전심으로 아버지의 뜻이 이 땅에 이루어지기를 위해 기도한다는 것은 오직 옛 본성을 십자가에 못 박았을 때 가능하다. 기도가 어려운 이유가 바로 여기에 있다. 좀비처럼 살아나 좀 더 편하고, 좀 더 멋지고, 좀 더 화려한 삶을 추구하며, 누구보다 자신을 뽐내고 싶어 하는 옛 본성을 십자가에 못 박는 일이 결코 쉬운 일은 아니기 때문이다.

그래서 우리의 기도 시간은 아버지의 뜻을 간구하는 기도의 시간보다, 내가 원하는 것을 이루기 위해 기도하는 시간이 훨씬 더 길고 정성을 다하는지도 모르겠다. 기도는 기도하는 그 시간 자체도 의미가 있지만, 옛 본성의 개입이 없이 거룩한 새 본성으로 하나님을 만나는 것이 훨씬 더 중요하다.

옛 본성을 십자가에 못 박으면, 거룩한 새 본성의 활동이 더욱 민첩하고 활발해진다. 거룩한 것을 사모하는 마음이 더욱 강력하게 일어나고, 나의 사사로운 뜻보다 아버지 하나님의 뜻이 자연스럽게 마음의 1순위가 된다. 염려, 근심, 걱정, 불안, 두려움에서 마음이 자유를 얻어 평안을 누리게 되며 골리앗 앞에선 다윗처럼 누구도 두렵지 않게 된다.

성경이 말하는 '평안(샬롬)'은 신자라면 누구나 누려야 할 보편적인 가치이다. 기도는 이러한 평안 가운데서 하나님을 만나는 것이다. 우리가 옛 본성으로부터 자유를 얻어 아버지의 계승자로서 아버지의 일에 몰두할 때,

좋으신 아버지이신 하나님께서는 우리에게 필요한 모든 것을 더하신다.

그런즉 너희는 먼저 그의 나라와 그의 의를 구하라 그리하면 이 모든 것을 너희에게 더하시리라(마 6:33, 개정)

4) 하나님의 음성을 듣기 위해서는 '기다림의 인내'가 꼭 필요하다

이는 하늘이 땅보다 높음 같이 내 길은 너희의 길보다 높으며 내 생각은 너희의 생각보다 높음이니라(사 55:9, 개정)

전지전능(全知全能)하신 하나님 아버지께서는 그 생각의 깊이가 우리와는 전혀 다른 수준에 계신다. 쉽게 말해, 하나님께서 바둑을 두시면 아무도 그 수를 읽어 내지 못한다는 뜻이다.

따라서 엄밀히 말해 우리는 근본적으로 하나님과 소통할 수 있는 수준 자체가 아니다.

아브라함은 자신에게 나타나신 하나님의 인도하심을 받아 가나안 땅으로 왔지만, 어떻게 이 땅이 자신의 땅이 되며, 어떻게 하늘의 별 같은, 바다의 모래 같은 자녀를 얻게 될지 알지 못하였다. 그래서 아브라함은 하나님과 대화는 하지만 그 깊은 뜻을 당장 헤아려 알 수 없었다. 아브라함은 가나안에서 아주 오랜 시간을 보낸 후에야 비로소 하나님의 뜻을 이해할 수 있게 되었다.

기도에 인내가 필요한 이유가 바로 여기에 있다. 기도의 응답은 우리의 수준과도 밀접한 관계가 있다. 하나님을 아는 지식이 많을수록 응답도, 이해도 빨리 된다. 그러나 반대로 하나님을 아는 지식이 없으면 응답도,

이해도 느릴 수밖에 없다.

하나님께서 소돔과 고모라를 멸하기 위해 가나안에 오셨다가 아브라함의 집에 들르셨는데, 아브라함은 조카 롯을 구하고자 하나님과 끈질긴 협상을 하였다. 의인 50명을 찾으면 소돔과 고모라를 멸하지 않으시겠다는 협상 결과를 얻어 낸 아브라함은 간청하고 또 간청하여 의인 10명이 있다면 소돔과 고모라를 멸하지 않겠다는 확답을 얻어 낸다(창 18장).

아브라함의 계산으로는 조카 롯의 가족과 사위들, 그리고 큰 성(城)인 소돔과 고모라의 인구를 생각해 볼 때, 충분히 의인 10명 정도는 있을 것이라고 판단한 결과이지만, 마상 소돔과 고모라에는 의인 10명조차 존재하지 않았다.

결과적으로 하나님께서는 이미 의인 10명조차 남지 않았다는 사실을 아시고, 소돔과 고모라를 멸하시고자 하신 것이다. 이처럼 우리의 생각은 하나님의 생각에 크게 미치지 못한다.

따라서 기도의 응답은 듣지 못해서가 아니라, 이해하지 못해서 듣지 못했다고 말하는 경우도 많다. 한참 시간이 흐른 후에야, 이해되어서 우리에게 응답되기도 하는 것이다. 하나님께서는 온 우주와 만물을 만드신 분이시고, 우리는 그의 피조물에 불과하다는 사실을 기억한다면 창조주께 응답을 독촉하거나, 조르는 일은 삼가야 할 것이다.

우리는 전능하신 하나님의 깊으신 뜻이 세상과 삶 가운데 드러나, 우리가 이해할 수 있게 될 때까지 기다려야 하는 존재이기 때문에 하나님과의 교제에는 반드시 인내의 기다림이 꼭 필요하다.

5) 기도를 통해 하나님을 만나는 것과 뜻을 해석하는 것은 결국 자기 신앙 수준에 의해 큰 영향을 받는다

[10] 여러 날 머물러 있더니 아가보라 하는 한 선지자가 유대로부터 내려와
[11] 우리에게 와서 바울의 띠를 가져다가 자기 수족을 잡아매고 말하기를 성령이 말씀하시되 예루살렘에서 유대인들이 이같이 이 띠 임자를 결박하여 이방인의 손에 넘겨 주리라 하거늘
[12] 우리가 그 말을 듣고 그곳 사람들과 더불어 바울에게 예루살렘으로 올라가지 말라 권하니
[13] 바울이 대답하되 여러분이 어찌하여 울어 내 마음을 상하게 하느냐 나는 주 예수의 이름을 위하여 결박 당할 뿐 아니라 예루살렘에서 죽을 것도 각오하였노라 하니
[14] 그가 권함을 받지 아니하므로 우리가 주의 뜻대로 이루어지이다 하고 그쳤노라(행 21:10-14, 개정)

사도행전 21장에는 기도 응답에 관한 매우 귀한 사건이 기록되어 있다. 사도 바울은 예루살렘에 들어가기 전에 일곱 집사 중 하나인 빌립 집사의 집에 잠시 머물게 되었다. 이때 아가보라는 한 선지자가 사도 바울을 찾아와 자신을 사도 바울의 띠로 결박하고 예루살렘에 가면 이같이 결박 당하여 로마로 압송하게 될 것이라고 예언하였다.

그러나 이와 같은 예언은 사도 바울도 이미 받아서 알고 있는 것으로 사도행전 20장에 기록하였다.

오직 성령이 각 성에서 내게 증언하여 결박과 환난이 나를 기다린다 하시나 내가 달려갈 길과 주 예수께 받은 사명 곧 하나님의 은혜의 복음을 증언하는

일을 마치려 함에는 나의 생명조차 조금도 귀한 것으로 여기지 아니하노라 (행 20:23-24, 개정)

선지자 아가보와 사도 바울은 같은 내용의 예언을 받은 것이다. 그러나 해석이 달랐다. 사도 바울에 대한 불길한 예언으로 받아들인 아가보와 성도들은 그를 사랑하는 마음으로 예루살렘으로 가지 말 것을 강권(强勸)하였다. 하지만 사도 바울은 이러한 사랑의 권면을 단호히 거절하였다.

사도 바울은 성령께서 주신 이 고난의 예언을 "네 앞에 고난과 핍박이 있으니 당장 도망쳐라!"라는 의미로 받아들이지 않고, 오히려 이러한 어려움이 있더라도 반드시 로마에 복음을 전해야 한다는 절박한 하나님의 부르심으로 이해하였다.

이러한 선교적 부르심을 이해하지 못한 선지자 아가보와 성도들의 권면은 사도 바울의 마음을 아프게 하였다. 사랑하는 성도들과의 이별은 죽음을 각오한 사도 바울이라 해도 매우 마음 아픈 일이기 때문이다. 하지만 사도 바울의 확고한 각오와 성령 하나님의 부르심에 대해 뒤늦게 깨달은 성도들은 이내 권면하기를 그쳤다. 마침내 하나님의 부르심에 대한 사도 바울의 확고한 의지를 통해 아가보와 성도들이 하나님의 부르심을 온전히 이해하게 되었기 때문이다.

이처럼 말씀묵상, 기도, 환상, 꿈을 통해 받게 된 하나님의 응답은 종종 받아들이는 신자의 수준에 의해서 잘못 해석되기도 한다. 하나님과 꾸준한 소통과 말씀 묵상을 통해 깊은 하나님에 대한 이해가 생기지 않으면 우리는 종종 하나님의 뜻과는 다른 응답을 선택하게 되기 때문이다.

하지만, 이렇게 응답에 대한 실수를 없애기 위해 결벽증 환자처럼 민감하게 해석하려는 것은 오히려 권하고 싶지 않다. 옹알이하는 수준의 아기가 부모님의 뜻을 완벽하게 이해할 수 있는가? 절대로 그렇지 않다. 옹알이하는 아기는 이런 실수를 통해 부모님의 뜻을 더욱 확실하게 알아가게 된다.

하나님의 응답을 잘 이해하는 것도 나는 그만큼 실수를 많이 한 사람에게 주는 특권이라고 생각한다. 옳고 그름의 잣대로 이해해야 하는 것이 아니라, 성장의 관점에서 바라보아야 한다.

하나님의 응답에 대한 실수를 경험해 보지 않고 하나님의 음성을 올바로 분별하게 된 사람은 오히려 아무도 없다. 넘어지지 않고 자전거를 탈 수 있게 된 사람이 아무도 없는 것처럼 말이다. 성경 말씀을 처음부터 완벽하게 이해하고 완벽하게 해석한 사람 역시 아무도 없다. 신앙인이라면 하나님의 응답에 대한 어처구니없는 해석을 통해 실수한 경험이 분명히 있다.

오히려 실수를 인정하고 배우려는 태도가 중요하다. 더욱 말씀을 사모하고 하나님을 알기 위해 은혜를 구하는 것이 중요하다. 하나님을 이미 다 아는 사람처럼 자만하지 않는 것이 중요한 것이다.

그렇지만 실수가 용납되지 않는 경우도 있다. 기도 응답에 대한 실수의 용납은 하나님에 대한 깊은 이해가 없는 미성숙한 어린아이 신앙 차원에서만 용납되는 것이다. 하나님의 응답을 자신의 유익을 위해 일부러 왜곡하거나, 옛 본성을 십자가에 못 박지 못하여, 옛 본성에 이끌려 고난과 위협을 피하고자 하나님의 응답을 거부하는 것은 반드시 그 책임이 따른다. 율법이 모르고 지은 죄와 알고도 지은 죄를 구별하는 것과 마찬가지로 영적인 어린아이의 실수와 장성한 분량의 실수는 구별되어 취급된다.

하나님께서는 감당할 만한 신자에게 감당할 만한 일을 맡기신다.

사람이 감당할 시험 밖에는 너희가 당한 것이 없나니 오직 하나님은 미쁘사 너희가 감당하지 못할 시험 당함을 허락하지 아니하시고 시험 당할 즈음에 또한 피할 길을 내사 너희로 능히 감당하게 하시느니라(고전 10:13, 개정)

사도 바울은 예수님과 함께 십자가를 짊어질 수 있는 은혜의 사람이었다. 그는 장성한 분량으로 특별한 고난의 부르심을 두려워하기보다 영광스러운 부르심으로 이해할 만큼 하나님을 사랑하였다.

위에 사도 바울의 사례같이 기도와 응답에 원숙해지기 위해서는 신앙의 성숙이 필수적이다. 하나님과의 원숙한 소통을 원한다면 보다 깊은 차원의 말씀 묵상과 기도에 힘써야 한다. 더불어 하나님의 응답이 내게 불리할지라도 순종하고, 그분의 뜻에 나를 맡기면 전에 이해하지 못했던 하나님의 뜻을 더욱 분명하게 이해하게 된다.

그렇다면 왜 성령께서는 이해하지도 못하는 아가보를 비롯한 성도들에게 이러한 예언을 주셨던 것일까?

이는 성도로 하여금 사랑하는 사도 바울에게 마지막 인사를 하게 하려는 것이다. 사도 바울의 마지막 행선지를 사랑으로 배웅할 수 있도록 배려한 것이다. 더불어 로마에서 들려올 그의 순교 소식에 놀라지 않고, 오히려 믿음을 더욱 공고히 하여 천국에서 다시 만날 것을 소망함으로써 하나님께 영광 돌리게 하기 위함이다.

6) 성경 말씀 묵상을 통해 시작된 하나님과의 소통은 전인격적인 삶을 통해 확장된다

(1) 성경으로부터의 음성: 성경은 하나님의 말씀 그 자체이다. 기도와 성경을 통해 하나님의 음성을 듣는 것은 신앙의 기초이다. 깊은 말씀의 묵상은 하나님과의 영적인 교제를 갖게 할 뿐만 아니라, 이 세상에서 얻을 수 없는 지혜를 얻게 한다. 위대한 신앙의 위인들은 모두 성경을 통해 하나님과 교제했을 뿐 아니라, 말씀대로 삶을 일치시켜 하나님의 권능으로 세상을 변화시켰다.

(2) 기도와 침묵: 기도는 하나님과 소통하는 중요한 방법이다. 말씀을 기초로 한 기도는 주기도문처럼 하나님께 어떻게 기도해야 하는지 지혜를 준다. 또한 시간을 정해서 하나님과 깊은 기도로 교제하는 것은 성도의 마땅한 도리이며 하나님께서 기뻐하시는 것이다. 하지만 침묵 속에서도 하나님의 음성을 듣는 순간이 있을 수 있다. 우리의 지혜는 한계가 있기 때문에 무한하신 하나님의 뜻을 이해하는 데 시간이 걸리기도 하며, 하나님께서는 의도적으로 영적인 교제에 침묵으로 일관하시어 우리의 죄를 지적하시기도 하신다. 하나님의 침묵에는 이 밖에도 여러 가지 의도가 있다. 기도가 바로 응답되지 않거나, 영적인 교제가 이루어지지 않는 때가 있다 할지라도 꾸준히 하나님 앞에 기도로 서는 것은 매우 중요하다.

(3) 영적 지도자와 공동체: 교회 공동체나 목회자와 같은 영적 지도자와의 대화를 통해 하나님의 뜻을 깨닫는 경험을 나눌 수 있다. 믿는 형제, 자매들과 함께 모여 기도하고 신앙을 공유하는 시간은 은혜로운 경험이 될 수 있다. 이들은 나보다 먼저 믿은 신앙의 선배들로 나보다 많은 신앙 경험을 가지고 있다. 이러한 신앙의 경험들은 그들의 영적인 자산으로 함께 나누는 것을 통해 영적 유익을 얻을 수 있다. 하지만 개인적인 신앙 경

험과 함께 나누어도 좋을 신앙 경험을 구분하는 것은 매우 중요하다. 나에게는 매우 중요한 신앙 경험이었지만 너무 이례적인 것이어서, 공동체에 유익을 주는 것이 아니라면 혼자만의 경험으로 가지고 있는 것이 유익하다. 특별한 경험을 나누어 자신을 특별한 신앙인으로 보이려 자랑하는 것은 스스로 하나님 앞에 죄를 범하는 것이다. 교회 공동체 안에서는 서로 겸손하게 신앙을 나누는 것이 원칙이다.

(4) 영적 감수성: 하나님은 우리 각자의 영적 감수성을 통해서도 우리와 교제하신다. 즉 예배의 시간, 찬송가, CCM, 각종 예술 창작활동, 드라마, 기독교 영화(연극), 봉사, 전도, 여행, 자연 감상 등을 통해서도 하나님과 교제할 수 있다. 하나님께서는 이 세상을 창조하신 창조자이시다. 그러므로 우리에게도 창조적 재능을 주셨는데 이러한 재능을 펼칠 때 하나님의 섭리를 이해하는 놀라운 교제를 경험하기도 한다. 또 찬양은 우리에게 하나님을 높이는 매우 중요한 예배의 수단이지만, 동시에 찬양을 통해 신앙이 회복되는 놀라운 은혜의 경험을 얻기도 한다.

이처럼 하나님과의 교제는 말씀을 기초로 전인격적인 교제로 확장되어 간다. 이렇게 되면 신자는 어디에 있든지, 무엇을 하든지 성령 하나님 안에서 은혜를 공급받으며 하나님과 동행하게 된다.

7) 직통계시의 위험성 - 직통계시는 앞서 언급한 일반적인 하나님과의 영적인 교제와 다른 것이다

보수적인 신앙을 고수하는 정통교회에서 직통계시는 좋은 의미로 사용되지 않는다. [직통계시]란, 신적 존재로부터 직접 음성이나, 환상을 통해 진리를 깨닫는 것을 의미하며, 때때로 직통계시는 길흉화복을 알게 되는 점술과 같은 형태를 취하기도 한다. 하지만 직통계시를 받는다는 사람들은 스스로 [계시]라는 권위 있는 신학 용어를 사용하여, 개인적인 차원이 아닌 공적인 권위를 부여받은 특별한 사람으로 취급되려는 모습을 취하므로 교회의 질서를 어지럽히는 경우가 많다.

기독교 교회사에 있어서 이러한 직통계시로 유명했던 사람은 누가 있었을까? 먼저 그 선두 주자는 통상적으로 2세기 교회사에 등장한 몬타너스로 알려져 있다. 그는 성령체험의 극단적인 현상과 계시와 환상을 주장하였다. [기독교 이단제설]에서는 몬타너스에 대해 다음과 같이 설명한다.

> 성령이 불러 주는 말을 사실상 그대로 받아 말하는 것 같이 보인 것은 몬타너스 설법의 큰 특징이었다. … 그들의 예언은 매우 새로운 것이며 또 그리스도의 계시와 같은 성령의 새로운 시대의 시작을 알리는 큰 징조라는 것이다. 예컨대 예수님이 로고스의 성육신이었던 것같이 몬타너스 자신은 보혜사께서 몸을 이룬 것이라는 것을 암시하면서 설교하였다.[1]

> 그들은 열심히 소리 지르며 기도하였으며 예언을 듣고 황홀경에 빠져 들어갔다. 이와 같이 하면서 그들은 페푸자 들판에서 새 예루살렘을 영접할 이상한 단체를 조직하였다.[2]

이미 1850여 년 전에 살다 간 몬타너스이지만 직통계시적 성격에 있어서 만큼은 21세기의 직통계시자들이 보여 주는 모습과 크게 다르지 않다. 그는 ① 성령이 불러 주는 말을 사실상 그대로 받아 말한다고 주장하였고, ② 예언했으며, ③ 새로운 시대를 알리는 큰 징조라고 주장하였고, ④ 크게 소리 지르며 기도하여 황홀경에 빠져 들어갔다는 공통점을 보인이다.

---

1 기독교 이단제설, 강문석·김일천 공저, 1994, p 97.
2 기독교 이단제설, 강문석·김일천 공저, 1994, p 98.

이런 직통계시적 성향은 현대의 많은 문제를 일으킨 이단 단체들에서도 고스란히 발견된다. 세계 4대 이단 중의 하나로 분류되는 몰몬교의 창시자 요셉 스미스는 모로나이라는 천사로부터 계시를 받았다는 내용이 그들의 '몰몬경'에 잘 나타나 있다. 안식교의 설립자 엘렌지 화이트도 비슷한 경우다. 화이트가 받았다는 직통계시 내용은 안식교의 핵심이라 할 수 있다.

국내의 사정도 이와 큰 차이가 없다. 통일교 교주 문선명도 마찬가지다. 그는 초등학교 4학년(1936년 4월 17일) 부활절 아침에 기도하는 중 예수가 나타나 '인류구원사업의 소명'과 함께 메시야의 사명을 주었다고 주장하였다. 자칭 재림예수라는 구인회(천국복음전도회), 요한계시록을 비유로 풀어야 하며 교주 자신을 예수의 영이 임한 보혜사라고 주장하는 이만희(신천지예수교증거장막성전), 부산 지역에서 4단계 회개를 해야 한다는 박무수(부산제일교회), 성령수술이라는 것으로 유명했던 김계화(할렐루야기도원), 그리고 자신은 하늘이 열리고 하나님의 음성을 듣는다는 최온유(화정복된교회), 최보라라는 여인을 선지자 혹은 예언자로 속여 접신하게 한다는 김양환(덕정사랑교회), 새일파와 유사한 사상을 전하는 문제선(예수살렘교회, 여주성산기도원) 등 그 수가 적지 않다.

예장 통합측이 이단으로 규정(1999년 84회 총회)한 만민중앙교회 이재록에 대한 연구 보고서에서도 '직통계시'란 용어가 등장한다.

> 지나치게 직통계시를 강조하여 마치 자기가 하나님으로부터 언제나, 무슨 일이나 계시를 받는 것 같이 말하고 성령의 능력으로 병자들을 치유한다는 사실을 지나치게 강조하여 기독교 신앙을 무속적 신앙으로 오해하게 하는 일을 계속하고 있다.

예장 합신측은 2004년, 화정복된교회 최온유에 대해서도 "직통계시를 주장한다."라며 이단성이 있다고 비판하였다.

이 내용들에 따르면 직통계시는 하나님으로부터 직접적인 지시를 받아 자신이 특별한 사명을 부여받았다는 의미로 쓰였음을 알 수 있다. 따라서 직통계시는 기독교가 용인하는 건전한 범위 안에서의 영적 체험과는 구별된 것이라 할 수 있다.

그렇다면 '직통계시'가 왜 문제인지 보다 깊이 알아보자.[3]

(1) 직통계시자들 중에는 자신이 영적으로 계시를 직접 받는다는 것을 강조하면서, 신자들에게 절대적인 순종과 복종을 요구하는 경향이 있다. 이러한 태도는 신도들에게 비판적 사고를 어렵게 만들며, 폐쇄적 구조를 형성할 수 있다.

(2) 기존 교회에 대해 참진리를 이탈하였다고 비판하면서 새로운 교회의 갱신과 진리운동이 불가피하다고 주장하는 경우도 있다. 이런 경우 신도들을 자극하여 기존 교회에 대해 환멸을 느끼도록 유도하고, 선동하여 결과적으로 교회 내부에 분열과 갈등을 조장하게 된다.

(3) 직통계시자들은 기본적으로 자신을 하나님의 음성을 대변하는 자로 주장하는 사례가 많다. 이렇게 되면 그의 말을 듣고 순종하는 것이 곧 하나님의 말씀에 순종하는 것이 된다. 직통계시자의 말 한마디에 신적 권위가 부여되는 것이다. 표면적으로 부인할지라도 결과적으로 인간을 신처럼 여기고, 하나님보다 그를 더 의지하게 된다는 점에서 문제가 된다.

---

3 기독교포털뉴스 [기자칼럼] 식을 줄 모르는 인기 '직통계시' 2009. 4. 15. 07:26 정윤석 기자

(4) 직통계시자들 대부분이 성경의 권위를 현저히 떨어뜨린다. 성경 해석에 있어서 자신들만이 '바른 풀이'를 제공할 수 있다고 주장하거나, 이들이 만든 특정 해설서나 교주의 해석을 성경과 동일하거나 그 이상의 권위로 간주한다. 이는 성경 본래의 권위를 크게 훼손하는 것이다.

직통계시의 위험성을 요약해 보면 다음과 같다.

1. 자신만이 하나님의 뜻을 정확하게 안다는 주장 - 기존 교회와의 차별화, 교회 질서와 권위 파괴
2. 자신이 직접 하나님을 만나 모세처럼 하나님과 수시로 대화한다는 주장 - 자신의 권위를 높임
3. 자신이 직접 계시를 받았기 때문에 성경보다 자신의 말이 더 중요하다는 주장 - 성경의 권위 훼손
4. 자신만이 이 마지막 때를 살아갈 비밀을 알고 있다는 주장(종말론과 연관 지어) - 성경에 위배됨

결국 이들은 '직통계시'라는 신적 권위를 이용해 하나님 앞에 성도를 올바로 세우는 것으로 사용하는 것이 아니라, 자신에게 충성하게 만든다는 점을 주목해야 한다. 즉 하나님의 뜻을 전하는 것이 이들의 목적이 아니라, 오직 자신의 이익을 위해 직통계시를 주장하고 있는 것으로, 이는 신자들에 대한 [영적 가스라이팅]에 불과한 것이다.

직통계시자들 중 상당수는 샤머니즘의 무당처럼 상당한 금액의 헌금을 상담료로 요구하며 자신에게 헌신할 것을 요구한다. 이들은 자신의 예언이 틀린 것으로 드러나도 책임지지 않는다. 이들은 거듭난 새 본성을 따라 하나님과 교제하고 있는 것도 아니어서, 자신의 욕망에 이끌려 하나님의 권위를 교묘한 거짓으로 입고, 이를 무기 삼아 교회 안에서 권세

를 누릴 뿐이다.

이들과의 교제는 영적인 성장에 아무런 도움이 되지 못하며, 오히려 하나님과 소통하는 일에 장애가 된다. 하나님과 신자 사이에 자신이 중재자로 끼어드는 것이다. 이렇게 [영적 가스라이팅]을 당한 신자는 자신이 기도하는 것보다 이들을 통해 하나님의 음성을 듣는 것이 보다 빠르고 정확하다고 믿어 스스로 영적인 성장을 도모하지 않아, 결국 영적인 미숙아로 남게 될 뿐 아니라 이들의 지배와 감시 속에 놓이게 된다.

또한 신학적 구분에 의하면 계시(啓示)는 '일반계시'와 '특별계시'로 구분된다.

'일반계시'란 하나님께서 자연을 통해, 역사를 주관하시는 섭리 속에서, 인간을 통해 하나님 자신을 드러내신다는 뜻이다. 일반계시를 통해 믿지 않는 사람들도 세상을 창조하신 하나님의 존재와 어느 정도의 진리를 인식할 수 있다. 하지만 일반계시만으로는 구원에 이를 수 없다.

'특별계시'란 일반계시로는 불충분한 하나님의 구원의 계획이 담겨 있는 것으로 신·구약 성경을 통해 이미 완성되었다. 이는 더 이상의 특별계시는 없다는 것을 의미한다.

따라서 '직통계시'라는 용어 자체가 신학 용어가 아니라는 사실을 신자들은 알아야 한다. '계시'라는 말은 매우 권위 있는 단어로 함부로 가져다 아무 곳에나 붙여 쓸 수 있는 용어가 아니다.

신학적으로는 [일반계시]와 [특별계시] 외에는 다른 계시가 없다. 이들이 주장하는 것을 굳이 표현하자면, 오히려 지극히 개인적인 [하나님과의 영적 소통]이라고 표현하는 것이 적합할 것이다. 그럼에도 이들이 [직통계시]라고 주장하는 것은 신학적 무지를 드러내는 것이거나, 스스로 높은 권위를 얻으려는 것이다.

[하나님과의 영적 소통]이라고 하면, 하나님과 신자 사이의 매우 사사로운 일이 되므로 공적인 권위를 갖지 못한다. 그러나 '계시'라는 단어를 사용하게 되면 이는 하나님께서 매우 공적인 일로 모든 교회에 알려야 할 일이 되므로 공적인 교회의 권위를 갖게 된다. 따라서 [계시]라는 단어를 개인이 받은 응답 수준의 사사로운 일에 사용해서는 안 될 것이다.

하나님께서는 모든 신자와 소통하신다. 때로 구약의 모세처럼 특정한 사람과 특별한 방법으로 소통하시기도 하신다. 때문에 직통계시자들이 말하는 것처럼 사람과 사람이 대화하는 것처럼 실시간으로 음성을 듣는다는 주장 자체는 이론상 불가능한 것은 아니지만, 사도행전에 기록된 사도들조차 항상 실시간으로 하나님과 대화로만 교제한 것은 아니었다는 사실을 기억해야 한다.

사도들조차 때로는 환상으로, 때로는 다른 신자를 통해, 때로 성령의 감동하심으로, 때로 예배 가운데, 때로 예수님의 말씀이나 구약성경을 묵상하는 중에 하나님과 소통하였다. 다양한 상황에서 다양한 방법으로 하나님의 뜻을 분별하고 교제한 것이다. 오히려 한 가지 방법만 고집하는 것은 성경적이지 않다.

종교개혁자 칼빈은 비밀 계시를 받았다고 주장하는 교황이나, 모하메드나, 직통계시를 받았다는 재세례파나, 신령주의자들을 단호히 배척하였다. 이들이야말로 성령 하나님의 역할을 모독하는 것이요, 그리스도의 복음을 왜곡하는 것이기 때문이다. 칼빈은 하나님의 아들인 예수 그리스도에 대한 믿음과 확고한 지식을 주는 분은 '오직 성령'이라고 강조하면서, 구원이 '오직 성령'의 주권하에 있으며, 그 구체적 적용 사역들은 교회를 통해 성직자들이 인간에게 전달하는 것이 아니라, 말씀과 함께 역사하시는 성령 가운데 있다는 점을 강조하였다.[4]

그럼에도 불구하고 24시간, 실시간 직통계시가 가능하려면 다음과 같은 조건이 충족되어야 한다.

(1) 항상 하나님과 직접적인 교제가 가능할 수 있도록 24시간 늘 내면과 외면이 죄로부터 성결해야 한다(직통계시를 주장하는 이들 중 음란, 불륜, 횡령, 배임, 권력남용 등의 문제가 나타난 바 있다).

(2) 하나님께 직접 받았다고 주장하므로 직통계시 중 어느 것 하나라도 틀린 예언이 있어서는 안 된다.

(3) 직통계시의 예언을 통해 이익을 취해서는 안 된다. 돈 받고 예언한 선지자나 사도는 없기 때문이다.

(4) 직통계시를 받는다고 해서 자신이 특별한 존재이거나 특별한 권위를 가졌다고 말할 수 없다. 교회 안에 공적인 권위는 부르심의 소명(목사, 선교사, 교사)과 직분(목사, 장로, 안수집사)을 통해 교회의 질서를 따라 주어지는 것이지, 특별한 은사나 특별한 소통에 있지 않다.

(5) 하나님께 직접 받았다고 주장하므로 직통계시는 성경의 내용과 위배될 수 없다(성경은 마지막 때를 알 수 없다고 말하는데, 많은 직

---

4 기독교연합신문, 아이굿뉴스, "위대한 종교개혁자 칼빈은 '성령의 신학자'", 2015. 2. 6. 정하라 기자

통계시자들은 마지막 때를 제시한다).

위의 조건이 충족되지 않는다면 '직통계시'란 그 자체로 거짓이 된다. 거짓이 드러나면 하나님과 공적으로 소통한 것조차 아닌 것이 드러나는 것이다. 이들은 오직 자신의 욕심을 따라 거짓된 음성에 미혹되었을 뿐 아니라, 많은 신자를 미혹한 것이 되어 그 책임을 감당하게 될 것이다. 신자들은 이러한 직통계시자들의 위험성을 알고 경계해야 한다. 이들이 거짓으로 세운 권위에 복종해서는 안 되는 것이다.

또한 너희 지체를 불의의 무기로 죄에게 내주지 말고 오직 너희 자신을 죽은 자 가운데서 다시 살아난 자 같이 하나님께 드리며 너희 지체를 의의 무기로 하나님께 드리라(롬 6:13, 개정)

8) 결국 거듭난 신자는 변화된 새 마음으로 하나님의 음성을 듣는다.

너희는 이 세대를 본받지 말고 오직 마음을 새롭게 함으로 변화를 받아 하나님의 선하시고 기뻐하시고 온전하신 뜻이 무엇인지 분별하도록 하라(롬 12:2, 개정)

여러분은 이 세상을 본받지 말고, 마음을 새롭게 하여 변화를 받으십시오. 그러면 여러분은 하나님의 선하시고 기뻐하시고 온전하신 뜻이 무엇인지를 분별할 수 있게 될 것입니다.(롬 12:2, 쉬운)

그럼 하나님의 음성을 신자는 어떻게 들을 수 있을까? 로마서 12장 2절은 우리에게 이렇게 말한다.

새롭게 변화된(거듭난) 새 마음을 통해 영(靈)이신 하나님 아버지의 음성을 듣는다.

로마서 12장 2절을 개역개정판과 쉬운 성경을 비교하여 의역하면 이렇게 이해할 수 있다.

1) 세속적 가치를 따르지 않는 거듭난 새 마음을 가져라.
2) 그러면 하나님의 뜻이 무엇인지 분명하게 분별하게 될 것이다.

헬라어 원문의 의미는 하나님의 뜻을 알기 위해(분별하기) 노력하라는 것이 아니다. 거듭난 새 마음을 가지게 되면 하나님의 뜻은 너무나 자연스럽게, 또한 너무나 분명하게 신자의 새 마음을 통해 알게 된다는 것이다.

우리가 해야 하는 일은 하나님의 뜻을 분별하려고 노력하려는 것이 아니라, 거듭난 새 마음이 오염되지 않게 주의하면서 기도, 말씀, 찬양, 예배와 같은 영적인 활동을 통해 하나님과 깊은 교제에 힘쓰는 것이다.

성경을 아무리 많이 읽고, 기도를 아무리 많이 하여도 세속에 물든 마음으로는 도저히 하나님의 뜻을 알 수 없다고 성경은 말한다.

내 안에 정욕의 소리, 사탄에 유혹의 소리, 세속적 미혹의 소리가 내 마음에 영향력을 끼치지 못하도록 마음을 정결하게 지키고, 이러한 소리에 반응하는 옛 본성을 십자가에 못 박으면 새 본성을 통해 하나님 아버지의 음성이 또렷하게 들린다고 말씀하시는 것이다.

그러므로 신자는 거듭난 새 본성을 통해 하나님 아버지와 소통하여 그 분의 뜻을 안다.

더불어 잠언 8:17은 하나님과의 소통에 중요한 전제가 있음을 말한다.

나를 사랑하는 자들이 나의 사랑을 입으며 나를 간절히 찾는 자가 나를 만날 것이니라(잠 8:17, 개정)

'나를 간절히 찾는 자'에서 '간절히'를 뜻하는 히브리어 샤하르(שָׁחַר)는 '날이 새다', '찾다'의 의미를 갖는다. 이는 '수고로움을 아끼지 않는다'는 상징적인 의미가 내포되어 있는 단어로 문맥상 '만남을 위해 모든 수고로움을 아끼지 않는다'는 의미로 해석될 수 있다.

그럼 어떤 사람이 하나님을 만나나? 어떤 사람이 하나님의 뜻을 아는가? [수고로움을 마다하지 않고 만남을 위해 간구하는 자]이다.

그런데 이것은 방법론이다. 잠언 8:17절의 전제는 '사랑하는 자'이다. 하나님은 그저 간절히 찾는다고 아무나 만나 주시는 분이 아니시다. 반드시 하나님의 사랑을 알고 그를 사랑하는 자를 만나 주신다.

따라서 ① **하나님을 아버지로 깊이 사랑하고, ② 예수님과 같은 자녀 됨(성화)을 입기 위해 간절히 찾으며. ③ 옛 본성을 십자가에 못 박아 거룩한 새 본성을 유지하고, ④ 세속에 물들지 않는 자가 하나님과 올바른 소통을 통해 온전하신 하나님의 뜻을 알 수 있다.**

II. 기도의 실제: 기도는 어떻게 해야 하나?

한국교회의 역사는 100년이 넘는다. 그런데 18년 동안 목회를 하면서 이상하게 느끼는 것이 하나 있다. 한국교회의 오랜 역사에도 불구하고 대다수 신자가 정확한 이론 없이 기도를 어깨너머로 배우고 있다는 점이다. 한국교회 안에 실제로 신자에게 도움을 줄 체계적인 기도 교육이 이루어지지 않고 있다는 점은 참으로 애석한 일이 아닐 수 없다.

교회 안에서 배우고 있는 기도와 관련된 교육은 주기도문과 같이 기도 자체에 대한 방법론이기보다 기도의 내용에 대한 교육이 주로 이루어진다. 따라서 실제로 기도는 어떻게 하는 것이고, 어떤 과정을 거쳐 하나님과의 소통이 이루어지는지, 또 주의해야 할 것은 무엇인지를 다루어 실제적인 신자의 기도 생활에 도움을 주고자 한다.

1) 기도의 대상은 누구이신가?

기독교인이 되었던 초기에 주님을 내적으로 찾으려고 하지 않고 외적으로 찾으려 애쓰다가 많은 시간을 낭비하였다.

- 성 어거스틴 -

먼저 우리가 교제해야 할 하나님께서는 하늘 보좌 저 높은 곳에 계시는 것이 아니라, 우리 내면에 우리의 영혼 깊은 곳에 나와 함께 계신다는 것을 인지해야 한다.

나는 고등학교 1학년 때, 회심하여 천주교에서 개신교로 개종하였는데, 성 어거스틴이 겪었던 경험이 나에게도 있다.

주기도문을 통해 내가 알게 된 성부 하나님께서는 "하늘에 계신 우리 아버지"이시므로 저 높은 하늘 보좌에 계신다. 따라서 나는 기도할 때, 저 높은 하늘 보좌에 내 기도가 상달되어야 한다는 생각으로 크게 소리 높여 통성으로 기도하곤 하였다. 나에게 성부 하나님은 너무나 거룩하시고, 너무나 멀리, 너무나 높이 계신 분이었다.

그런 하나님과 소통하는 것은 매우 어려운 일이다.

그런데 성경 공부를 하면서 기도의 대상에 대한 새로운 사실을 알게 되었다. 예수님께서는 이 땅에 보혜사(성도들을 보호하시고, 인도하시고, 가르치시며, 변호하시는 분)로 오셨는데, 십자가를 통해 구원의 길을 여시고 다시 성부 하나님 보좌 우편으로 올라가셨다.

하지만 예수님께서는 구원받은 성도들을 그냥 내버려두지 않으시고 성령 하나님을 또 다른 보혜사로 보내 주시겠다고 약속하셨다.

내가 아버지께 구하겠으니 그가 또 다른 보혜사를 너희에게 주사 영원토록 너희와 함께 있게 하리니(요 14:16, 개정)
보혜사 곧 아버지께서 내 이름으로 보내실 성령 그가 너희에게 모든 것을 가르치고 내가 너희에게 말한 모든 것을 생각나게 하리라(요 14:26, 개정)
내가 아버지께로부터 너희에게 보낼 보혜사 곧 아버지께로부터 나오시는 진리의 성령이 오실 때에 그가 나를 증언하실 것이요(요 15:26, 개정)
그러나 내가 너희에게 실상을 말하노니 내가 떠나가는 것이 너희에게 유익이라 내가 떠나가지 아니하면 보혜사가 너희에게로 오시지 아니할 것이요 가면

내가 그를 너희에게로 보내리니(요 16:7, 개정)

예수님의 약속은 신실하셔서 오순절 '성령강림' 사건을 통해 성령께서 우리에게로 오셨다. 우리에게 오신 성령 하나님은 예수님과 같은 또 다른 보혜사이시다. 즉 예수님께서 이 땅에 오셔서 제자들을 먹이시고, 보호하시고, 인도하시며, 가르치시고, 변호해 주셨던 것처럼 이 땅에 남은 모든 신자에게 예수님과 같은 보혜사가 되어 주신다.

따라서 우리의 기도의 대상은 성부 하나님, 성자 예수님뿐만 아니라, 우리 안에 계신 성령 하나님께서도 우리 기도의 대상이 되신다.

우리 안에 거하시는 성령으로 말미암아 네게 부탁한 아름다운 것을 지키라 (딤후 1:14, 개정)
우리 안에 살고 계시는 성령으로 말미암아 그 맡은 바 선한 것을 지키십시오. (딤후 1:14, 새번역)
우리 안에 계신 성령께 도우심을 구하며, 그대에게 맡겨진 진리를 소중히 간직하십시오.(딤후 1:14, 쉬운)

디모데후서 1:14절은 고난 중에서도 신자들에게 맡겨진 복음의 진리를 지킬 것을 가르치고 있는데, 이는 오직 성령 하나님의 도우심이 없이는 불가능한 것이라고 말한다. 따라서 신자에게 쉬운성경이 번역한 것처럼 성령 하나님께 도우심을 간구하여 기도할 것을 가르치고 있다. 이처럼 초대교회 때부터 이미 성령 하나님께 기도하는 것은 일반적인 신앙 행위였다.

개신교의 종교 개혁은 마틴 루터로부터 시작되었다. 그리고 칼빈에 의해 종교 개혁이 완성되었다고 볼 수 있는데, 이 과정에서 많은 개신교 신자에게 한 가지 오해가 생겼다. 천주교의 모든 전통을 다 거부하는 것이 '개혁'이라고 생각하는 것이다.

개신교의 종교 개혁은 천주교의 모든 역사를 철저히 부인하고 새로 다시 시작하자는 것이 아니다. 칼빈은 먼저 천주교의 모든 역사와 교리, 그리고 전통을 철저히 조사해 보고, 어디서부터 잘못되었는지 파악하였다.

칼빈은 초대교회에서 중세교회로 이어지는 과정에서 성 어거스틴 시대까지는 신학적으로 오류가 없고 건전한 교리가 계승되고 있었으나, 그 이후부터 교회의 세속화와 교리적인 문제가 발생했다고 진단하였다.

따라서 개신교의 종교 개혁은 천주교의 모든 역사와 교리를 버리고 초대교회로 돌아가 다시 시작하자는 것이 아니라, 천주교의 전통과 교리 가운데 문제가 없었던 성 어거스틴 시대로 돌아가자는 것이었다. 결국 개신교의 종교 개혁은 성 어거스틴 시대의 종교적 유산을 계승하고 있는 것이다.

그러므로 무턱대고 천주교의 모든 전통과 유산을 부정하거나, 무시하는 것은 오히려 종교 개혁의 의미를 완전히 이해하지 못한 것이 된다. 지금도 천주교에서 개신교로 개종하고자 하는 신자에게는 천주교에서 이미 세례를 받았다면, 다시 세례를 베풀지 않고 입교로 받아들인다. 이는 천주교의 모든 전통과 교리를 부정하는 것이 종교개혁이 아니라는 것을 보여 주는 한 예이다.

그렇다고 [관상기도]나 [뜨레스 디아스]와 같은 천주교의 영성훈련을 아무런 검증 없이 받아들이자는 것은 결코 아니다. 종교 개혁의 취지에 맞는 개신교만의 영성훈련은 [경건훈련]이다.

종교 개혁의 취지에 맞는 천주교의 전통과 유산이 있다면 받아들일 수도 있겠지만, 그렇지 않다면 단호히 버려야 한다.

천주교회의 오랜 전통에서도 성령 하나님께 기도하는 것은 매우 일반적인 일이었다. 아래는 [성령 강림주간] 천주교에서 드리는 [성령께 드리는 봉헌문]이다. 성령 하나님께 기도하는 참고 자료로 소개하고자 한다.

하느님의 영원하신 영이시여, 천상에서 증언하는 수많은 무리 앞에 무릎을 꿇고, 영혼과 육신을 합하여, 저를 주님께 바치나이다. 주님의 무구하신 광채와, 흔들리지 않는 굳셈의 정의와, 사랑의 권능을 흠숭하나이다. 주님은 제 영혼의 힘이요 빛이시며 주님 안에 제가 살며 존재하나이다.

주님이 은총에 불충함으로써, 상심을 끼쳐 드리는 일이 없기를 간절히 원하옵고, 주님을 거스르는 미소한 죄로부터도 저를 지켜 주시도록 간절히 바라나이다. 자비로이 저의 모든 생각을 살피시어 저로 하여금 언제나 주님의 빛을 우러러보고, 주님의 음성에 귀를 기울이며, 주님의 은혜로우신 감도[5]를 따르게 하소서.

주님께 매달리며, 날마다 저를 주님께 바치고 주님의 너그러우심을 비오니, 제가 약해질 때마다 굽어 살펴 주소서. 예수님의 부서진 발을 붙들고, 보배로운 피에 의지하며, 열려진 옆구리와 꿰뚫린 성심을 흠숭하며, 주님께 간구하오니, 흠숭하올 영이시여, 제 연약함을 돕는 이시여, 저를 주님의 은총 속에 지켜 주시어, 주님을 거스르는 죄를 범하지 않게 하소서.

거룩하신 성령이시여, 성부와 성자의 영이시여, 제게 은총을 내리시어 언제

5 감도: 외부의 자극이나 작용에 대하여 반응하는 정도

어디서나, "주님, 말씀하십시오. 당신 종이 듣고 있습니다" 하며 아뢸 수 있게 하소서. 아멘.

개신교 중 장로교의 전통을 따르는 신자 중에는 성령 하나님께 기도하는 것을 매우 어색하게 이해하는 신자들이 많다. 하지만 예수님께서 제자들을 가르치시고 인도하시고 보호하셨던 것처럼 실제로 우리의 삶 가운데 오셔서, 우리와 함께 거하시면서 예수님처럼 가르치시고 인도하시는 하나님은 보혜사(保惠師) 성령 하나님이시다.

우리 안에 내주하시는 성령 하나님께서는 성부, 성자 하나님과 같은 완전한 위격(位格: 사람의 인격보다 높으신 하나님의 인격을 높여 부르는 말. ex 삼위일체)을 가지신 분으로 우리의 기도 대상이시라는 점을 깊이 이해하고, 익숙해지기 위해 성령 하나님께 기도드리는 습관을 가져야 한다.

2) 관상기도(觀想祈禱)와 개신교

현재 교회 안에서 기도하는 방법을 어떻게 가르치고 있는지 살펴보면, 답답하기 그지없다. 이상하게도 기도의 내용은 가르치는데, 실천적인 기도 방법 자체는 체계적으로 가르치지 못하고 있다. 교회에서 10년, 20년 신앙생활을 하고 있는 신자조차, 특히 기도에 특별한 사명을 가지고 기도하시는 분들조차 초신자들에게 기도법을 가르쳐 달라고 요청하면 난감해하는 경우가 대부분이다.

이는 개신교 안에, 기도에 대한 체계적인 교육 이론이 없기 때문이다. 대부분 교회는 주기도문과 같은 기도의 내용, 즉 어떤 내용을 가지고 하나님께 기도해야 하는지는 명확하게 가르치고 있다. 하지만 더 깊은 하나님과의 교제를 위해 어떤 준비와 어떤 단계를 거쳐 어떤 기도의 방법(How)으로 하나님께 나아갈 수 있는지에 대한 실천적인 이론이 없다.

기억을 더듬어 나는 어떻게 기도를 배웠나 생각해 보면, 처음 교회에 갔을 때 한 선배가,

"네가 하고 싶은 이야기를 다 해. 그리고 맨 마지막에 예수님의 이름으로 기도했습니다. 아멘. 이라고 하면 네 기도가 하나님께 상달되는 거야!"

라고 배웠던 것이 생각난다. 이것은 지극히 어린아이 신앙일 때, 초신자에게 기도를 쉽게 설명하기 위한 예일 뿐이다. 신자가 이후에도 계속해서 이런 수준에서 기도하고 있다면, 그 사람은 분명 수년이 지나도 어린아이 신앙에 머물고 있을 것이다.

더 깊은 하나님과의 교제를 위해서는 보다 명확한 기도에 대한 이론과 지식이 필요하다.

(1) 개신교에 스며든 관상기도(觀想祈禱)

관상기도(contemplation, comtemplative prayer)의 기원은 서기 3세기로 거슬러 올라간다. '광야 교부'(일명 사막수사)들과 수도원 전통에서 시작되었다. 3세기에서 4세기경, 이들은 외딴 사막에서 영적인 수행을 하고 하나님과 깊은 교제를 이루는 방법을 모색하게 되었다고 한다.

14세기에는 가톨릭 신학자 마이스터 에크하르트(Meister Eckhart)와 같은 인물들이 이를 체계적으로 기록하고 신학적으로 발전시켰다. 현대에는 성 이그나티우스로욜라(St. Ignatius of Loyola)의 영신 수련과

토마스 머튼(Thomas Merton)과 같은 사람들이 관상기도를 대중화시키는 데 기여하였다.

이후, 관상기도는 다양한 천주교 전통 안에서 발전하였으며, 특히 동방 정교회 및 가톨릭 전통에서 핵심적인 역할을 하게 되어, 오늘날에는 현대 기독교 영성훈련의 새로운 유행처럼 교회에 영향력을 끼치고 있다.

개신교 신학자들은 관상기도가 천주교의 신비주의 전통을 따르는 것으로 비성경적이라고 말한다. 그럼에도 개신교 교단 중에는 관상기도를 적극적으로 수용하거나, 이를 모방하여 다른 이름으로 가르치는 경우가 있다.

개신교 신학자들의 경고에도 불구하고 [영성훈련]이라는 이름으로 관상기도가 유행하는 것은,

첫 번째로 개신교 내에 기도 방법에 대한 명확한 기준이 없기 때문이다. 심지어 '챗GPT'에게 개신교 기도 방법을 알려 달라고 요구해도 구체적인 기도 방법은 없고, 기도에 대한 일반적인 설명만 나올 정도로 개신교 내에 기도에 대한 구체적인 이론이 없다.

두 번째로는 성 어거스틴과 같이 개신교에서도 중요하고 천주교에서도 중요한 신학자나, 개신교에도 널리 소개된 천주교 신앙인들(로렌스 형제, 헨리 나우웬, 프랭크 루박, 잔느 귀용, 대천덕 신부 등)의 글을 공유하는 과정에서 관상기도와 같은 천주교 신비주의 영성훈련의 방법을 접하다가 수용하게 되는 경우이다. 물론 천주교 신앙인들의 글 중에는 개신교인들에게도 신앙적으로 도움이 되는 부분도 있을 수도 있겠지만, 분명 개신교와 다른 교리체계를 기반으로 한 신비주의적인 영성훈련 방법을 가지고

있어서 반드시 분별이 필요하다.

그렇다면 과연 [관상기도]란 무엇일까?

'관상'이란 '함께'라는 뜻과 '성소'를 뜻하는 단어의 합성어로서 '사물의 내면을 바라볼 수 있는 장소인 성소에서 사물들의 근원인 하나님을 발견하고 바라보는 것'이라는 뜻을 지녔다.

관상기도를 강조하는 사람들은 "말로 하는 기도는 깊이 있는 기도가 아니다."라고 주장하면서 "우연적인 실체들 안에서 모든 실체의 근거이며, 참된 실체이신 하나님을 보는 것"이야말로 깊이 있는 기도이며 이것이 '관상기도'라고 말한다. 이들은 대개 '관상기도'가 '언어나 심지어 마음속의 심상들(images)도 사용하지 않고 마음으로 하나님을 지향하는 기도'라고 말한다. 곧, 침묵 가운데 주님을 사랑하는 마음으로 주님의 품 안에서 쉬는 기도라고 설명한다. 하지만, '관상기도'는 결국 아무 생각이 없는 상태를 지향하는 것이다. 심지어 의식 너머의 상태에 이르고 거기 머무르는 것을 지향한다.

이런 점에서 '관상기도'를 말하는 상당수 지도자들은 신비주의 및 천주교의 전통과 동양 종교들의 수행법들을 적극적으로 수용한다. 그들은 생각과 의식 자체를 넘어서야 한다고 생각하기 때문이다. 따라서 어떤 종교적 명제를 중심으로 생각하는 것도 넘어서야 한다고(무념무상의 상태에 이르러야 한다고) 말한다. 그들은 다음의 성경구절을 근거로 제시한다(시 19:14; 46:10; 116:9; 145:5; 마 5:8; 계 1:7; 3:20 등).

관상기도는 종교혼합주의, 신비주의, 인본주의, 들숨과 날숨의 호흡기도로 개인 및 집단 최면술이 포함된 자기 확신이며, 하나님의 주권적 임재를 제한하는 것이다. 참고로, 관상기도를 적극적으로 받아들이려는 개신교 찬성론자들은 '관상'이라는 용어가 주는 거부감을 해소하기 위해 '관상'이라는 용어를 숨기고 '영성기도', '침묵기도', '묵상기도', '마음기도', '향심기도', '경청기도', '호흡(숨)기도' 등 다양한 말로 위장하고 있다.

이승구 교수(합동신학대학원)는 아래와 같이 관상기도에 대해 비판하였다.

결국, 고요와 침묵을 지향함으로써 이를 통해 하나님으로 충만하게 되고자 하는 관상기도는 인간의 노력과 하나님의 도움이 합하여 '정화', '주입', '합일'의 단계로 나아가려는 반펠라기우스적인 천주교적 사상을 토대로 하고 있다고 본다. 성경이 가르치는 참된 기도는 그리스도의 십자가 구속에만 의존하여 성령님의 감화 안에서 삼위일체 하나님과 교제하는 것이다.[6]

	일반기도	관상기도
기도 방식	말이나 생각으로 하나님께 표현함	침묵 속에서 하나님의 현존 안에 머무름
기도 목적	간구, 감사, 회개 등 다양한 감정과 생각을 하나님께 전달	하나님과의 내적 일치 및 친밀한 교제를 추구함
활동성	능동적 (기도자가 주도적으로 말하고 표현함)	수동적 (마음을 열고 침묵 속에서 임재를 기다림)
감정 표현 방식	감정과 사고를 적극적으로 사용함	감정 표현보다 존재의 상태로 하나님과 함께함

6 이승구, [네이버 지식백과] 관상기도[觀想祈禱, contemplation](교회용어사전: 예배 및 예식, 2013. 9. 16., 가스펠서브)

(2) 관상기도에 대한 신학적 비판

① 성경적인 근거 부족: 관상기도는 성경의 가르침에 기반하지 않고, 기독교 역사 속 신비주의적 전통에서 발전해 왔다. 개신교는 성경이 신앙과 실천의 절대적 기준이 되어야 한다고 믿기 때문에, 관상기도가 성경적이지 않다고 진단하고 이를 경계한다.

② 성경적 기도 방식과의 차이: 개신교에서는 기도를 하나님과의 인격적인 대화로 이해한다. 반면, 관상기도는 침묵 속에서 내면을 들여다보며 하나님과의 직접적인 교감을 추구하는 방식인데, 개신교 신학자들은 이러한 접근이 성경에서 강조하는 기도의 본질과 다르다고 지적한다. 만남의 주체가 하나님이 아니라, '나'이기 때문이다.

③ 신비주의와 혼합주의 우려: 관상기도의 기법은 가톨릭 신비주의나 동방 정교회의 기도 전통에서 영향을 받았으며, 명상과 유사한 요소를 포함할 수 있다. 이런 방식이 힌두교나 불교와 같은 다른 종교의 명상과 혼합되거나 혼동될 위험이 있다. 특히, "자아 포기, 마음 비우기" 등의 기법은 비기독교적인 명상법과 유사하다.

④ 지나친 주관성: 관상기도는 하나님의 임재를 내적 체험으로 느끼는 것을 강조한다. 그러나 신자의 주관적인 경험이 신앙의 중심이 될 경우, 하나님의 말씀(성경)이나 예수 그리스도의 객관적 진리를 가리는 문제가 생길 수 있다.

⑤ 영적 위험성: 관상기도는 초자연적 체험을 지나치게 강조하여, 잘못된 영적 실천으로 이어질 가능성이 있다. 이를 통해 잘못된 영적(예를 들어 영적인 혼돈, 사탄의 개입 등) 체험을 하게 될 위험성이 있다.

3) 기도의 이유

기도는 그 자체로 옛 본성에서 벗어나 새 본성으로 새로운 삶을 시작했다는 증거이기도 하다. 자신의 욕망을 따르던 사람이 영이신 창조주 하나님을 아버지로 모시고, 성령 하나님의 인도함을 받는 새로운 영적인 삶을 살게 되면서 기도라는 영적인 방법으로 소통하게 된 것이다. 그러므로 신자가 하나님께 드리는 기도는 옛 본성의 욕망을 이루기 위한 마법(魔法)이나, 주문(呪文)이 되어서는 안 된다. 하나님께서는 우리의 욕망을 이루어주는 요술램프가 아니시다.

하나님께서는 인류의 타락에도 불구하고 여전히 우리를 하나님의 동역자요, 후계자, 대리통치자 삼기 원하신다. 따라서 기도만으로 모든 것이 해결되는 것이 아니라, 기도에 합당한 순종과 복종의 삶을 통해 성령의 열매를 맺어야 한다. 이처럼 충만한 기도의 자리에서 일어나 삶으로 돌아가면, 순간순간 내가 순종과 복종해야 할 기회가 보인다. 따라서 우리의 기도는 반드시 삶으로 증명되어야 한다.

마음으로 믿고, 입으로 시인하는 행동을 통해 구원받는 것처럼, 충만한 기도로 주님의 마음과 하나가 되면(연합), 삶 가운데 주님의 뜻을 실천하여 열매를 맺을 수 있게 된다. 준비된 기도자는 열매 맺는 순간을 놓치지 않는다. 이러한 기회를 통해 우리는 하나님과 동행하거나, 동역하여 성령의 열매를 맺는다. 우리는 이것을 위해 기도한다. 이러한 새로운 삶을 위해 기도로 주님과 교제한다. 기도는 그 자체로도 의미 있는 것이지만, 반드시 삶으로 이어져서 성령의 열매로 나타나야 한다는 점을 꼭 기억해야 한다.

4) 기도의 실체

개신교의 기도는 천주교와 달리 정해진 틀을 놓고 기도하지는 않는다. 천주교의 경우 기도문을 정해 놓고 암송하는 것을 기도의 기본으로 삼는다. 상황에 맞는 기도문을 찾아 그대로 읽는 것이 그들의 기도 모델이다.

하지만 하나님과의 교제를 중요하게 생각하는 개신교 전통은 자신이 처한 상황에 따라 자유롭게 표현하는 것을 보다 더 올바른 기도의 모델로 생각한다.

하지만 초신자에게는 이 모든 것이 어렵기만 하다. 3분만 기도해도 더 이상할 말이 없게 되는 것이다. 따라서 처음에는 훌륭한 신자들의 기도문를 많이 찾아 보고, 자신에게 적용하여 기도를 배우는 것도 좋은 방법이다.

이 단원에서는 먼저 기도에 대한 실천적인 이론과 단계를 설명하고, 후에 예시로 다양한 기도문을 제시하려 한다. 그대로 따라 하는 것도 나쁘지 않지만, 예시된 기도문을 토대로 하나님과 자유롭게 소통하는 것을 목표로 연습하기 바란다.

(1) 마음의 준비 - 내적 평안의 단계

먼저 하나님과 소통하기 위해 방해받지 않을 기도의 시간을 정하고, 장소를 찾는다. 때를 정한 주기적인 기도는 영적 성숙에 많은 도움을 준다.

기도는 하나님과 소통하기 위한 것으로 영이신 하나님과의 만남이라는 사실을 기억해야 한다. 영이신 하나님은 거룩하시다. 하나님은 그의 거룩하심을 따라 부정한 것과 함께하시지 않으신다. 그러므로 신자는 기도의 단계에 들기 전에 스스로 돌아보고 거룩을 회복해야 한다.

신자의 거룩은,

ⅰ) 옛 본성의 개입(염려, 근심, 걱정, 불안, 두려움)이 없는 상태
ⅱ) 자범죄(스스로 지은 죄)로 인해 더럽혀지지 않은 상태
ⅲ) 악한 영의 방해에서 벗어난 상태
ⅳ) 하나님의 신실한 자녀 됨(정체성)을 완전히 회복한 상태를 의미한다.

그러므로 마음의 준비 단계에서는 다음과 같은 방법으로 준비한다.

① 토로(吐露): '토로하는 기도'는 하나님과 깊은 대화를 나누기 위해 진솔하게 마음을 열기 위한 기도의 한 형태이다. 이 기도는 마음속의 고민, 슬픔, 기쁨, 두려움, 원망 등 모든 감정을 숨김없이 하나님 앞에 진솔하게 털어놓는 것을 의미한다. 다윗의 시편에서 자주 볼 수 있듯이, 다윗 왕은 하나님께 자신의 마음을 토로하며 간구하였다. '토로하는 기도'는 단순히 도움을 요청하는 것을 넘어, 내면의 모든 것을 하나님께 맡기고 의지하는 자세를 반영한다. 이를 통해 우리는 마음의 짐을 내려놓고, 하나님의 위로와 평안을 받아들인다. 또한 이를 통해 마음을 장악한 옛 본성의 영향력을 약화시킬 수 있다.

② 옛 본성을 십자가에 못 박는다(염려, 근심, 걱정, 불안, 두려움 등의 옛 본성에 반응하지 않기).

③ 자범죄가 있는지 돌아보고, 생각나는 죄를 고백하고 회개하여 죄를 씻는다.

④ 예수님의 보혈 공로를 의지하는 기도와 성령 하나님의 보호하심을 구하는 기도를 드린다.

마음의 준비가 끝났다는 것을 확신하는 방법은,

① 기도에 집중할 수 있는가? (잡념이 없는 상태인가?)
② 마음에 평안이 있나? (근거 없는 염려, 근심, 걱정, 불안, 두려움으로부터 자유)
③ 하나님께서 함께하신다는 신뢰가 있나?

로 확인할 수 있다.

나름의 마음의 준비에도 위와 같은 상태에 이르지 못했을 때, 찬양과 요절 암송, 성경 말씀을 읽는 것으로 도움을 받을 수 있다. 이 단계에서는 구약의 제사장들이 성전에 들어가 하나님 앞에 봉사하기 위해 자신을 정결하고 성결하게 했던 것같이 스스로 정결하게 하고, 내적 평안을 이루어 하나님과의 교제에 어떤 장애도 없게 만드는 것이 목표이다.

(2) 내적 연합 - 내적 기쁨과 충만의 단계

많은 신자가 내주하시는 성령 하나님과의 연합에 관심이 없다. 현실에 쫓겨 조급하게 자신의 필요를 채우기 위해 기도한다. 하지만 기도의 원리는 말하는 것보다 듣는 것이 우선한다. 내주하시는 성령 하나님과의 연합을 이루는 것이 먼저이다.

당신이 육지에서 떨어진 섬에 살고 있다고 가정해 보자. 육지에는 자비로운 아버지가 계신다. 다행히 휴대폰을 통해 언제든지 아버지께 전화할 수 있다. 하지만 당신의 요청을 받은 아버지가 섬에 사는 당신에게 어떻게 요청한 물건을 보낼 수 있나? 공항이 없는 작은 섬에 비행기를 띄울 수도 없다. 항만시설이 없는 작은 섬에 배를 댈 수도 없다. 섬과 육지는 먼저 어떤 방식으로든 연결되어 있어야 한다.

따라서 '요청'이 먼저가 아니라, '연결'이 먼저이다.

연합의 중요성이 바로 여기에 있다. 아버지 하나님께서는 자녀에게 필요한 모든 것을 내주하시는 성령 하나님과의 연합을 통해 공급하신다. 따라서 아무리 기도로 요청을 해도 성령 하나님과 연합되지 못하면 사실상 공급받는 것 자체가 어렵다. 기도해도 소용이 없다고 말하는 신자들의 볼멘소리가 이 과정에서 나온다. 이 모든 것은 내주하시는 성령 하나님과의 연합을 소홀히 한 결과이다.

내주하시는 성령 하나님과의 연합은 필요를 채우시는 하나님의 공급 방법인 동시에, 아버지의 동역자로서 세워지는 과정이다. 아버지의 일이 나의 일이 되며, 아버지의 비전이 나의 사명이 되는 것은 연합을 통해 이루어진다.

예수님께서 겟세마네 동산에서 땀방울이 핏방울이 되도록 기도하신 일을 기억하는가? 육체의 생존 본능은 아무런 죄도 없는 자신이 십자가에서 죽임당하는 것은 부당하다며 거부하였다. 하지만 예수님은 결국 육체의 생존본능을 꺾고 아버지의 뜻을 받아들이셨다. 예수님께서도 이러한 연합의 과정을 통해 아버지의 부르심에 응답하셨고 십자가에 오르시어 구원을 완성하셨다.

따라서 '연합' 없는 '동역'은 없다.

적어도 주님의 길을 따르는 신자라면, 주님과 동역하기를 원하는 신자라면 반드시 어떤 상황에서도 주님과 연합할 수 있어야 한다. 그리고 이 연합은 예수님의 겟세마네의 기도와 같이 기도를 통해 이루어진다.

또한 연합은 신자에게 큰 즐거움과 영적 기쁨을 준다. 연합을 통해 한 마음, 한뜻이 되었을 때 아버지의 기쁨은 자녀에게 전이된다. 이것이 고난과 고통 속에서도 십자가의 길을 갈 수 있는 신자의 원동력이다. 모든 상황 속에서 사역을 기쁨으로 감당할 수 있게 하는 힘의 원천이다.

주님과의 동행이 버겁게 느껴지고, 사역을 더 이상 감당할 수 없으며, 마음의 기쁨이 사라졌을 때, 우리는 **'내가 성령 하나님과의 연합에서 멀어졌구나!'** 하고 진단할 수 있어야 한다.

① 내주하시는 성령 하나님을 신뢰하며 인도하심을 바라는 기도

- 저의 하루가 성령 하나님의 인도하심 아래 있기 원합니다(계획된 일정들을 아뢴다).
- 일정들 가운데 성령 하나님의 도우심을 간구(동행하심과 돕는 손길 등)
- 모든 상황 속에서 예수님처럼 아버지 하나님을 의지하기 원하는 기도 입술의 말이 예수님과 같기 원합니다. 마음 씀씀이가 예수님과 같기 원합니다.
  아버지를 사랑함이 예수님과 같기 원합니다. 아버지를 의지함이 예수님과 같기 원합니다.

② 내주하시는 성령 하나님과의 연합을 위한 성령 하나님을 통한 성찰

- 저에게 분별을 주사 제가 알지 못하는 옛 본성의 감정과 습관을 알게 하옵소서.
- 내 안에 주님의 뜻을 거부하는 모든 것들이 드러나게 하시고, 십자가에 못 박게 하옵소서.

- 아버지의 뜻을 알 수 있도록 지혜와 지식을 공급해 주소서.
- 아버지의 뜻과 다른 내면의 욕망을 십자가 못 박아 그치게 하옵소서.
- 주님과 연합으로 인한 기쁨이 내 안에 넘치게 하옵소서.
- 모든 상황 속에서 늘 성령으로 충만하게 하옵소서.

③ 성령 하나님을 통해 필요를 공급받기 위한 기도

- 필요한 것들 아뢴다. 단, 주시는 방법과 시간(특별히 정해진 기간이 있는 것이 아니라면)을 내가 정하지 않는다.

(3) 하나님의 임재

내적 연합을 이룬 신자는 종종 하나님의 임재를 체험하게 된다. 찬양을 통해서, 예배 가운데, 말씀을 묵상하는 중에, 기도 가운데, 성도들과의 교제 가운데 등 다양한 상황에서 하나님의 임재를 체험하게 된다. 그러나 하나님의 임재의 주체는 오직 하나님 자신이시다. 하나님의 임재는 사람이 인위적으로 만들어 낼 수 없다.

성령 하나님과 신자가 하나 되어 이룬 내적 연합은 하나님의 임재로 가는 문과 같다. 신자는 내적 연합을 통해 깊은 하나님과의 교제가 가능해지며, 일상에서 경험하지 못했던 강력한 하나님의 임재를 체험하게 된다.

하나님의 임재를 체험한 성도들은 깊은 평안과 기쁨, 그리고 강력한 위로를 얻는다. 하나님을 향한 몰입과 집중력이 배가 되고, 때때로 하나님께서 베푸시는 육체적, 정신적인 고통에서의 치유와 능력을 체험하기도 한다. 더불어 하나님의 임재는 살아 계신 하나님과 신자의 깊은 교제를 제공하므로 영적 성장을 이끈다.

그러나 하나님의 임재 현상에 대한 지나친 관심과 열망은 신앙을 그릇된 길로 인도하기도 한다. 각종 사이비나 이단 집회에서 일어나는 것처럼 인위적인 방법으로 신적 임재 현상을 만들어 내기도 하기 때문이다. 이들은 집단적 최면이나, 기교를 사용해 사람들을 미혹한다. 또한 특별한 신자만이 누릴 수 있는 특권으로 묘사한다.

하지만, 하나님의 임재는 모든 신자에게 자연스러운 현상이다. 신앙의 성숙에 따라, 하나님과의 교제가 원활해짐에 따라, 신자는 하나님의 은혜로우신 부르심에 의해 강력한 임재를 체험하게 된다. 다만, 문제는 임재에 대한 인식이나 경험이 왜곡되거나 남용하게 될 때 발생한다.

임재란 정확히 말하면 '임재의식'(consciousness of presence)이다. 이것은 하나님이 나와 함께하신다는 사실을 항상 의식하고, 그분의 현존을 직접 경험한다는 의미이다.

임재의 기원은 죄가 없던 에덴동산이다. 그곳에서 아담과 하와는 하나님의 임재를 일상적으로 누렸으며, 이것이 그들에 만족의 근원이었다. 성경은 이러한 임재가 모든 성도가 이 세상과 내세에서 누릴 복이라고 말한다.

하지만 인간이 죄를 짓자 하나님은 임재를 거두셨다. 아담이 에덴에서 쫓겨난 일은 죄인에게는 임재가 허락되지 않는다는 사실을 보여 주는 상징이다(창 3:23). 그러나 하나님은 아담과 하와에게 한 짐승의 가죽옷을 지어 입히심으로써(창 3:21) 임재의 회복을 약속하셨다.[7]

성경에 기록된 하나님과 동행한 에녹, 아브라함, 모세, 다윗, 바울 등이

---

7 크리스천 투데이, 이경섭 목사, 오피니언 컬럼 [하나님의 임재? 이신칭의에만 있습니다], 2017. 8. 11.

하나님의 임재를 상징적으로 보여 주는 인물들이다.

교회사에서는 존 번연(1628-1688), 조나단 에드워즈(1703-1758), 조지 휫필드(1714-1770), 로이드 존스(1899-1981) 같은 이들이 탁월한 임재의 경험을 진술하고 있다. 임재는 특별한 신자들만의 전유물이 아니다. 오히려 정상적인 그리스도인 모두에게 허락된 보편적인 것으로, 오늘날 임재가 특별한 일인 것처럼 여겨지고 그것을 경험하기 위해 인위적인 수단들이 동원되는 것은 분명히 정상적이지 않은 일이라 할 수 있다.

따라서 하나님의 임재를 경험했다고 자신을 특별한 존재로 여기거나, 아직 하나님의 임재를 경험하지 못했다고 해서 자신의 신앙을 의심하는 것은 매우 부적절하다. 또 어떤 신자는 하나님의 임재에 대한 정확한 지식이 없어, 정작 이를 경험하고도 이것이 하나님의 임재인지 모르는 경우도 있다.

때문에 하나님의 임재는 신자의 요청에 의해 반드시 일어나는 필연적인 것은 아니나, 하나님의 은혜로우신 섭리 가운데 모든 하나님의 자녀에게 언제라도 일어날 수 있는 일이라는 사실을 기억해야 한다.

하나님의 임재를 바라는 신자에게는 이를 사모하는 마음과 믿음이 필요하다. 여기서 말하는 믿음은 ① 구원을 확신하는 믿음이며, ② 자녀 된 우리를 아버지 하나님께서 만나 주신다는 확신의 믿음이자, ③ 예수님의 보혈의 공로로 진정한 회개와 토로를 통해 하나님 앞에 내가 설 수 있게 되었다는 사실에 대한 믿음이다.

더불어 신자는 내적 연합을 연습하여, 외적으로 주변 환경과 악한 영에 방해받지 않고, 내적으로는 옛 본성과 죄악 된 습관에 방해받지 않는 상태를 유지할 수 있어야 한다.

따라서 신자는 기도를 통해 성령 하나님과의 내적 연합을 이루기 위해 힘쓸 뿐만 아니라, 하나님의 임재를 소망하며 기도해야 한다.

하나님의 임재를 소망하는 것은 다양한 방법이 있을 수 있다. 찬양과 경배, 말씀 묵상, 침묵 등이다. 기도의 처음에 하나님께만 집중하기 위해서도 이 방법을 사용하지만, 하나님의 임재를 소망하면서도 이러한 방법을 사용한다.

신앙 초기에 이런 특별한 하나님의 임재 체험은 기쁨이 되기도 하지만, 어떤 신자에게는 이러한 영적인 체험이 두려움이 되기도 한다. 스스로 분별할 수 없다면 목회자에게 자신의 체험을 점검받는 것도 좋을 것이다.

더불어 예수 그리스도를 나의 구주로 고백하고, 성령께서 내주하시는 성도에게는 악한 영이 침범하지 못한다. 하나님의 임재 가운데 경험하게 되는 영적인 현상에 대해 지나치게 경계하여 두려워하는 것도 올바른 신앙의 자세는 아니다.

(4) 감사의 기도 - 기도의 마무리

모든 기도의 마무리는 감사로 끝맺는다. 기도를 통해 만나주시고 귀 기울여 주신 아버지 하나님께 드리는 감사에서부터 특별히 생각나는 감사의 제목들로 감사드리며, 예수 그리스도의 이름으로 기도를 올린다.

다음은 기도에 대한 지식을 얻을 수 있도록 예시로 다양한 기도를 소개한 것이다. 기도 훈련에 참고하기 바란다.

에베소서 1:15-19의 원리에 따른

[성령충만을 구하는 기도]

1. 완전한 지혜와 지식

보혜사로 저에게 오신 성령 하나님,
성부 하나님을 알게 하사, 아버지의 말씀 안에서 살게 하옵소서.
성자 예수님을 닮게 하사, 아버지의 뜻을 이 땅에서 이루게 하옵소서.
성령 하나님을 따르게 하사, 성령의 열매를 맺게 하옵소서.

2. 내면의 빛

흑암 같은 저에게 빛으로 오신 성령님,
제 안에 감추인 죄악들을 보게 하사, 회개케 하시오며,
제 안에 상처들을 드러내사, 주님의 보혈로 치유받게 하옵소서.
죄의 소원을 이루지 못하게 하사, 예수님을 닮게 하시며,
부르심의 소명을 온전히 붙들게 하옵소서.

3. 외면의 빛

능력으로 저의 삶을 인도하시는 성령 하나님,
저의 어두운 영안을 열어 주사, 이 세상을 주관하시는 아버지의 권세와
능력과 통치하심을 보게 하시므로, 세상을 두려워하지 않게 하시오며,
오직 아버지 하나님만을 경외케 하옵시고,
오직 성령충만하여 악한 영을 이기게 하시오며,
늘 주님과 동행하는 복을 누리게 하옵소서.

[R. A. 토레이의 성령충만을 위한 기도]

하나님!
성령충만하게 도와주소서.
왜냐하면 성령충만하지 않으면
오늘 하루 저는 너무나 쉽게
흔들릴 수 있는 사람이기 때문입니다.

하나님, 제가 성령충만하다고
느끼지 못할 때 함부로 말하지 않도록 도와주소서.
성령충만하지 않을 때 말하면 실언이 되기 쉽고,
사람들에게 상처를 주게 되기 때문입니다.

하나님!
제가 성령충만하지 않을 때
제 인생의 중요한 결정을 하지 않도록 도와주소서.
성령충만하지 않으면 저의 결정은
잘못될 가능성이 있기 때문입니다.

[성 어거스틴, 354-430]

전능하신 하나님 아버지,
우리의 심령 속에 들어오셔서 당신의 사랑으로 채워 주시옵소서.
그리하여 모든 죄악 된 생각을 버리고 유일한 선의 근원이신 주님만 모시고 살게 하옵소서.

오 하나님, 나에게 자비를 베푸셔서 하나님이 나와 어떠한 관계가 있음을 알게 하옵시고,
나는 너의 구원이니라고 내 영혼에게 말씀하여 주시는 음성을 듣게 하여 주옵소서.

주여, 나의 심령을 맡기오니
그 귀를 여셔서 주님의 음성을 듣게 하옵시고 그 음성만 따라서 살게 하옵소서.

오 주여, 내가 주님을 찾사오니 주님의 얼굴을 숨기지 마옵시고
나의 영혼이 너무도 편벽되오니 이를 넓히시고 친히 들어와 계십소서.

나의 영혼의 집이 너무도 황폐하게 되어 있사오니
주님이 거하시기에 합당하도록 수리하여 주옵소서.

오 하나님, 우리의 주이시며 성부와 성령과 함께 이제와 영원까지
살아 계실 하나님의 독생자 예수 그리스도의 이름으로 기도하오니 들어주시옵소서. 아멘.

[성령의 불을 구하는 기도]

성령체험이 없거나,

더욱 강한 성령 하나님의 임재를 원하는 성도를 위한 기도

오순절 성령강림 사건을 통해 불로 임하신 성령 하나님,
주께서는 이 세상의 모든 죄악을 소멸하시는 불이십니다.

이 시간 저에게 불로 임하여 주시옵소서.

저는 죄인입니다.
하나님을 알고도, 믿지 않은 죄인입니다.
십자가에 달리신 예수님을 보고도, 아버지의 사랑을 의심한 죄인입니다.
성령 하나님의 음성을 듣고도, 여전히 저의 욕심을 이루기 위해 살아온 죄인입니다.

그러나, 예수 그리스도께서 나의 구원자이심을 고백합니다.
긍휼과 자비가 많으신 성부 하나님의 사랑과 용서하심을 간구합니다.
구하는 자에게 성령 하나님을 선물로 주시겠다는 약속을 믿습니다.

그러므로, 이 시간 저의 모든 죄악과 탐욕과 정욕과 영적 게으름을 태우실 성령의 불을 허락하여 주사, 제 안에 하나님을 거부하는 모든 더러운 것들을 성령의 불로 태워 주시옵소서!

오셔서 저를 통치하여 주시옵소서!
오셔서 구원의 기쁨을 회복시켜 주시옵소서!
오셔서 내 안에 생수의 강이 넘쳐흐르게 하옵소서!
오셔서 성령 하나님의 권능을 부어 주시옵소서!

이 시간 이곳을 주님의 임재하심으로 가득 채우시고,
이곳을 덮으사 악한 영은 떠나가고, 다시 틈타지 못하게 하옵소서!

모든 두려움과 혼란과 의심의 영을 몰아내시고, 목자 없는 양처럼
유리방황하는 저의 영혼을 성령께서 주장하시고 통치하여 주사,
참된 자유와 평안을 얻게 하시며, 주님의 권능을 얻게 하시며,
성령충만케 하시며, 각종 은사와 능력으로 새롭게 하시며,
성령 하나님의 인도하심으로 참된 지혜와 지식을 얻게 하옵소서!

오, 주 성령 하나님! 주님은 나의 치유자이십니다.

내 안에 알 수 없는 우울함과 무기력, 해소할 수 없는 분노와 억울함,
부끄러움과 소심함, 그리고 언제 생겼는지도 모를 각종 마음의 상처들과
허무함…….

도저히 감당할 수 없는 마음의 어려움으로 주님 앞에 나아갈 수 없사오니,
이 시간 저의 마음 가운데 임하여 주사, 성령의 불로 치유하여 주시옵소서!

그러므로, 이제 말씀 앞에 순종과 복종으로 하나님께서 기뻐하시는 삶을
살게 하옵시고,
은사와 지혜와 열정으로 교회를 섬기게 하시며,
구원의 기쁨으로 복음을 전하게 하시며,
승리의 기쁨으로 영광과 찬송을 아버지 하나님께 돌리는 삶을 살게 하옵소서!

[하루를 시작하는 기도]

궤가 떠날 때에는 모세가 말하되 "여호와여 일어나사 주의 대적들을 흩으시고 주를 미워하는 자가 주 앞에서 도망하게 하소서" 하였고 궤가 쉴 때에는 말하되 "여호와여 이스라엘 종족들에게로 돌아오소서" 하였더라
(민 10:35-37, 개정)

사랑하는 주님!
주님과 동행할 수 있는 새날을 허락해 주시니 참 감사합니다.

이제 하루를 시작하고자 하오니, 이 하루를 위한 주님의 계획을
저로 알게 하옵시고, 성령충만을 주셔서 동참케 하시며, 능력과 지혜를
주셔서 성령의 열매 맺는 하루 되게 하옵소서.

또한 주님을 저의 삶 가운데 초청합니다.

주님의 언어와 행위를 저에게 덧입혀 주사, 말과 행동이 주님 같게 하옵시고,
주님의 마음을 저의 마음에 부어 주사, 긍휼히 여길 자를 긍휼히 여기게 하옵시고, 세우신 권위들에 순종케 하시며,
악한 영과 어둠의 세력들에 대해 담대하게 하시오며,
오직 하나님 한 분만을 경외하게 하사, 예수님을 더욱 닮아 가는 하루 되게 하옵소서.

십자가에서 보여 주신 성부 하나님의 사랑을 저에게 쏟아부어 주사,
가족과 친척과 이웃과 직장 동료들과 친구들을 주님의 사랑으로 섬기게 하옵시고, 아버지의 공급하심을 이 하루도 맛보기 원합니다.

행하는 일들 가운데 부족함이 없게 하시오며, 넘치는 은혜로 제가 속한 가족과 이웃과 직장을 채워 주시옵소서.

성령 하나님의 인도하심으로 말미암아 길을 잃지 않게 하시오며, 있어야 할 자리에 있게 하시고, 만나야 할 사람만 만나게 하시며, 피해야 할 곳을 피하게 하옵소서.

악한 본성을 따라 쉽고 편한 길을 선택하지 않게 하옵시고, 어렵고 힘들게 보이는 길이라도 오직 성령 하나님의 인도하심을 기쁨으로 따르게 하옵소서.

악한 영의 시험에 빠지지 않게 하옵소서.
물질과 명예, 관계와 일에서 악한 영이 틈타지 못하게 하시며, 유혹에 빠지지 않게 하시며 저의 마음을 성령께서 온전히 주장하여 주사, 이길 힘을 주시어, 모든 시험에서 승리하게 하옵소서.

[하루를 마감하는 기도]

사랑하는 주님!
감사합니다. 이 하루를 통해 열매 맺게 하시며, 동행하게 하시며, 공급하심과 인도하심으로 저와 가정을 지켜 주시고, 무사히 일과를 마칠 수 있는 은혜를 베풀어 주시니, 참 감사합니다.

하루를 되돌아보건대, 최선을 다한 일도 있고, 그렇지 못한 일도 있습니다.
최선을 다한 일에 대해서는 칭찬과 기쁨과 위로를 주옵시고,
저의 부족한 것은 채워 주시고, 다시 가르쳐 주시고,
다시 도전하고 더 잘할 수 있도록 저를 격려하여 주옵소서.

혹 죄 지은 것이 있다면 생각나게 하시고, 자복하는 심령으로 회개케 하시며, 이 죄를 이길 수 있는 성령충만을 허락하여 주사, 다시는 똑같은 죄에 빠지지 않게 하옵소서.

이 시간 다른 이들의 죄를 용서합니다.
저를 힘들게 하고, 말로 상처 준 이들을 예수님의 이름으로 용서하오니, 그들로 하나님의 은혜 앞에 나아오게 하시며, 주님을 경외하는 복을 얻게 하옵소서.

이제 저에게 평안과 안식을 허락하여 주옵소서.
지친 영혼과 마음과 육체에 새 힘을 허락하시고, 시달린 마음에 평강을 주시며, 단잠을 통해 내일도 주님과 동행할 수 있도록 저를 치유하여 주시고 회복시켜 주옵소서.

이 밤도 저와 저의 가족을 지켜주시는 하나님,
내일의 동행을 기대하며, 우리를 구원하신 예수님의 이름으로 감사기도 드립니다. 아멘.

[고난을 이기는 기도]

사랑과 인자가 충만하신 아버지,
제가 지금 고난과 어려움 속에 있습니다.
이 모든 것들이 제 힘으로는 감당하기 어렵기에 오직 당신만을 의지합니다.
저의 연약함을 인정하며, 당신의 전능하신 손길에 제 모든 것을 맡깁니다.
아버지, 제가 바라는 것은 제 뜻이 아닌 당신의 뜻이 이루어지는 것입니다.
제 마음속에 흔들리지 않는 믿음을 허락하사 평강을 잃어버리지 않게 하시고,
제가 이 과정을 통해 당신께 더 가까이 나아가도록 인도해 주옵소서.
세상의 어떤 것도 아닌 당신만이 제 구원이며 힘임을 고백합니다.
모든 상황 가운데서도 저를 붙드시고, 당신의 말씀과 사랑으로 저를 채워주소서.
아버지, 제가 당신을 더욱 신뢰하고 어떠한 고난 속에서도 당신의 영광을 드러낼 수 있기를 소망합니다.
모든 것을 당신께 맡기며, 인내하므로 주님의 도우심만을 기다리게 하시옵고,
고통 속에서도 늘 주님만을 바라보게 하옵소서.
감당할 수 없는 고난 중에도 함께하심에 감사드리며, 저를 구원하신 예수님의 이름으로 기도드립니다. 아멘.

새 본성의 새 마음을 위한 7 Step

I. 자아성찰(自我省察) vs 묵상(默想) - 당신의 Q.T가 위험하다!

'자아성찰'에 대한 국어 사전적 의미는

[자기 자신에 대한 의식이나 관념을 반성하고 살핌]이다.

이에 반해 '묵상'에 대한 국어 사전적 의미는

[1. 눈을 감고 말없이 마음속으로 생각함. 2. 말없이 마음속으로 기도를 드림]으로 되어 있다.

'묵상'에 대한 보다 기독교적인 정의를 살펴보면,

[마음속으로 묵묵히 기도함. 정신을 모아 잠잠히 그리고 깊이 생각함. 묵상할 때 하나님을 바라며, 또한 하나님이 이루신 일과 그분의 증거와 그분의 말씀을 생각하는 것]이라고 라이프성경사전은 정의한다.

그러나 자아성찰과 묵상의 결정적인 차이는 이 행위의 주체가 '누구인가?'에 있다.

[자아성찰]은 '스스로' 자기 자신을 살피는 일인 반면, [묵상]은 자신을 하나님 앞에 세워 하나님의 기준에서 나를 살피는 것으로 주체는 '성령'과 '나'이다. [자아성찰]은 자신의 학식과 양심, 경험을 바탕으로 자신을 살피는 것이지만, [묵상]은 성령 하나님과 나와의 깊은 교제를 통해 이루어지며, 성령 하나님의 주관하심(지혜와 능력) 아래 이루어지는 행위이다.

그런데 많은 신자가 [묵상]을 자아성찰의 방법과 수준으로 시행하는 경우를 종종 보게 된다. 스스로 말씀을 읽고, 스스로 자신에게 말씀을 적용하고 끝내고 마는 것이다. 말씀의 적용이 성령 하나님의 임재 가운데 들어가서 그분의 주관하심 안에서 이루어지는 것이 아니라, 자신의 이성적 판단에 따라 이루어지는 것이다.

즉, 내주하시는 성령 하나님께서 말씀을 통해 지금 나에게 무엇을 말씀하시고자 하시는지에 대한 깊은 교제를 통해 묵상하지 않고, 그저 Q.T 책에 정해진 말씀을 나에게 스스로 적용하여 내가 나를 돌아보는 것으로 묵상을 대신하고 있다.

이러한 이유로 나는 항상 주변 신앙인들에게 Q.T가 반드시 **'하나님과 교제 가운데 이루어져야 함'**을, **'하나님의 임재 안에서 이루어져야 함'**을 강조하여 설명한다.

이러한 오류는 동양인의 문화적 특성상 '자아성찰'이 '묵상'보다 이미 훨씬 더 익숙하기 때문이다. '자아성찰'은 동양인의 오랜 관습이다.

그러므로 Q.T가 '자아성찰'이 되지 않으려면, Q.T가 '자아성찰'의 수준에서 벗어나 온전한 [묵상]이 되려면 기본적으로 두 가지 상황이 전제되어야 한다.

(1) 하나님과의 소통에 문제가 없을 것
(2) 하나님의 임재 가운데 들어갈 것

결국 Q.T는 말씀을 통해 나의 잘못이나 실수를 발견하고 스스로 정죄하는 자아비판의 시간이 아니라, 하나님을 바라보고 그가 나를 어떻게 생각하시고, 어떤 마음으로 바라보시는지를 확인하는 시간이 되어야 한다.

하지만 이 두 가지 전제를 온전히 갖추고 제대로 Q.T를 할 수 있는 신자는 사실상 이미 영적인 어른이다. 영적인 어린아이의 신앙을 가진 신자가 두 가지 조건을 갖추기는 매우 어렵다. 그렇다고 영적인 어린아이는 Q.T를 하면 안 된다고 말하려는 것이 아니다.

누구나 처음부터 잘할 수는 없다. 누구나 초보 시절이 있다. 누구나 영적인 어린아이 시기를 거친다. 내가 강조하고자 하는 것은 영적인 어른이 된 다음에 Q.T를 하라는 것이 아니다. 먼저 Q.T가 무엇인지 정확하게 이해하자는 것이다. 더불어 [묵상]을 통한 성령 하나님과의 교제가 처음부터 잘되지 않더라도, 익숙한 자아성찰의 방법으로 묵상해서는 안 된다는 것을 말하고 있다.

하나님과의 소통이 아직 어렵다면 성경을 읽고 즉시 답을 얻으려 하거나, 말씀으로 자신을 판단하고 정죄하기보다 소통이 익숙해지기 위해 기도로 하나님과 대화하는 시간을 더 많이 갖는 것이 보다 좋은 선택일 수 있다.

물론 [묵상]은 하나님과의 대화만을 의미하지 않는다.

(1) 말씀(하나님의 통치)이 내 안에 온전히 적용되고 있는지를 살피기 위해 성령의 조명하심을 구하는 일
(2) 말씀을 정확하게 이해하기 위해 간구하며 계속 되뇌는 일
(3) 삶 가운데 나타난 하나님의 은혜를 기억하고, 감사하며 찬양하는 일
(4) 삶의 중요한 일에 하나님의 인도하심을 받는 일
(5) 깊은 기도로 교제 가운데 나의 상황을 아뢰는 일

(6) 하나님의 임재 가운데 들어가 치유받고 새 힘을 얻는 일
(7) 하나님께로부터 창조적인 새 지혜와 지식을 간구하여 얻는 일 등을 포함한다.

이러한 [묵상]은 하나님의 임재 안에서, 성령 하나님의 도우심을 전제로 이루어진다.

나는 신자의 묵상이 자아성찰과 구분된 온전한 묵상이 되어야 함을 말하고 있다. 그러므로 나는 묵상을 [성령성찰(聖靈省察)]이라고도 부른다. 반드시 하나님의 임재 안에서, 성령 하나님의 도우심으로 묵상해야 함을 강조하기 위함이다.

내가 나를 성찰하면 아무리 잘해도 '내 수준'이다. 이것이 자아성찰의 한계이다. 아무리 하나님의 말씀으로 나를 성찰한다고 해도 그 말씀을 적용하는 수준이 내 수준이면 나는 예수님의 수준으로 성장할 수 없다. 말씀을 적용하는 일조차 성령 하나님의 조명하심 아래, 성령 하나님의 도우심이 있어야 예수님 수준의 적용이 가능하다는 점을 잊지 말아야 한다.

그러므로 우리의 [묵상]은 결코 혼자 하는 것이 아니다. 성령 하나님과의 교제 가운데 그분과 함께하는 것이다.

II. 성령성찰(聖靈省察)

[27] 예수께서 제자들에게 이르시되 너희가 다 나를 버리리라 이는 기록된 바 내가 목자를 치리니 양들이 흩어지리라 하였음이니라
[28] 그러나 내가 살아난 후에 너희보다 먼저 갈릴리로 가리라
[29] 베드로가 여짜오되 다 버릴지라도 나는 그리하지 않겠나이다
[30] 예수께서 이르시되 내가 진실로 네게 이르노니 오늘 이 밤 닭이 두 번 울기 전에 네가 세 번 나를 부인하리라
[31] 베드로가 힘있게 말하되 내가 주와 함께 죽을지언정 주를 부인하지 않겠나이다 하고 모든 제자도 이와 같이 말하니라(막 14:27-31, 개정)

마가복음 14장에 기록된 베드로의 모습은 답답하기 그지없다. 최후의 만찬석에서 일어난 일을 기록하고 있는데, 베드로가 보여 준 태도는 무척이나 실망스럽다.

예수님께서는 이제 곧 있을 십자가의 죽음을 준비하고 계시건만, 제자들은 마치 내일이면 당장 로마로부터 정치적 독립을 쟁취할 수 있을 것처럼 흥분하고 있다. 제자들은 내일 로마로부터 독립을 이루고 자신들은 이 일로 말미암아 부귀영화를 누리게 될 것을 상상하면서 축배를 들며 포도주에 취해 있는 것이다.

예수님과 제자들 사이에 일어난 동상이몽(同床異夢)은 간격을 좁힐 줄 모른다.

1. 너희는 이제 곧 나를 버릴 것이다. 그리고 흩어짐을 당할 것이다(27절).
2. 나는 죽임 당하고 살아나, 너희보다 먼저 갈릴리로 가서 너희를 기다릴 것이다(28절).
3. 특히 베드로는 나를 모른다고 세 번 부인할 것이다(30절).

무엇에 홀린 사람들처럼 제자들은 좀처럼 예수님의 말씀에 귀 기울이지 않는다. 포도주에 이미 취해 버린 것이지, 이렇게 심각한 상황을 설명하고 있는데도 전혀 불안해하지 않고, 자신들은 절대로 주님 곁을 떠나지 않겠다고, 절대로 배신하지 않겠다고 자신한다.

예수님께서 분명히 유다의 배신으로 이제 곧 군병들이 우리 모두를 잡으려 한다는 긴박한 상황을 설명하고 있는데도 제자 중 그 누구도 배신자 유다를 척결해야 한다거나, 당장 피신해야 한다는 말이 나오지 않는다.

제자들은 예수님께서 말씀하신 모든 상황을 현실로 받아들이지 못하고 있는 것이 분명하다. 그저 예수님께서 자신들의 충성을 시험하시려는 것으로 이해하고는 충성을 맹세하는 것으로 응답하고 있을 뿐이다.

[31] 시몬아, 시몬아, 보라 사탄이 너희를 밀 까부르듯 하려고 요구하였으나
[32] 그러나 내가 너를 위하여 네 믿음이 떨어지지 않기를 기도하였노니 너는 돌이킨 후에 네 형제를 굳게 하라
[33] 그가 말하되 주여 내가 주와 함께 옥에도, 죽는 데에도 가기를 각오하였나이다(눅 22:31-33, 개정)

누가복음은 최후의 만찬 시점의 영적인 상황을 다음과 같이 기록하고 있다. 사탄은 이제 곧 베드로를 '밀 까부르듯' 할 것이다. 이는 '체질하다, 체를 흔들다'라는 의미로 사탄이 베드로를 체질하듯 심하게 흔들어(유혹,

두려움 등으로) 무너지게 하려 한다는 것을 의미한다.

또한 '요구하였다'는 말은 '청구하였다'는 뜻으로 욥의 경우처럼 사탄 자신이 직접 베드로를 시험할 수 있도록 예수님께 자신의 지배권을 허락해 줄 것을 요구했다는 뜻이다.

베드로는 자신이 이러한 사탄의 공격 대상이 되었음을 경고받고도 자신만만한 태도를 보였다. 매우 긴박하고도 위험한 영적인 상황을 전혀 이해하지 못한 채, "주와 함께 옥에도, 죽는 데에도 가기를 각오하였나이다"라고 스스로를 과장하여 허풍을 떨고 있는 것이다.

베드로를 포함한 제자들의 눈은 영적으로 가려져 있었다.

이들의 영적인 무지와 어리석음은 그들 안에 있는 죄 된 욕망의 결과이며, 야망에 미혹된 결과이겠지만, 예수님의 보호하심 아래 3년간이나 양육받았던 것을 생각하면 참으로 안타까운 결과가 아닐 수 없다.

이처럼 제자들을 향한 예수님의 애틋한 경고는 아무도 알아주는 사람이 없어 공허하기만 했다.

제자 중 그 누구도 이 경고하심에 올바로 반응하는 이가 없었기 때문이다. 나는 종종 신자들의 묵상이, 혹은 나의 묵상이 이런 식으로 이루어지고 있지는 않나? 하고 의심해 본다. 우리가 이미 죄의 옛 본성에 마음이 잠식당한 상태라면, 아무리 좋은 습관을 따라 Q.T와 같은 묵상 시간을 보낸다 해도 이처럼 처참한 결과를 낳을 것이기 때문이다.

따라서 Q.T와 같은 기독인의 묵상은 내가 나를 살피는 시간이 아니라, 성령께서 나를 살피시도록 나를 그분께 드러내는 시간이 되어야 한다. 예를 들어 새로 산 옷이 있다고 가정하자, 거울을 보고 내 마음에 드는지 살피는 것이 [자아성찰]이라면, 새 옷을 입고 유능한 패션 디자이너에게 고견(高見)을 묻고 그의 조언을 따르는 것이 기독교의 [묵상]이자, [성령성찰]인 것이다.

'자아성찰'의 한계는 너무나 분명하다. 자기기만에 빠져 있거나, 자기과신, 자기비하, 자격지심, 자기연민에 빠져 있게 되면 사실상 '자아성찰'은 그 자체로 불가능해진다. 이런 상태에서는 자기 객관화 자체가 불가능하기 때문이다.

하지만 [묵상]은 우리를 창조하신 분 앞에, 그분의 기준 앞에 나를 세우고, 창조주와의 교제 안에서 이루어지는 것으로 그분의 진단과 기준으로 나를 새롭게 하는 과정인 것이다.

한편, 베드로가 자기기만에 빠져 자신을 과신했다면, 모세는 이와 정반대의 모습을 보여 준다.

모세가 하나님께 아뢰되 내가 누구이기에 바로에게 가며 이스라엘 자손을 애굽에서 인도하여 내리이까(출 3:11, 개정)

애굽의 왕자로서 자신의 힘으로 동족을 구원하려다 실패한 모세는 피신하여 광야의 목동이 되었다. 80세(歲)가 된 노년의 모세는 떨기나무 가운데 자신을 부르신 하나님 앞에 "내가 누구이기에 이러한 일들을 감당할 수 있겠습니까?" 하고 되묻는다.

스스로 세운 기준에 의해 자신은 실패자요, 이제 노인이 되어 아무것도 이룰 수 없는 사람이라고 정의 내린 모세는 하나님의 부르심에 이렇게 답할 수밖에 없었다.

하나님이 이르시되 내가 반드시 너와 함께 있으리라 네가 그 백성을 애굽에서 인도하여 낸 후에 너희가 이 산에서 하나님을 섬기리니 이것이 내가 너를 보낸 증거니라(출 3:12, 개정)

모세는 의심하고 또 의심했다. 하나님께서 함께하신다고 해서 정말 이런 일들을 해낼 수 있을까? 모세가 이 모든 상황을 스스로 혼자 자아성찰을 했다면, 아니 자아성찰의 수준으로 하나님의 부르심에 응답했다면 모세는 결코 이스라엘의 지도자가 되지 못했을 것이다.

하나님의 부르심은 모세를 일으켰다. 하나님은 교제 가운데 그를 격려하셨다. 그에게 확신할 수 있는 증거들을 주셨고, 형 아론과 누이 미리암과 같은 돕는 자를 보내 주셨다.

모세는 이제 '자아성찰'을 통해 초라한 자기 자신을 바라보고 있는 것이 아니라, 하나님의 권능 아래, 하나님과 함께한 자신을 보게 되었다. 이것이 바로 '묵상'의 결과이다. 분명히 '자아성찰'로는 도달할 수 없는 결과인 것이다.

신자는 하나님과 동역하기 위해서 반드시 [하나님 + 나]를 발견할 수 있어야 한다. 나의 힘으로 도저히 감당할 수 없는 인생의 장애를 만났을 때, 나의 힘과 경험, 경력, 학력, 인맥으로 나의 상황을 판단하고 낙망하고 실망할 것이 아니라, 모든 상황 속에서 [하나님 + 나]를 발견해야 한다.

그러므로 [묵상]은 내가 나를 스스로 점검하고, 돌아보는 것이 되어서는 안 된다. 결코 [묵상]이 자아성찰의 수준이 되어서는 안 된다. 말씀 앞에 섰음에도 내 수준에서 내가 나에게 적용하는 것이 되어서는 안 되는 것이다. 오직 주님과 함께, 주님의 지도하심 아래, 주님의 기준으로, 주님과의 깊은 교제 가운데 나를 살피는 [성령성찰: 성령 하나님을 통해 나를 돌아봄]이 되어야 한다.

III. 새 본성의 새 마음을 위한 7 Step

[옛 본성도 습관이고, 새 본성도 습관이다]

거듭난 신자라 해도 옛 본성의 죄 된 습관을 끊지 못하면, 안 믿는 사람과 다를 바 없는 삶을 살아간다. 이들에게서는 예수님에게까지 자라가야 하는 신자의 영적 성장이 보이지 않는다.

그러므로 옛 본성의 습관을 끊고, 새 본성의 습관을 길러야만 신앙이 성장하게 된다는 것을 우리 모두 명심해야 한다. 이처럼 옛 본성의 습관을 끊고, 새 본성으로 살아가는 과정을 다음의 7 Step으로 정리해 보자.

1) 새 본성의 삶을 사모하기
2) 죄인(전적무능력)임을 인정하기 - 보여 주시는 내 모습 인정하기
3) STOP! 옛 본성에 반응하지 않기 - 옛 본성 십자가에 못 박기
4) 죄악에 장악된 마음 비우기 - 토로(吐露)
5) 하나님의 임재 가운데 들어가기
6) 새 마음 구하기
7) 성령을 따라 새 본성에만 반응하기

1) 새 본성의 삶을 사모하기

또 새 영을 너희 속에 두고 새 마음을 너희에게 주되 너희 육신에서 굳은 마음을 제거하고 부드러운 마음을 줄 것이며(겔 36:26, 개정)

성경은 에스겔 선지자를 통해 하나님께서 장차 새 영(성령)을 성도에게 주시고, 그를 통해 이전에 성도의 마음에 없던 '새 마음'을 주신다고 말한다. 그렇게 되면 성도는 죄짓는 일을 좋아하고 하나님을 거스르던 '굳은 마음'이 제거되어, 하나님께 순종할 수 있는 부드러운 마음(새 마음)을 얻게 될 것이라고 말한다.

예수님의 십자가 대속(代贖)으로 구원받은 신자에게는 평생 잊지 못할 [구원의 기쁨]이라는 것이 존재한다. 예수께서 십자가에서 흘리신 피로 얻은 이 [구원의 기쁨]은 신자가 평생 간직해야 할 가장 소중한 경험이다.

이 [구원의 기쁨]은 단지 신자가 죽어 지옥으로 가지 않고, 천국으로 가게 되었다는 [죽음에 대한 구원의 기쁨]으로만 머물지 않고, 나아가 이 땅에서 더 이상 죄에 굴복하며 살지 않아도 된다는 [죄에 대한 자유의 기쁨]을 누리게 한다.

구원받은 신자는 더 이상 죄에 이리저리 끌려다니지 않아도 된다. 죄의 유혹을 과감하게 물리칠 수 있으며, 더 이상 나를 주관할 어떠한 법적인 권리도 없다는 사실에 기뻐한다.

하지만 죄의 근본인 원죄의 씨앗이 여전히 내 몸 안에 머물러 있다. 또한 이 원죄에 굴복하여 비굴하게 따르던 죄의 습관인 '옛 본성'도 여전히 남아 있다.

우리는 구원받은 신자의 이러한 특수한 상황을 온전히 이해해야 한다.

성경은 분명하게 우리를 가르친다. 예수님께서 십자가의 보혈로 우리를 구원하셔서 우리의 신분이 '죄인'에서 '하나님의 자녀'로 즉시 바뀌었음을. 또한 하늘나라 법정에서 우리에게 선고(宣告)되어야 할 모든 형벌을 예수님께서 감당하셨기 때문에 모든 죄에서, 모든 저주에서, 질병과 가난에서 해방되었다고 선언한다.

더 이상 사탄이 우리를 주관할 법적인 근거가 사라졌고, 우리 안에 있는 죄의 씨앗인 원죄와 옛 본성도 더 이상 우리를 구속하여 죄짓게 할 권한이 없다는 것을 분명히 가르치고 있다.

그렇다면, 이제 우리는 죄를 안 짓는가? 현실은 그렇지 않다. 우리는 여전히 죄를 짓는다. 왜 아직도 우리는 죄에서 자유롭지 못한가? 예수님의 구원이 부족한 것인가? 성경은 이미 성도들에 대한 죄의 사법적 문제가 즉시 해결되었음을 선언하고 있지 않나?

맞다. 사법적인 문제는 즉시 효력을 발생한다. 하지만 윤리 도덕적인 문제는 여전히 남아 있다. 죄의 문제 중, 윤리 도덕적으로 온전해지는 '성화(聖化)'는 점진적으로 우리 안에서 성령 하나님을 통해 이루어지기 때문이다.

법적으로는 하나님과 원수 된 죄인의 신분이 하나님의 자녀로 일순간 바뀌게 되었지만(사법적 문제), 예수님과 같은 수준의 하나님 자녀가 되는 것은 '성화의 과정'을 통해 이루어진다(윤리 도덕적 무결성의 문제).

그러므로 구원받은 신자가 여전히 죄에 빠져 있는 나를 발견하고, '나는 구원받은 하나님의 자녀가 아닌 것이 아닐까?' 하고 의심할 필요는 없다. 하나님의 구원은 사법적으로는 즉시 이루어지나, 인격적 성품의 변화는 성화의 과정을 통해 온전해져 가기 때문이다.

이처럼 신자는 의인인가? 죄인인가? 를 묻는 문제에 대해 [사법적인 차원]과 [윤리 도덕적인 차원]에서 이해하고 답할 수 있어야 한다.

[사법적인 차원]에서는 예수님께서 대신 사법적 모든 형벌을 담당하셨으므로, 죄의 형벌과 형량을 다시 물을 수 없다는 차원에서 즉시 '의인'이라고 선언된다.

하지만 [윤리 도덕적인 차원]에서는 죄의 본성이 없는 거룩한 새 몸을 즉시 입지 못하고, 여전히 죄의 본성이 '옛 본성'이라는 이름으로 신자의 몸 안에 남아 있기 때문에, 신자는 때때로 죄의 유혹에 넘어지는 불완전한 상태에 머물러 있다. 여기에 사탄은 신자의 몸 안에 있는 '옛 본성'을 자극해 신자로 하여금 스스로 죄를 짓도록 외부에서 유혹한다.

이러한 신자의 윤리 도덕적 상황은 신자의 죽음 뒤에 거룩한 새 몸으로 부활하기까지 불완전한 상태로 유지된다. 비록 성령 하나님의 내주하심과 새 본성을 부여받았지만, 신자는 원죄와 사탄의 유혹, 죄를 따르던 습성인 옛 본성으로 인해 죄에 노출된다. 따라서 윤리 도덕적인 차원에서 완전히 '성화' 되지 못한 신자는 여전히 '죄인의 모습'으로 나타날 수 있다.

성경이 신자를 [의인]으로 규정하는 것은 사법적인 차원이며, 윤리 도덕적인 차원에서 여전히 죄를 지을 가능성이 존재한다는 것을 명시하고 있을 뿐 아니라, 윤리 도덕적으로도 완전해지기 위해 '너희 안에 시작된 구원을 이루어 가라!(성화)'라고 명령한다.

그런즉 선 줄로 생각하는 자는 넘어질까 조심하라(고전 10:12, 개정)

그러므로 나의 사랑하는 자들아 너희가 나 있을 때뿐 아니라 더욱 지금 나 없을 때에도 항상 복종하여 두렵고 떨림으로 너희 구원을 이루라(빌 2:12, 개정)

이제 갓 태어난 아이가 한순간에 어른이 될 수는 없다. 옛 본성에 길들어진 삶이 일순간 새 본성에 적응하고 성숙하게 되는 것은 오히려 하나님의 섭리가 아니다. 이는 하나님께서도 무리하게 이것을 요구하시지는 않는다는 뜻이다.

누구나 영적 갓난아이 상태로 신앙을 시작한다.

따라서 신자는 구원받았을지라도 거룩한 삶이 한순간에 얻어지는 것이 아니라는 사실을 받아들여야 한다. 이것을 인정하고 불완전한 자신의 모습에 실망하지 말아야 한다. 또한 이러한 이유로 신자의 신앙 수준에 차이가 발생하며, 하늘의 상급 또한 여기에서부터 큰 차이가 나게 된다는 사실을 깊이 이해해야 한다.

하지만 죄의 습관인 옛 본성은 신자가 얼마든지 제어할 수 있다. 물론 자신의 힘과 의지로 된다는 의미는 아니다. 오직 예수님의 보혈의 능력과 성령의 도우심이 이것을 제어할 수 있는 능력과 지혜를 신자에게 공급해 준다.

비록 오랜 죄의 습관인 옛 본성이 우리 안에 남아 있을지라도, 우리는 이것을 다스릴 수 있는 십자가의 능력을 간구하여 힘입을 수 있다. 또한 우리를 인도해 주실 성령 하나님을 선물로 받았으며, 근본적으로 새 본성(마음)을 이미 부여받았다는 사실을 기억해야 한다.

'새 본성의 삶을 위한 첫걸음'은 나의 상태를 정확하게 성경을 통해 이해할 뿐 아니라, 새로운 삶을 뜨겁게 기대하는 [사모(思慕)하는 마음]을 갖는 것에서부터 시작되어야 할 것이다.

내 안에 남아 있는 옛 본성을 보고 두려워하거나 낙심할 것이 아니라, 그럼에도 성령께서 내 안에서 도우시고 계심을 바라보고, 새롭게 부어진 새 본성을 따라 시작된 새로운 삶에 대한 기쁨과 열정으로 '거룩'을 사모함이 옳다.

나는 예수님의 십자가 공로로 구원받았다. 이제 나도 거룩한 삶을 살 수 있게 되었다. 나도 예수님과 같은 하나님의 자녀로 부름 받았다. 지금 당장은 아니지만, 성화의 과정을 통해 예수님과 같은 수준의 거룩한 자녀의 삶을 살 수 있게 될 것이다. 날마다 죄의 종류와 횟수가 줄어드는 성화의 과정은 나에게 큰 즐거움이다. 한순간에 완전할 수 없지만 날마다 성령 하나님을 따라 거룩해져 가는 구원의 길은 나에게 큰 기쁨이다. 사랑하는 아버지 하나님과 교제할 수 있는 기쁨을 날마다 누리고, 성령 하나님과 함께 동역하여 하늘의 상급을 얻어, 장차 천국에서 주님과 함께 영광을 누릴 것이다.

이렇게 뜨겁게 사모하는 마음으로 거룩한 길을 한 걸음씩 걸어가야 한다. 이러한 기쁨을 가슴에 안고 거룩한 성화의 삶을 살아가야 한다.

2) 죄인(전적무능력)임을 인정하기 - 보여 주시는 내 모습 인정하기

구원받은 하나님의 자녀 중에 스스로 죄인임을 인정하지 않고 구원받은 신자는 존재하지 않는다. 신자는 자신의 '죄인 됨'을 고백하여 하나님의 자녀가 되었다. 교회는 우리 모두 원래 죄 중에 출생했음을 믿음으로 고백한다.

그런데 우리가 신앙고백으로 말하는 '죄인 됨'은 두 가지 차원에서 고백되어야 한다.

(1) 우리는 태어날 때부터 원죄(죄악된 본성)를 가지고 태어나서, 성장하면서 자범죄를 지으며 살아가는 죄인입니다.
(2) 우리는 스스로 죄에서 돌이킬 수 없는 전적으로 무능력한 죄인입니다.

모든 신자는 1번의 고백에 동의하며, 이것을 고백하는 것에 주저함이 없다. 그러나 2번의 고백에 대해 잘 모르는 신자들이 있다.

죄에 대한 무능력을 고백하는 것은 신앙생활에 매우 중요하다. 우리는 죄와 싸워 이길 힘이 없다. 우리의 의지는 영원하지 않으며, 죄의 유혹을 완전히 물리칠 수 있을 만큼 강력하지도 않다.

네 머리를 두고도 맹세하지 말아라. 너는 머리카락 하나라도 희게 하거나 검게 할 수 없기 때문이다.(마 5:36, 새번역)

죄에 대한 무능력을 고백하는 신자는 스스로 율법을 지켜 구원받으려는 '율법주의자'가 될 수 없다. 자신의 힘과 의지로 노력해서 하나님 앞에 의롭다고 인정받으려는 율법주의자가 절대로 될 수 없다. 교회 안에서 스스로 자신을 높이고 잘난 체하는 교만과, 하나님과 사람 앞에 쓸모 있는 존재로 인정받아 자신의 존재를 확인하고자 '자기 의(義)'를 추구하는 것은 죄에 대한 무능력을 고백하지 않기 때문에 나온 것이다.

거듭난 신자의 존재 이유와 확신은 오직 [하나님에 사랑의 대상]이 되었음을 확인하는 것이 되어야 한다. 나의 존재 이유(내가 하나님의 자녀로 부름 받은 이유)가 내가 하나님의 일에 도움이 될 쓸모 있는 사람이기 때문에, 재력을 많이 가지고 있어서, 세상에서도 인정받는 사람이기 때문에 등과 같은 것들에서 찾으려 하거나, 이것으로 자기 확신을 얻으려 하면 안 된다는 것이다.

거듭난 신자의 존재 이유는 오직 [**당신은 사랑받기 위해 태어난 사람**]이 되어야 한다.

아버지 하나님께서 나를 사랑하셨다. 나는 그의 사랑의 대상이다. 내 아버지는 100마리의 양 중, 여전히 99마리나 되는 양을 가지셨으면서도 잃어버린 한 마리의 양을 반드시 찾으시는 분이시다. 그래서 예수님을 십자가에 못 박으시면서까지 나를 구원하셨다.

나의 비천함과 무능력, 셀 수 없는 죄에도 불구하고 나 없이는 삶의 이유를 찾을 수 없다고 고백하시는 아버지 하나님이 여전히 나를 사랑하신다. 그 사랑이 나를 예수님과 같은 자녀가 되게 하셔서 영원한 그의 사랑의 대상이 되게 하셨다. 그래서 나는 이 자리에 그의 자녀로 존재한다.

여전히 죄의 유혹에 넘어지고, 교회에 도움이 될 만한 재능도, 재력도 없지만 내가 오늘 당당하게 예배의 자리로 나아갈 수 있는 것은 누가 뭐라고 해도 아버지 하나님께서 나를 사랑하셔서 그의 자녀 삼으셨기 때문이다. 나는 아버지 없이 살아갈 수 없는 자녀이고,

하나님 역시 내가 없으면 기쁨으로 살아가실 수 없는 아버지이시기 때문에 나는 아버지 하나님의 자녀가 분명하다.

내가 눈을 감고 기도하면 그가 응답하시고, 내가 드리는 예배 가운데 임재하시며, 나의 찬양을 기뻐 받아 주시고, 내 안에 성령께서 함께 계심이 분명하니, 나는 하나님의 자녀가 확실하다.

신자의 자녀 됨은 스스로 노력해서 이루어 낸 일의 성과나, 결과로 그의 자녀 됨을 증명해야 하는 것이 아니다. 오직 그가 나에게 오셔서 아버지 노릇 해 주시는 관계를 통해서 증명되어지는 것이다.

또한, 신자의 죄에 대한 무능력의 고백은 자신의 힘과 의지로 죄와 맞붙어 싸우기보다, 하나님의 은혜와 성령 하나님의 도우심을 간구하는 방향으로 나아가게 한다.

타락한 사람의 옛 본성 중에는 왜곡된 자기 방어기재가 포함되어 있다. 나 자신의 나약함과 죄인 됨을 인정하지 못하고 아름답게 포장하려는 습관이 남아 있다. 하나님과 사람 앞에 괜찮은 사람, 쓸모 있는 사람으로 자신을 드러내고자 하는 죄의 욕구가 여전히 작동하고 있는 것이다.

이러한 죄의 본성(옛 본성)은 신자 안에 내주하시는 성령 하나님의 인도하심과 지도하심을 교묘하게 방해한다. 성령께서 어그러진 신자의 내면을 있는 그대로 보여 주어도, 그건 자신이 아니라며, 자신을 잘못 보셨다며 거부한다.

또 왜곡된 자아를 인정한다고 해도, 자신의 노력으로 극복해 보이려는 어리석음을 반복하게 만든다. 전적 무능력을 고백하지 않는 신자는 하나님의 은혜를 온전히 사모하지 못한다. 그 은혜에 감격하지 못하며 온전히 하나님을 의지하지도 못한다.

성경은 이러한 태도에 대해 '경외함'이 없다고 말한다. 죄를 죄로 보게 하는 것, 무능력한 자신을 인정하는 것, 하나님의 가치를 하나님의 값으로 이해하게 되는 것, 이 모두가 경외와 연관되어 있다.

따라서 죄인 됨을 고백하고 거듭난 신자라 하여도 죄에 대한 신자의 전적 무능력 상태를 올바로 이해하고 고백하는 것은 매우 중요하다. 왜냐하면 이 고백이 신자 안에서 하나님에 대한 경외심을 이루어가기 때문이다. 하나님을 경외하는 자만이 그의 인도하심과 지도하심을 통해 하나님의 형상을 회복해 갈 수 있는 은혜를 누리게 되기 때문이다.

하지만 죄에 대한 무능력을 고백하는 것이 죄와 싸울 때, 나의 힘과 의지를 사용하는 것이 무익하다는 의미이지 아무 노력도 하지 말라는 의미는 아니다. 우리의 힘과 의지는 하나님의 도우심을 간구하고 그의 의로운 길을 찾는 일에 사용해야 한다.

3) STOP! 옛 본성에 반응하지 않기 - 옛 본성 십자가에 못 박기

나는 신앙생활을 시작하는 초신자들에게 종종 '신앙'을 [반응(反應)]으로 설명하곤 한다. 거듭난 신자가 여전히 죄를 짓는 것은 옛 본성에 [반응]했기 때문이다. 사탄의 유혹에 [반응]했기 때문이다.

반대로 거듭난 신자가 거룩한 새 삶을 살아가는 것은 내주하시는 성령 하나님께 [반응]했기 때문이다. 새 본성의 새 마음에 [반응]했기 때문이다.

[16] 내가 이르노니 너희는 성령을 따라 행하라 그리하면 육체의 욕심을 이루지 아니하리라
[17] 육체의 소욕은 성령을 거스르고 성령은 육체를 거스르나니 이 둘이 서로 대적함으로 너희가 원하는 것을 하지 못하게 하려 함이니라
[18] 너희가 만일 성령의 인도하시는 바가 되면 율법 아래에 있지 아니하리라
[19] 육체의 일은 분명하니 곧 음행과 더러운 것과 호색과
[20] 우상 숭배와 주술과 원수 맺는 것과 분쟁과 시기와 분냄과 당 짓는 것과 분열함과 이단과
[21] 투기와 술 취함과 방탕함과 또 그와 같은 것들이라 전에 너희에게 경계한 것 같이 경계하노니 이런 일을 하는 자들은 하나님의 나라를 유업으로 받지 못할 것이요
[22] 오직 성령의 열매는 사랑과 희락과 화평과 오래 참음과 자비와 양선과 충성과
[23] 온유와 절제니 이같은 것을 금지할 법이 없느니라
[24] 그리스도 예수의 사람들은 육체와 함께 그 정욕과 탐심을 십자가에 못 박았느니라
[25] 만일 우리가 성령으로 살면 또한 성령으로 행할지니
[26] 헛된 영광을 구하여 서로 노엽게 하거나 서로 투기하지 말지니라(갈 5:16-26, 개정)

갈라디아서 5:25절은 신자에게 **"성령으로 살면 또한 성령으로 행하라"** 라고 말씀하신다.

그런데 어떻게 성령으로 산다는 것인가? 어떻게 성령으로 행한다는 것인가? 말씀은 분명한데 실제로 살아 보려고 하면 막막하기 그지없다. '어떻게(How)'에 대한 구체적인 진술이 없기 때문이다.

이것을 [반응]의 개념으로 풀이하면 이해하기 쉬울 것이다.

[16] 너희는 성령님께만 [반응]해라 그리하면 육체의 욕심(옛 본성)은 뜻을 이룰 수 없을 것이다.
[25] 만일 우리가 육체의 욕심에는 [반응]하지 않고 성령님께만 [반응]하여 그분의 지혜와 능력을 드러내어 살면 성령님의 지혜로 서로 섬기고, 그의 능력으로 돕는 것이니, 그것이 바로 성령으로 살아간다는 뜻이다.

죄와 육체의 본성, 그리고 악한 영의 유혹에 반응했던 죄인이 예수님의 십자가 공로로 '의(義)'에 반응할 수 있게 되었다. 내주하시는 성령 하나님께 반응할 수 있게 되었다. 새 본성에 반응할 수 있게 되었다. 신자는 이제 거룩한 모든 것에 **[반응]**하여 살 수 있게 되었다.

그런데, 거듭난 신자가 모든 의로움에 대해 반응하는 일은 먼저 죄에 대해, 육체의 본성에 대해, 악한 영의 유혹에 대해 반응했던 일에 대해 죽는 것에서부터 시작된다. 즉 죄에 대한 일체의 반응을 STOP! 하는 것이다. 죽은 것처럼 반응하지 않는 것이다. 이것이 바로 죄에 대해 죽는 것이고, 죄를 십자가에 못 박는 것이다.

[24] 그리스도 예수의 사람들은 육체와 함께 그 정욕과 탐심을 십자가에 못 박았느니라(갈 5:24 개정)

십자가에 달린 것마다 모두 죽는다. 십자가는 로마인들이 고안한 끔찍한 죽음의 도구이다. 인간이 느낄 수 있는 가장 고통스러운 죽음을 가져다주는 도구이다.

갈라디아서 5:24절은 옛 본성의 정욕과 탐심을 십자가에 못 박았다고 말한다. 이는 가장 확실한 방법으로 신자 안에 있는 옛 본성을 꼼짝하지 못하게 하였다고 말하는 것이다. 여전히 신자 안에 죄악 된 본성이 남아 있으나, 작동하지 못하여 결과적으로 죽은 것과 같다고 말한다.

거듭난 신자가 이 옛 본성에 반응하지만 않는다면 그것은 죽은 것이다. 작동하지 않는다. 옛 본성 스스로 외부의 도움 없이 다시 신자의 마음을 사로잡을 수 없다. 통치할 수 없다. 실수로 신자 자신이 옛 본성에 반응하여 작동한다고 해도, 신자는 내주하시는 성령 하나님의 도우심으로 다시 옛 본성을 십자가에 못 박을 수 있다. 또한 신자는 이미 예수님의 십자가 대속(代贖)으로 옛 본성의 통치를 거부할 수 있는 합법적인 권한이 있다. 그러므로 신자가 옛 본성에 대한 반응을 멈춘다면, 옛 본성은 반드시 죽은 것처럼 작동하지 않을 것이다.

왜냐하면 이미 옛 본성은 끔찍한 죽음의
도구인 십자가 못 박혔기 때문이다.

신자는 거듭난 새 삶을 위해 먼저 죄를 따르던 옛 본성의 습관을 멈춰야 한다. 어떤 유혹에도 반응하지 않는 새 본성의 습관을 키워야 한다. 반대로 성령 하나님께만 반응하는 새 본성에 대해서는 아무리 작은 요구에도 반응할 줄 알아야 한다. 하나님의 세밀한 음성에도 크게 반응하도록 영적인 체질로 완전히 새롭게 바꿔야 한다.

신자의 노력은 자신의 힘으로 죄와 싸우는 것이 아니라, 오히려 죄에 대해 반응하지 않고, 내주하시는 성령 하나님께만 즉각 반응하는 일이 습관이 되도록 노력하고 거룩한 새 본성을 정결하게 유지하는 일에 힘쓰는 것이다.

4) 죄악에 장악된 마음의 정화를 위한 사전처리 과정 - 토로(吐露)

거듭난 신자의 전쟁터 중 하나는 바로 '마음'이다. 마음을 빼앗기지 않는 것은 매우 중요하다. 옛 본성으로부터 회복된 마음을 거룩하게 지키는 것은 정말정말 중요하다.

[6] 아무 것도 염려하지 말고 다만 모든 일에 기도와 간구로, 너희 구할 것을 감사함으로 하나님께 아뢰라
[7] 그리하면 모든 지각에 뛰어난 하나님의 평강이 그리스도 예수 안에서 너희 마음과 생각을 지키시리라(빌 4:6-7, 개정)

[6] 아무것도 염려하지 말고, 모든 일을 오직 기도와 간구로 하고, 여러분이 바라는 것을 감사하는 마음으로 하나님께 아뢰십시오.
[7] 그리하면 사람의 헤아림을 뛰어 넘는 하나님의 평화가 여러분의 마음과 생각을 그리스도 예수 안에서 지켜 줄 것입니다.(빌 4:6-7, 새번역)

거듭난 신자의 삶은 늘 평안하고 안전한 것만은 아니다. 매 순간 악한 영의 유혹과 공격에 노출될 수밖에 없다. 그러므로 신자는 다시 염려, 근심, 걱정, 불안, 두려움에 사로잡힐 수 있다.

하지만 구원 이후의 염려, 근심, 걱정, 두려움의 상황은 아버지 하나님 없이 고아(孤兒)처럼 자신의 힘만을 의지하고 살 때와 같지 않다. 이것들을 거부하고 물리칠 힘이 없었을 때의 상황과는 같지 않은 것이다.

이제 우리는 이것을 당당하게 거부할 수 있다. 사탄은 죄에 대한 유혹과 공격을 통해 신자 안에 있는 옛 본성을 활성화시키기 원한다. 다르게 표현하자면, 아직 하나님과 동행하며 온전히 의지하는 것이 미숙한 신자에게 죄에 굴복했던 상황을 만들어 위축시키면, 신자는 하나님을 계속해서 의지하지 못하고 믿음이 연약해져 두려움에 반응하게 되는데, 이렇게 되면 내면에 죽은 것처럼 잠들어 있던 옛 본성이 다시 마음을 장악하게 되어 죄에 빠지게 된다는 의미이다.

어린 신자는 아직도 자신의 한계 안에 갇혀 있다. 자신의 힘으로 감당할 수 없는 상황에서, 나의 경험, 지위, 능력, 학력 등으로 감당할 수 없는 상황에서 아버지 하나님을 바라보고 의지하는 것보다는 여전히 새파랗게 겁에 질려 낙심하는 일에서 벗어나지 못하는 것이다.

사탄은 이러한 상황을 기회 삼는다. 즉시 하나님을 의지하는 일에 익숙하지 못한 어린 신자는 여전히 자신의 힘으로 감당할 수 없는 상황을 두려워한다. 너무 쉽게 낙심한다. 절망한다. 낙심으로 인해 하나님께 대한 반응이 끊어진다. 절망으로 옛 본성에 다시 반응하기 시작한다.

하지만 신앙의 성숙을 이룬 신자는 다니엘처럼, 요셉처럼, 다윗처럼 자신이 감당할 수 없는 상황에 대해 다른 인식을 보여 준다. 그들은 이러한 상황을 그저 아버지를 의지해야 할 상황, 아버지께서 오셔서 해결해 주셔야 하는 상황, 잠시 내 일을 멈추고 아버지의 지혜와 능력을 간구해야 하는 상황으로 이해하고 반응하는 신앙의 성숙함을 보여준다.

이처럼 사탄은 아직 하나님을 온전히 의지하지 못하는 어린 신자에게 상황을 더욱 부풀려 당황하게 만들어 하나님께 올바른 반응을 하지 못하게 만든다. 간교한 악한 영은 어린 신자의 귀에 '이건 하나님이 오셔도 해결하지 못할 거야'라고 속삭인다. 이 악한 영의 사악한 음성은 영적으로 미성숙한 신자의 마음속으로 흘러 들어가 '맞아! 이건 하나님께서 오셔도 소용없어'라고 단정 짓게 한다.

그러면 신자는 하나님을 바라보지 못하는 영적 마비(痲痹) 상태가 되고, 눈에 보이는 절망적인 상황에 매몰되어 곧 자멸하게 된다.

감당할 수 없는 상황에 압도되어 겁먹거나, 실망한 신자의 내면은 두려움과 낙심에 질식되어 하나님께 대하여 전혀 반응하지 못한다. 이것은 하나님께 대하여 죽은 것이다. 죄에 대해 죽어야 할 신자가 하나님께 대하여 죽은 것이다. 이러한 상태에서는 하나님께 억지로 간구한다 해도 믿음이 결여되어 응답되지 않는다. 이처럼 죽은 믿음으로 신자가 하나님께 올바로 반응하지 못할 때, 옛 본성은 되살아난다. 미성숙한 신자의 마음을 장악한 두려움은 죽은 것이나 다름없었던 옛 본성을 깨운다. 되살아난 옛 본성은 죄를 따르던 습관이다. 곧바로 영향력을 발휘하여 신자로 하여금 다시 죄에 반응하게 만들어 죄의 열매를 맺게 한다.

친히 나무에 달려 그 몸으로 우리 죄를 담당하셨으니 이는 <u>우리로 죄에 대하여 죽고 의에 대하여 살게 하려 하심이라</u> 그가 채찍에 맞음으로 너희는 나음을 얻었나니(벧전 2:24, 개정)

죄에 대하여 죽어야 할 신자가 마음을 빼앗겨 반대로 행하고 있다. 겁에 질린 신자는 문제를 해결할 능력도 없으면서 다시 고아처럼 스스로 해결책을 찾아 나서며, 온갖 두려움과 염려, 근심의 부정적인 신호에 반응하여 옛 본성이 마음을 통치하도록 내버려둔다. 영적 마비 상태가 된 것이다.

이렇게 마음을 빼앗긴 신자가 다시 마음을 되찾기 위해서 반드시 거쳐야 할 관문이 있는데 그것이 바로 '토로(吐露)'이다.

[토로]란 '마음에 있는 것을 다 드러내어 말하는 것'을 의미한다. 신자는 '토로'와 '회개'로 더러워진 마음을 돌이켜 깨끗하게 할 수 있다. 이것은 하나님의 은혜를 얻기 전에 반드시 거쳐야 할 과정이다.

더러운 구정물을 담은 컵에 생수를 붓는다고 가정해 보자. 이 컵의 물은 어떻게 되겠나? 아무리 깨끗한 생수를 부어도 구정물과 합쳐진 더러움으로 마시지는 못할 것이다.

우리의 영적인 상태도 이와 같다. 마음속에 가득 찬 염려, 근심, 걱정, 불안, 두려움, 원망, 불평 등을 쏟아 내지 않고 은혜를 얻으면, 비록 하나님께 얻은 은혜라 할지라도 죄에 오염된 은혜가 되어 구정물이 되어 버린다.

이러한 상황을 명확하게 보여 주고 있는 것이 바로 출애굽기이다.

그들이 또 모세에게 이르되 애굽에 매장지가 없어서 당신이 우리를 이끌어 내어 이 광야에서 죽게 하느냐 어찌하여 당신이 우리를 애굽에서 이끌어 내어 우리에게 이같이 하느냐(출 14:11, 개정)

백성이 모세에게 원망하여 이르되 우리가 무엇을 마실까 하매(출 15:24, 개정)

모세가 또 이르되 여호와께서 저녁에는 너희에게 고기를 주어 먹이시고 아침에는 떡으로 배불리시리니 이는 여호와께서 자기를 향하여 너희가 원망하는 그 말을 들으셨음이라 우리가 누구냐 너희의 원망은 우리를 향하여 함이 아니요 여호와를 향하여 함이로다(출 16:8, 개정)

애굽에서 탈출한 이스라엘 백성들은 분명 하나님의 놀라운 은혜 아래 있다. 이들은 애굽에서 얻은 금은보화로 치장하여, 노예의 모습을 완전히 벗어 버렸다. 비록 광야에 있지만 하나님의 은혜로 늘 만나를 먹고 오아시스로 인도되어, 굶은 적도 없으며 마실 물이 없어서 쓰러진 사람도 없다.

낮에는 구름 기둥이 더위에서 지켜 주고, 밤에는 불기둥이 이들을 추위에서 지켜 주었다. 완벽한 복지를 누리고 있으면서도 그들의 마음에는 원망과 불평이 가득하다. 왜인가? 그들의 마음이 죄로 오염되어 있기 때문이다.

하나님의 은혜는 이 구정물과 같이 더럽혀진 마음에 한없이 공급되고 있었지만, 오히려 더 오염될 뿐이다. 원망과 불평만 더 커져 갈 뿐이다. 그럼 어떻게 이 더러워진 마음을 깨끗하게 할 수 있을까? 은혜가 은혜로 마음에 남을 수 있도록 마음을 정화시키는 방법은 무엇인가?

그것이 바로 '토로(吐露)'이다.

신자는 예수님의 보혈의 공로로 마음을 씻을 수 있다. 그러나 보혈의 공로를 의지하여 마음을 씻기 전에 토로를 통해 마음에 가득 찬 원망과 불평을 배출하는 사전처리 과정을 거친다.

시편 10편은 다윗 왕의 시로 놀랍게도 사랑과 용서, 자비와 위로가 기록된 것이 아니라, 하나님을 향한 원망과 조급함, 악한 자에 대한 분노와 처벌의 청원이 기록되어 있다. 위대한 신앙인으로 의인이라고 말하는 다윗 왕의 이러한 시는 무척이나 당황스럽기만 하다. 도대체 어떻게 이해해야 하는 걸까?

하지만 걱정할 것이 없다. 이것이 바로 '토로하는 시'이기 때문이다. 다윗 왕은 하나님의 놀라운 자비와 사랑으로 나아가기 위해 먼저 그의 마음을 장악하고 있는 분노와 두려움, 원망과 불평을 이렇게 마음 밖으로 쏟아 버리고 있는 것이다.

[1] 여호와여 어찌하여 멀리 서시며 어찌하여 환난 때에 숨으시나이까
[2] 악한 자가 교만하여 가련한 자를 심히 압박하오니 그들이 자기가 베푼 꾀에 빠지게 하소서
[3] 악인은 그의 마음의 욕심을 자랑하며 탐욕을 부리는 자는 여호와를 배반하여 멸시하나이다
[4] 악인은 그의 교만한 얼굴로 말하기를 여호와께서 이를 감찰하지 아니하신다 하며 그의 모든 사상에 하나님이 없다 하나이다
[5] 그의 길은 언제든지 견고하고 주의 심판은 높아서 그에게 미치지 못하오니 그는 그의 모든 대적들을 멸시하며
[6] 그의 마음에 이르기를 나는 흔들리지 아니하며 대대로 환난을 당하지 아니하리라 하나이다
[7] 그의 입에는 저주와 거짓과 포악이 충만하며 그의 혀 밑에는 잔해와 죄악이 있나이다
[8] 그가 마을 구석진 곳에 앉으며 그 은밀한 곳에서 무죄한 자를 죽이며 그의 눈은 가련한 자를 엿보나이다

[9] 사자가 자기의 굴에 엎드림 같이 그가 은밀한 곳에 엎드려 가련한 자를 잡으려고 기다리며 자기 그물을 끌어당겨 가련한 자를 잡나이다
[10] 그가 구푸려 엎드리니 그의 포악으로 말미암아 가련한 자들이 넘어지나이다
[11] 그가 그의 마음에 이르기를 하나님이 잊으셨고 그의 얼굴을 가리셨으니 영원히 보지 아니하시리라 하나이다
[12] 여호와여 일어나옵소서 하나님이여 손을 드옵소서 가난한 자들을 잊지 마옵소서
[13] 어찌하여 악인이 하나님을 멸시하여 그의 마음에 이르기를 주는 감찰하지 아니하리라 하나이까
[14] 주께서는 보셨나이다 주는 재앙과 원한을 감찰하시고 주의 손으로 갚으려 하시오니 외로운 자가 주를 의지하나이다 주는 벌써부터 고아를 도우시는 이시니이다
[15] 악인의 팔을 꺾으소서 악한 자의 악을 더 이상 찾아낼 수 없을 때까지 찾으소서
[16] 여호와께서는 영원무궁하도록 왕이시니 이방 나라들이 주의 땅에서 멸망하였나이다
[17] 여호와여 주는 겸손한 자의 소원을 들으셨사오니 그들의 마음을 준비하시며 귀를 기울여 들으시고
[18] 고아와 압제 당하는 자를 위하여 심판하사 세상에 속한 자가 다시는 위협하지 못하게 하시리이다(시 10:1-18, 개정)

신자는 은혜를 마음에 담기 위해 마음에 가득 찬 분노와 불평, 원망, 두려움 등을 고백하는 토로를 통해 오염된 감정을 배출할 수 있다. 이것은 마음에 은혜를 받아들이기 위한 사전작업이라는 사실을 꼭 기억해야 한다.

5) 하나님의 임재 가운데 들어가기

마틴 로이드 존스(Martyn Lloyd-Jones)는 20세기 최고의 강해 설교자로서, 그의 설교 중 "하나님의 임재"는 많은 사람에게 깊은 영적 영향을 끼쳤다. 그는 [하나님의 임재]를 '아주 잠깐 이 땅에서 누리는 하늘의 영광이자, 지상에서 누린 천국의 날'이라고 표현하였다. 마틴 로이드 존스 목사는 하나님의 임재를 체험하는 것은 진정한 부흥의 필수 요소로, 그리스도인의 삶에서 가장 중요한 경험 중 하나라고 강조하였다.

그는 우리가 하나님의 임재를 체험하기 위해서는 인내와 훈련이 필요하며, 성경에서 말하는 "구하라, 찾으라, 두드리라(마 7:7)"의 단계를 따라야 한다고 가르친다. 또한, 하나님의 임재를 체험하는 방법은 정형화되지 않았으며, 열린 마음과 순전한 갈망으로 하나님을 찾는 것이 중요하다고 하였다.

하나님의 임재 가운데 들어가는 것은 하나님과 더욱 깊고 친밀한 관계를 맺는 과정으로, 우리의 마음, 영혼, 그리고 삶 전체를 그분께 드리는 특별한 경험이다. 이를 위해 다음과 같이 준비하여 임재를 경험해 볼 수 있다.

(1) 경배와 찬양을 통한 준비

찬양은 우리의 마음을 하나님을 향해 열게 하는 강력한 도구이다. 진실된 마음으로 하나님을 찬양하며, 그분의 위대하심과 사랑을 묵상함으로 마음을 준비한다.

(2) 회개의 기도

하나님 앞에 자범죄(원죄와 달리 스스로 지은 죄)를 고백하며, 용서를 구한다. 깨끗한 마음으로 하나님께 나아간다.

(3) 조용한 묵상

조용한 시간을 가지며 하나님의 임재를 기다린다. 분주한 생각을 내려놓고, 성경 말씀을 읽거나 하나님의 말씀을 깊이 묵상하며 임재를 기다린다.

(4) 진실한 마음으로 기도

기도는 하나님과의 대화이다. 형식에 얽매이지 않고 마음 깊은 곳에서 우러나오는 대화를 통해 하나님과만 깊이 교제한다.

(5) 공동체와 함께

예배나 기도 모임에서 집단적으로 하나님을 경험하는 것도 훌륭한 방법이다. 다른 신앙인들과 함께 하나님을 찬양하고 경배하면 더 큰 하나님의 임재를 체험할 수 있다.

(6) 하나님을 신뢰하며 기다림

때로는 하나님의 임재가 바로 느껴지지 않을 수도 있다. 그러나 그분의 계획과 타이밍을 신뢰하며 기다리는 자세가 필요하다.

하나님의 임재는 우리가 삶의 방향을 찾고, 하나님의 계획 안에서 살아갈 수 있도록 도와준다. 그분과 함께 걸음으로써 자연스럽게 올바른 선택을 하고, 삶이 선한 방향으로 인도받게 된다. 이처럼 하나님의 임재는 단순한 경험을 넘어 우리의 신앙 여정 전체에 영향을 끼치는 중요한 요소이다. 또한 하나님의 임재를 계속해서 느끼고 체험하며 하나님과 더욱 가까워지는 삶을 살아가는 것은 신앙의 큰 기쁨이 된다. 이 기쁨은 신자가 이 땅에서 고난과 역경을 이겨 낼 힘의 원천이다.

6) 새 마음 구하기

하나님이여 내 속에 정한 마음을 창조하시고 내 안에 정직한 영을 새롭게 하소서(시 51:10, 개정)

또 새 영을 너희 속에 두고 새 마음을 너희에게 주되 너희 육신에서 굳은 마음을 제거하고 부드러운 마음을 줄 것이며(겔 36:26, 개정)

성경은 성령께서 신자에게 임하시면 죄를 따르던 옛 본성의 굳은 마음은 제거하시고, 전심으로 하나님께 순종하고 복종할 수 있는 부드러운 마음을 주신다고 기록하고 있다. 이 새 마음은 유교의 가르침처럼 스스로 노력하여 갈고닦아서 얻은 마음이 아니다.

은혜로 허락된 것으로 옛 본성의 마음으로는 도저히 할 수 없는 일을 하게 한다. 그것이 바로 [순종: 順從]이다. 옛 본성을 따르는 죄 된 마음은 하나님께서 하시는 일을 이해할 수 없을 뿐만 아니라, 사사건건 의문을 품고 결국 거부한다.

"왜 저에게만 이런 일을 시키시죠? 이런 방법밖에 없나요? 언제까지 기다려야 하나요?"

창조주이신 하나님 앞에 그의 피조물인 내가 순종하는 것은 당연한 일임에도, 나를 위해 십자가에 달려 돌아가신 예수님을 생각한다면 그 어떤 요구도 받들어야 함이 마땅함에도 우리는 여전히 옛 본성을 따르는 마음으로 반항하고 거부한다.

내가 태어나기 전부터 존재했던 세상을 마치 자신이 창조했거나, 자신의 소유물인 것처럼 자신의 욕망과 기준대로 통치하려는 어리석음을 버리고, 창조주 앞에 피조물의 자리로 돌아가고, 아버지와 아들 관계를 회복하여 그분의 뜻을 이루며 사는 삶은 오직 이 새 마음을 가져야 비로소 가능해진다.

그러므로 거듭난 신자는 늘 새 마음을 간구해야 한다. 머리로는 순종해야 할 상황인 줄 알면서도 엉뚱한 반응이 나와 순종할 수 없을 때, 내 안에 새 마음이 부족하다는 사실을 직시해야 한다.

'내가 새 본성을 따르려는 새 마음이 없구나!' 하고 깨달아야 한다.

오직 은혜로 하나님의 자녀가 되었으니, 예수님처럼 순종할 수 있는 새 마음, 예수님처럼 의심 없이 하나님을 의지할 수 있는 새 마음, 예수님처럼 모든 것을 다해 하나님을 사랑할 수 있는 새 마음을 우리는 마땅히 간구하여 갖추어야 한다.

7) 성령을 따라 새 본성에만 반응하기

내가 이르노니 너희는 성령을 따라 행하라 그리하면 육체의 욕심을 이루지 아니하리라(갈 5:16, 개정)

[새 마음]이 이전에 내 안에 없었던 하나님을 향한 사랑과 순종의 마음이라면, [새 본성]은 하나님의 성품과 본질을 닮은 새로운 존재로서의 근본적인 변화를 의미한다.

예수 그리스도의 보혈의 공로로 새 삶을 얻고, 내주하시는 성령 하나님의 인도하심을 받는 우리는 다시 죄의 종노릇하던 삶으로 돌아갈 수 없다. 순간 일어나는 악한 영의 유혹과 옛 본성에 이끌려 잠시 죄에 빠질 수는 있지만, 근본적으로 옛 본성과 양립할 수 없는 새 본성은 신자의 내면에서 사라지지 않는다. 성령 하나님의 보호하심 아래, 다시 순종할 수 있는 새 마음이 공급되어, 새 본성에 따라 말씀에 순종하는 삶으로 돌아오게 된다.

신자가 죄의 유혹에 빠지지 않고 성령충만한 삶을 유지할 수 있는 비결은 죄에서 멀어지는 것이다. 죄에서 멀어지는 삶은 죄를 짓지 않기 위해 마음속에서 애쓰는 것이 아니라, 옛 본성에 대해 죽은 것처럼 반응하지 않는 것이다. 더 나아가 새 본성과 내주하시는 성령 하나님께 대해서만 반응하는 것으로 성령 하나님과 동행하여 죄를 멀리할 수 있다.

이처럼 죄에 대하여는 죽고, 의에 대해 사는 새로운 삶은 거듭난 신자 안에서 이미 시작되었다. 다만 죄의 충동에 대해 반응하던 것이 오랜 옛 습관이었다면, 이제는 내주하시는 성령 하나님에 대하여 새 본성으로만 반응하는 새로운 습관을 따라 살아가야 하는 것이다.

이러한 거룩한 새 습관은 단번에 얻어지는 것은 아니기 때문에, 늘 성령 하나님을 통해 자신을 돌아보고 거룩한 새 습관이 생겨나도록 말씀에 순종하고 복종하는 훈련을 거듭해야 한다.

다만 이것이 옛 본성을 거스르기 때문에 신앙 초기에 많은 내적 갈등과 고통이 따르기도 한다. 여전히 죄를 따르고자 하는 나, 여전히 죄를 좋아하는 나 자신을 발견하면서 자괴감에 빠지기도 하며, 반복되는 죄의 습관을 끊지 못하는 나약함으로 인해 좌절을 맛보기도 한다.

하지만 이러한 죄에 대한 자괴감이나 좌절 역시 내가 여전히 죄에 대해 신경 쓰며, 반응하고 있다는 증거이다. 죄에 대해 죽는 것은, 죄에 대해 반응하지 않는 것은 이러한 모든 반응을 즉시 멈추는 것이다.

성령 하나님의 도우심을 따라 새 본성을 따르는 것에 익숙해지면 신앙은 한층 깊어지면서 새로운 차원의 은혜를 누리게 된다. 성령충만한 상태를 능숙하게 유지할 수 있게 될 뿐 아니라, 하나님과 보다 깊은 교제가 가능해지며, 성령의 열매가 삶 가운데 맺힌다.

신앙의 성장이 이루어지면서 은사가 발현되고, 다른 성도와의 연합을 통해 공동체적인 사역에 동참하게 된다. 말씀대로 사는 삶에서 큰 기쁨을 누리게 되며, 전도가 익숙해지고 성경을 읽으면 하나님의 뜻을 발견하게 된다.

신자는 이로써 영적 각성을 이루고, 예수 그리스도를 닮은 자녀로 세상에 드러나게 된다.

무엇이 '나'인가? 성경적 자아의식(自我意識)

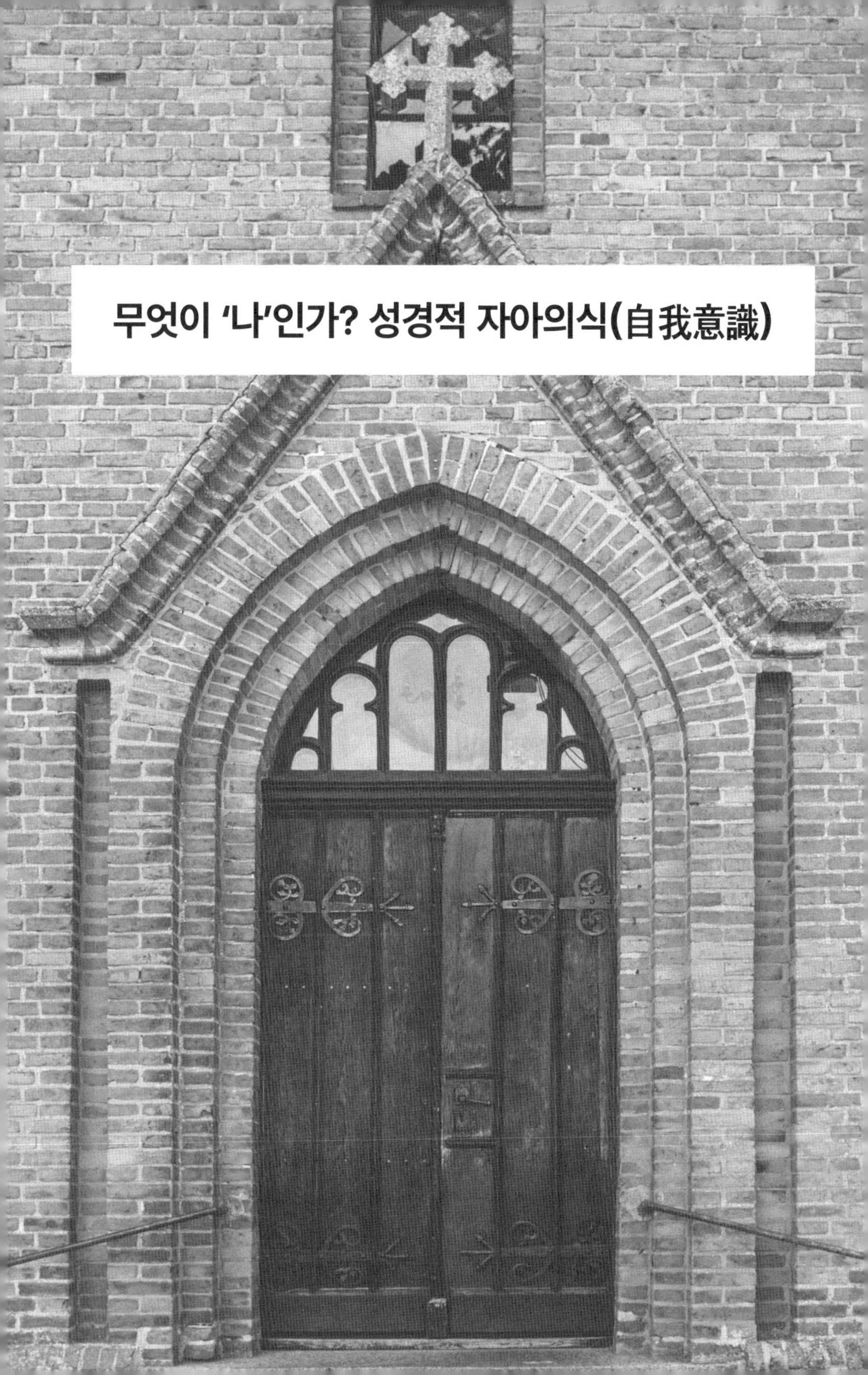

'자아의식', 즉 '나는 누구인가?'의 문제는 보다 구체적으로 내 안에 '나'는 무엇으로 이루어져 있고, '나' 자신을 어떻게 인식해야 하고, 구원 이후 어떻게 새롭게 규정할 수 있나? 하는 문제로 신앙생활을 하는 데 매우 중요한 지식 중 하나이다.

신자가 자아의식의 문제를 올바로 이해하지 못하면, 신앙 자체를 거부하거나 두려워하게 된다.

예를 들어 갈라디아서 5:24절의 말씀에 따라 '옛 본성을 십자가에 못 박으라'라는 성경의 가르침을 신자 개인에게 적용하게 될 때, 성경적인 자아관(자아의식)을 갖지 못한 상태라면 신자는 다음과 같은 오류에 빠지게 된다.

그리스도 예수의 사람들은 육체와 함께 그 정욕과 탐심을 십자가에 못 박았느니라(갈 5:24, 개정)

신자는 이 말씀대로 살게 되면 '나'라는 자아는 내 안에서 죽은 상태이거나, 결박된 어떤 상태가 되어 아무것도 하지 못하게 되므로, '나'라는 자아(自我)는 없어지고 좀비처럼 오직 하나님의 명령에만 반응하는 존재가 되는 것은 아닌가? 하고 오해하게 되는 것이다.

또한 좀비처럼 어떠한 개인적인 즐거움도, 기쁨도 느끼지 못하고, 오직 하나님께만 찬양하고 영광 돌리는 종으로서 기계적인 삶을 살게 되는 것은 아닐까? 하는 막연한 두려움에 사로잡히게 된다.

더불어 육체 안에 있는 탐심과 같은 육체의 정욕과 나와의 관계, 그리고 구원받은 이후 내주하시는 성령 하나님에 의해 생겨난 성령의 소욕을 따르는 삶을 정확하게 이해하지 못하게 된다. 새 피조물의 삶, 새 생명의 삶을 어떻게 살아 내야 하는지 알지 못하게 되는 것이다.

의사가 되어 병든 사람을 치료하기 위해서는 사람의 육체를 세세히 이해하기 위해 해부학을 공부해야 한다. 정신적인 문제를 해결하기 위해서 학자들은 정신분석학이나 심리학을 통해 인간의 정신 내면을 살펴보고 이해하여 치료한다. 이처럼 영적인 일을 이해하기 위해서는 영적인 해부도가 필요하다.

그런데, 흥미롭게도 여러 종교마다 '자아의식'에 대한 규정이 다르다. 이는 삶의 문제에 대한 인식이 다르며, 그것을 해결해 가는 방법이 다르고, 사람에 대한 관찰이 다르기 때문이다. 정말 인간의 내면과 자아가 그렇게 생겼는냐? 를 정신과학적인 방법으로 해부하여, 확인하고 규정했다기보다 자신들이 알고자 하는 문제의식과 나름의 관찰에 따라 '자아'를 종교마다 다르게 규정하고 있는 것이다.

기독교는 성경에 근거해 '자아'를 이해한다. 우리의 믿음은 창조주 하나님께서 사람과 세상을 창조하셨다고 믿는다. 따라서 성경이 제시하는 '자아(自我)'는 우리의 관찰이나 문제의식에 의해 규정되는 다른 종교와는 명백한 차이를 보인다. 기독교가 이해하는 자아의 개념은 창조주 하나님의 설계도이자, 설명서인 성경에 근거하여 인지한다.

먼저 불교를 통해 기독교와 달리 어떻게 '자아의식'이 규정되고, 세계관으로 확장되는지 이해해 보자.

기독교가 인간에 '죄의 문제'에 해답을 제시하고자 한다면, 불교는 인간에 '고통의 문제'에 해답을 제시하려고 한다. 불교는 인생 자체를 '고해(苦海)', 괴로움이 끝이 없는 세상 즉, '고통의 바다'로 규정한다. 그렇다면 인생의 고통은 왜 오는가? 여기에 불교의 '자아의식'이 반영된다.

불교에 따르면 인간은 본래 '무아(無我)'인데, 쓸데없이 스스로 존재한다는 잘못된 인식이 생기면서 나와 남을 구분하는 오류를 범하게 되었다고 말한다. 남과 다른 '나'라는 자아의식은 집착애욕(執着愛慾)을 불러온다. 즉 내 것, 내 집, 내 사람, 내 물건 등과 같은 '내 것'에 대한 집착과 소유욕을 갖게 되는 것이다. 이처럼 그릇된 자아의식에서 비롯된 집착애욕(執着愛慾)으로 인해 인간은 108번뇌(煩惱: 불교에서 인간의 고통과 번뇌를 상징하는 108가지 마음의 어지러움)에 빠지게 되어, 고통 속에 살아가게 되는 것이라고 불교는 말한다.

남의 것을 빼앗아서라도 더 많은 것을 가져 만족하려 하지만, 많이 가진 것만큼 유지·관리해야 하는 일들도 더 많이 생겨 쉴 날이 없게 된다. 결국 많이 가져도, 적게 가져도 인생은 그저 고통스러울 뿐이다.

이처럼 고통뿐인 인생을 불교가 '고해(苦海): 고통의 바다'에서 구원하는 방법은 잘못된 '나'라는 '자아의식'을 고치는 것에서부터 시작된다. 불교는 '자아의식'을 바꾸어 인생이 겪는 고통의 문제를 해결하려고 한다.

그럼 불교가 제시한 '자아의식'은 무엇인가? 그것이 바로 '무아(無我)'이다.

'무아(無我)'란, 석가모니가 관찰하고 규정한 불교의 '자아의식'으로, '나'라는 자아 자체가 없다는 뜻이 아니라, 특별히 '나'라고 규정해야 할 고정된 '자아'나 '실체'가 없다는 뜻이다. 이는 불교 철학의 핵심 개념 중 하나이다. 모든 존재는 끊임없이 변화하며, 인연과 조건에 따라 생겨나고 사라지는 것으로 독립적인 실체가 없는 것으로 결국 영원한 '나'라는 것은 존재하지 않는다는 것을 의미한다.

실제로 사람의 '자아'가 '무아'인가? 하는 것이 과학적이고, 객관적으로 규명되어 정의한 것이 아니라, 문제 해결을 위해 '자아'를 '무아'로 규정하고 있는 것뿐이다. 이것이 종교마다 '자아의식'을 다르게 규정하고 있는 이유이다. 각 종교가 해결하려는 문제에 대응하여 자아를 새롭게 규정하여 인간 내면의 문제를 해결하려 한다.

불교에서 규정된 '자아의식'을 받아들이면, '나'라는 존재 자체에 특별히 집착할 필요가 없어진다. 따라서 내 것, 내 집, 내 물건 등의 집착애욕에서 벗어날 수 있으며, 무소유의 삶을 살 수 있게 된다고 불교는 말한다.

불교 철학에 따르면, 인간은 고정된 실체가 아니라 끊임없이 변화하는 오온(五蘊), 즉 다섯 가지 요소로 구성된 존재일 뿐이다. 이 다섯 가지 요소는 다음과 같다.

◎ 색(色): 물질적 요소, 즉 신체와 물리적 세계.
◎ 수(受): 감각과 느낌, 기쁨, 슬픔, 고통 등.
◎ 상(想): 개념과 인식, 기억과 생각.
◎ 행(行): 의지적 작용, 습관과 성격.
◎ 식(識): 의식과 인지, 자아 인식.

그런데 '무아(無我)'에 대한 규정은 크게 둘로 나눈다.

◎ 인무아(人無我): 인간 자신 속에 고정된 자아가 없다는 것을 뜻한다. 우리의 몸과 마음은 다섯 가지 요소(오온: 색, 수, 상, 행, 식)의 조합일 뿐, 이를 '나'라고 할 수 없다.
◎ 법무아(法無我): 모든 사물과 현상에도 고정된 본질이 없다는 것을 의미한다. 모든 것은 인연에 의해 생겨나고 사라지며, 독립적 실체로 존재하지 않는다.

이처럼 불교의 '무아(無我)'라는 '자아의식'은 인무아(人無我)로서 '나' 자신에 대한 규정을 바꿀 뿐 아니라, 세계관으로 확장되어 세상을 '법무아(法無我)'로 인식하게 한다.

즉, '나'라는 '자아'는 단지 조합일 뿐, 영원한 내가 없듯이, 자연만물(自然萬物)도 인연을 따라 스쳐 지나가는 것이지 독립적 실체가 아니라고 결론 내린다. 이것은 불교의 '공(空)'사상으로 이어지는데 이를 '아공법공(我空法空)'이라 한다.

이처럼 '나'라는 '자아의식'에 대한 규정이 바뀌면 세계관도, 문제 해결 방법도 바뀐다.

왜 하나님을 믿는 우리가 성경이 말하는 올바른 '자아의식'을 가져야 하는지 이해하겠는가? 성경이 제시한 '자아의식'과 '나'라는 규정을 받아들여야 성경이 말하는 구원을 이룰 수 있기 때문이다. 성경이 제시하는 구원을 올바로 적용할 수 있기 때문이다.

불교를 믿는다고 말하면서 '무아(無我)'를 자신의 자아정체성으로 갖지 않으면, 가짜 불교도이듯이 성경적인 자아정체성을 갖지 않은 신자는 가짜이거나, 사실상 기독교 신앙을 포기한 상태, 혹은 불가능한 상태에 놓인 '길 잃은 탕자(蕩子)'인 것이다.

그렇다면 성경이 제시한 '자아의식'은 우리의 '자아'를 어떻게 규정하고 있을까?

기독교에서 자아의식은 하나님과의 관계를 통해 진정한 자아를 발견하는 것을 중심으로 한다. 성경은 인간이 하나님의 형상대로 창조되었으며, 죄의 결박에서 자유를 주신 예수 그리스도를 통해 새로운 피조물이 될 수 있다고 가르친다.

이는 세상의 기준이나 외부적인 요소가 아닌, 하나님 안에서 정체성의 회복을 통해 '자아'를 새롭게 인식하는 것을 의미한다.

예를 들어, 요한복음 3장에서 예수님은 니고데모에게 "사람이 거듭나지 아니하면 하나님의 나라를 볼 수 없다"라고 말씀하신다. 여기서 거듭남은 단순한 변화가 아니라, 자아의 본질이 새롭게 정의되는 사건을 의미한다. 또한 갈라디아서 4:6절에서는 성령을 통해 성부 하나님을 "아빠 아버지"라 부를 수 있을 때, 하나님의 자녀로서의 정체성을 받아들이게 된다고 말한다.

기독교에서 '자아'는 하나님과의 관계 속에서 중요한 역할을 한다. '자아'는 하나님께서 주신 정체성과 목적을 깨닫고, 이를 통해 하나님의 자녀로서의 삶을 살아가는 데 중심이다. 기독교적 관점에서 자아가 하는 주요 역할은 다음과 같다.

◎ 하나님과의 관계 형성

'자아'는 하나님과의 친밀한 관계를 통해 자신의 정체성을 발견한다. 하나님 안에서 자신을 이해하고, 그분의 뜻에 따라 살아가는 것이 '자아'의 중요한 역할이다.

◎ 자기 통제와 성장

성경은 '자아'가 더 이상 죄에 반응하지 않는 자기 통제력을 통해 죄와 유혹을 이겨 내고, 성령의 열매를 맺는 삶을 살도록 가르친다. 이는 '자아'가 성숙하고 건강하게 성장하는 데 필수 요소이다.

◎ 타인과의 관계

'자아'는 타인과의 관계에서도 중요한 역할을 한다. 하나님께서 주신 사랑과 은혜를 바탕으로 타인을 섬기고 사랑하는 것이 기독교적 '자아'의 본질적인 사명 중 하나이다.

◎ 하나님의 영광을 위한 삶

'자아'는 자신의 삶을 통해 하나님의 영광을 드러내는 데 초점을 맞춘다. 이는 자신의 재능과 자원을 활용하여 하나님께 영광을 돌리고, 세상에 선한 영향을 미치는 것을 포함한다.

하지만 이러한 서술만으로는 신앙을 삶으로 살아 낼 수가 없다. 신앙이란 이것을 철저히 실천할 수 있는 구체적인 행동 지침이 나오지 않으면 실제로 살아 낼 수가 없는 것이기 때문이다. 보다 더 깊이 묵상하여 실천할 수 있는 행동 지침이 나올 때까지 하나님 앞에 나아가야 한다.

하나님 안에서 나를 발견하여 정체성을 확인한다는 말은, '나'라는 '자아'는 스스로 존재하지 않았으며, 피조된 존재로 진화의 산물도 아니다.

창조주의 손으로 직접 피조(被造)되어 특별한 인격을 부여받은 존재로서 하나님의 형상으로 지음 받았다. 또한 창조주에 의해 지구의 대리통치자로 세움 받았으며, 하나님만을 경배하는 예배자로서 하나님께서는 나의 아버지가 되신다. 하지만 아담의 범죄로 인간은 죽을 수밖에 없는 존재가 되었으며, 죄가 유전되어 태어나는 모든 사람은 원죄를 갖는다. 그러나 '예수 그리스도의 희생으로 죄에서 자유를 얻은 나는 더 이상 육체의 본성을 따라 살지 않으며, 내주하시는 성령 하나님의 인도하심을 따라 하나님께 영광 돌리는 삶을 산다'라는 내용을 확신하는 것으로 성경은 이를 '거듭남'이라고 말한다.

창조주이신 하나님께서는 아담과 하와의 타락으로 모든 인류가 자녀된 신분을 이미 상실했음에도 불구하고, 여전히 아버지 노릇을 하시며 아직 구원받지 못한 자녀들을 찾으신다.

하나님의 자녀로 회복된 '거듭난 자아'는 더 이상 죄의 권세 아래 있지 않아 죄에 복종하지 않으며, 옛 본성을 따라 육체의 소욕을 이루며 살아가야 하는 존재가 아니다. 이제는 내주하시는 성령 하나님과 연합하여 그의 인도하심과 보호하심 아래, 성령의 소욕을 따라 하나님의 뜻을 이루며 산다.

우리는 죄의 결박에서 벗어나 자유를 얻은 '거듭난 자아의식'을 가지고 새로운 삶을 살아가야 한다. 그저 나는 믿기 전이나 후나 별반 다를 것이 없는 똑같은 존재인데, 다만 예수님을 믿어 죽어서 천국 가는 것이 보장된 것으로 자녀 됨을 이해하는 것은 여전히 죄를 따르던 옛 습관에 이성이 마비되어, 참된 자유를 누리지 못하는 것이다. 이는 하나님의 부르심에도 불구하고 신자의 올바른 자아정체성을 회복하지 못한 결과이다.

교회는 신자의 자아정체성 회복을 위해 기도하며 힘써 가르쳐야 한다. 구원받았으면서도 하나님의 일에 전혀 관심이 없는 '잠들어 있는 신자'를 깨워, 다시 새로운 삶을 사모하며 살아가게 하기 위해서는 그들의 자아의식을 성경적인 개념으로 바꿔주는 일이 매우 중요하다.

이처럼 우리가 성경적인 자아의식을 갖게 하기 위해서는 '자아'에 대한 인류의 타락 전, 타락 후, 그리고 구원 이후 내면의 변화를 보다 구체적으로 이해해야 한다.

다만, 먼저 기독교 용어 하나를 이해하는 것이 '성경적인 자아(自我)'의 개념을 받아들이는 일에 도움이 될 것이다.

이와 같이 너희도 너희 자신을 죄에 대하여는 죽은 자요 그리스도 예수 안에서 하나님께 대하여는 살아 있는 자로 여길지어다(롬 6:11, 개정)

위의 성경 구절처럼 신약성경에는 곳곳에 '그리스도 예수 안에서'라는 표현이 가득하다. 어떻게 '예수 안에' 거하라는 것인가? 그냥 얼핏 들으면 이해하고 있는 것 같지만, 구체적인 이해가 없으면 많은 오해를 불러올 수 있는 표현이다.

헬라어 έν χριστω Ίησου는 한글로 [그리스도 예수 안에서]라고 번역하는 것이 맞다. 하지만 성경에 기록된 '~안에서'라는 단어가 강조하는 본래적인 의미는 [완전한 연합으로 하나 됨]을 의미하는 것이다.

따라서 성경에서 '~안에서'라는 표현을 본다면 '~와 연합하여'라고 의역하여 이해하면 좋을 것이다. 우리가 어떻게 그리스도 예수 안에 거할 수 있는가? 바로 '그와 연합'하므로 가능하다.

그분의 뜻에 나의 뜻을 일치시켜 연합하여 하나가 되고, 그분의 행하시는 방향에 나의 방향을 일치시켜 연합하여 하나가 되는 것이다. 이처럼 '그리스도 예수 안에서'라는 말의 뜻은 '완전한 연합으로 하나 됨'을 의미한다.

더불어 사람의 구성에 대해서는 교리적으로 2분설과 3분설이 있다. 사람을 '영혼과 육'으로 구별하여 이해할 것인가? 아니면 '영과 혼과 육'으로 구별하여 이해할 것인가? 에 대한 2가지 이론이 있는 것이다. 개혁주의(칼빈주의) 전통은 2분설이다. 따라서 이후에 설명도 2분설에 근거하고 있음을 밝힌다.

변화 / 서열	타락 전	타락 후	구원 이후
1	성령 [무소부재하신]	악한 영 [무소부재함이 없는]	성령 [무소부재하신]
2	나의 의지 (자아: 영혼) [성령을 따르며 육체를 통치함]	육체(정욕) [유전된 원죄로 오염된]	나의 의지 (자아: 영혼) [죄를 따르던 옛 본성이 남음]
3	육체(정욕)	나의 의지 (자아: 영혼) [죄와 육체의 정욕을 따름]	육체(정욕) [유전된 원죄로 오염된]

I. 창조된 인간의 자아(타락 전)

여호와 하나님이 땅의 흙으로 사람을 지으시고 생기를 그 코에 불어넣으시니 사람이 생령이 되니라(창 2:7, 개정)

창조 여섯째 날, 하나님의 놀라운 섭리로 창조된 아담은 먼저 흙으로 된 '육체'가 생겼다. 이후 하나님께서 '생기(生氣)'를 그 코에 불어 넣어, 성령+영혼(자아)이 육체에 들어가게 되었는데 곧 '생령(生靈)'이 되었다.

'생기'로 번역된 히브리어 "נִשְׁמַת חַיִּים(니쉬마트 하임)"은 두 단어가 합쳐진 표현이다. 먼저 [니쉬마트]는 '숨', '호흡', '기운', '영혼' 등을 의미하는 '네솨마'의 연결형이다. 그리고 [하임]은 '살다' 또는 '활발하다'라는 뜻의 '하이'의 복수형이다.

따라서 본문을 직역하면 '생명들의 기운'이 된다.[8]

우리말 번역은 'נִשְׁמַת חַיִּים(니쉬마트 하임)'을 '생기(生氣)'로 번역하면서 '단수(單數)'로 번역하였지만, 히브리어 본문은 '복수(複數)'라는 점에 유의하여 해석할 필요가 있다. 그러므로 '생기들'이라고 번역함이 옳다. 하나님께서는 흙으로 만드신 사람의 육체에 복수(複數)의 '생명의 기운'을 불어넣으셨다.

---

8 옥스퍼드원어성경대전 [창세기 1권], 창세기 2:4-7, p.185. 2006년 바이블네트.

따라서 '생기'로 번역된 'נִשְׁמַת חַיִּים(니쉬마트 하임)'은 '아담의 영'과 '성령 하나님'이 완전한 연합을 이룬 채 한 육체에 담겨지게 되었음을 표현한 것이다. 이처럼 본래 죄 없이 창조된 아담의 영혼은 내주하시는 성령 하나님과 완전한 연합을 이루고 있다. 창조된 피조물 가운데 영이신 하나님과 교제할 수 있는 것은 오직 성령 하나님과 연합된 아담(사람)뿐이다.

하나님의 형상으로 지음 받은 '아담'은 피조물 가운데 하나님과 교제할 수 있는 유일한 영적인 존재이자, 유일하게 하나님과 연합하여 그분의 뜻을 받들어 실천할 수 있는 존재였다.

너희는 너희가 하나님의 성전인 것과 하나님의 성령이 너희 안에 계시는 것을 알지 못하느냐(고전 3:16, 개정)

흙으로 빚은 육체 안에 들어온 사람의 영혼은 내주하시는 성령 하나님을 섬기는 영이자, 육체를 관리하고 하나님의 뜻을 실천하여 영광 돌리는 존재로, 창조 때부터 사람의 몸은 그 자체로 성령께서 거하시는 성전(聖殿)으로 디자인되어 있었다.

이것을 좀 더 구체적으로 표현하자면, 사람의 영혼(자아)은 육체와 연합되어 있으면서, 동시에 성령 하나님과 연합된 존재로서 '하나님이 보시기에 완전했다'.

'하나님 보시기에 완전했다'는 것은 흙으로 빚은 사람의 육체가 창조 당시 무죄(거룩)하여, 주인이신 성령 하나님께서 거하시기에 완벽했으며, 사람의 영혼은 성령 하나님을 섬기고 육체를 다스리는 영(관리자)으로 충성스럽게 순종하였다는 것을 의미한다. 이처럼 육체는 하나님의 뜻을 이 땅에서 실천하는 일에 아무런 문제가 없고 항상 건강하게 유지되어 아름다웠다.

육체	+	영혼	+	성령
[육체의 소욕]	(연합)		(연합)	[성령의 소욕]

아담의 영혼이 '육체'와 연합되어 있으면서, 동시에 '성령 하나님'과 연합되어 있으면서도 완전할 수 있는 것은 그 안에 권위의 '서열(序列)'과 '질서(秩序)'가 온전히 확립되어 있기 때문이다.

육체의 소욕은 성령을 거스르고 성령은 육체를 거스르나니 이 둘이 서로 대적함으로 너희가 원하는 것을 하지 못하게 하려 함이니라(갈 5:17, 개정)

갈라디아서가 밝히고 있는 것처럼 육체는 '육체의 소욕'을 가지고 있고, 성령께서도 '성령의 소욕'을 가지고 계시는데, 이 둘은 서로 '하고자 하는 뜻'이 다르다.

서열 \ 변화	타락 전
1	성령 [무소부재하신]
2	나의 의지(자아: 영혼) [성령을 따르며 육체를 통치함]
3	육체(정욕)

서로 다른 '소욕(所慾: 하고자 하는 욕망)'이 인간의 육체 안에 머물고 있으면서 타락 전, 아담이 완전할 수 있는 것은 아담 안에서 성령께서 가장 높은 서열의 권위를 가지고 계시며, 육체는 가장 낮은 서열의 권위를 갖고 있기 때문이다.

아담의 영혼은 의지적으로 서열을 따라 가장 높은 권위이신 성령 하나님의 뜻을 받들며, 또한 자신에게 부여된 정당한 권위를 가지고 질서를 따라 '육체'를 관리한다. '육체'는 사람의 영혼에게 부여된 하나님의 권위로 말미암아 저항하지 않고 순종하였다.

이는 마치 하나님의 대리통치자로서 아담이 하나님의 뜻을 살피고, 그의 뜻에 맞게 권위를 가지고 지구를 질서 있게 관리하고 통치하는 것과 같다.

이렇게 타락하지 않은 아담은 두 가지 서로 다른 소욕과 연합되어 있으면서도 조화를 이루어 그 안에 모순됨이 없이, 충돌 없이 하나님의 섭리 안에서 순종하며 살아갈 수 있었다. 이에 대한 완전한 예시는 예수 그리스도의 겟세마네 동산 기도에서 확인할 수 있다.

[32] 그들이 겟세마네라 하는 곳에 이르매 예수께서 제자들에게 이르시되 내가 기도할 동안에 너희는 여기 앉아 있으라 하시고
[33] 베드로와 야고보와 요한을 데리고 가실새 심히 놀라시며 슬퍼하사
[34] 말씀하시되 내 마음이 심히 고민하여 죽게 되었으니 너희는 여기 머물러 깨어 있으라 하시고
[35] 조금 나아가사 땅에 엎드리어 될 수 있는 대로 이 때가 자기에게서 지나가기를 구하여
[36] 이르시되 아빠 아버지여 아버지께는 모든 것이 가능하오니 이 잔을 내게서 옮기시옵소서 그러나 나의 원대로 마시옵고 아버지의 원대로 하옵소서 하시고
[37] 돌아오사 제자들이 자는 것을 보시고 베드로에게 말씀하시되 시몬아 자느냐 네가 한 시간도 깨어 있을 수 없더냐
[38] 시험에 들지 않게 깨어 있어 기도하라 마음에는 원이로되 육신이 약하

도다 하시고

[39] 다시 나아가 동일한 말씀으로 기도하시고

[40] 다시 오사 보신즉 그들이 자니 이는 그들의 눈이 심히 피곤함이라 그들이 예수께 무엇으로 대답할 줄을 알지 못하더라

[41] 세 번째 오사 그들에게 이르시되 이제는 자고 쉬라 그만 되었다 때가 왔도다 보라 인자가 죄인의 손에 팔리느니라

[42] 일어나라 함께 가자 보라 나를 파는 자가 가까이 왔느니라(막 14:32-42, 개정)

예수님께서는 그 자체로 삼위일체(三位一體) 하나님이시다. 하지만 성육신하셨을 때, 인간의 육체를 갖게 되셨다. 그러므로 예수님께서도 육체와 연합된 존재이시면서, 동시에 성령 하나님과 연합된 존재로 이 땅에 거하신 것이다.

다만, 타락한 인류와는 다르게 성육신하신 예수님께서는 죄가 없으시다. 마치 타락 이전에 죄 없는 아담과 같은 상태이신 것이다. 따라서 우리는 예수님의 모습을 통해 타락 이전, 온전했던 아담의 모습을 어느 정도 추론해 볼 수 있다.

유월절 만찬을 통해 이제 곧 다가올 십자가의 고난과 죽음, 그리고 부활을 말씀하신 예수님께서는 잠들지 못하시고 베드로, 야고보, 요한과 함께 겟세마네 동산으로 향하셨다.

신학자들은 이 시각을 늦은 밤에서 새벽으로 보고 있다. 따라서 유월절 만찬이 늦은 밤까지 계속되었던 것으로 추정해 본다면 예수님께서 겟세마네 동산에서 기도하신 시간은 오후 11시경에서 새벽 4시까지 정도로, 총 5시간의 기도 시간을 가지신 것으로 추정된다.

[32] 그들이 겟세마네라 하는 곳에 이르매 예수께서 제자들에게 이르시되 내가 기도할 동안에 너희는 여기 앉아 있으라 하시고
[33] 베드로와 야고보와 요한을 데리고 가실새 심히 놀라시며 슬퍼하사
[34] 말씀하시되 내 마음이 심히 고민하여 죽게 되었으니 너희는 여기 머물러 깨어 있으라 하시고
[35] 조금 나아가사 땅에 엎드리어 될 수 있는 대로 이 때가 자기에게서 지나가기를 구하여

32~35절에는 예수님의 인간적인 모습이 묘사되어 있다. 이것을 자아의식의 관점에서 살펴보자면, 죽음을 받아들일 수 없었던 육체의 본성이 예수님의 자아를 통해 강력하게 하나님의 뜻에 저항하고 있음을 알 수 있다. 성령 하나님과 연합되어 있으시면서 동시에 육체와 연합되어 계신 예수님께서는 육체가 생존본능으로 강력하게 십자가를 거부하자, 극심한 고민에 시달리시게 되셨다.

34절의 **"내 마음이 심히 고민하여 죽게 되었으니"**라는 표현을 통해 곧바로 하나님의 뜻에 순종하지 못하고, 육체의 저항에 크게 동요하고 계신 예수님을 발견하게 되는 것은 우리가 신앙생활을 함에 있어 매우 주의 깊게 살펴보아야 할 대목이다.

우리는 너무도 당연하게 죄가 없으실 뿐 아니라 스스로 하나님이신 예수님께서는 비록 '성육신(成肉身)' 하셨지만, 어떤 상황에서도 성부 하나님의 뜻에 순종하시는 것은 매우 쉬운 일일 것이라고 생각하는 경향이 있다.

그러나 겟세마네 동산의 기도에서 보여 주신 모습은 우리의 편견을 뒤집는다.

예수님께서는 십자가의 고난과 죽음을 받아들이시기 위해 모두 3차례나 같은 문제로 기도하셨다. 심지어 육체의 생존본능을 온전히 통제하고, 죽음을 받아들여 순종의 길로 나아가기 위해서는 5시간 이상의 기도가 필요하셨다. 또한 성부 하나님의 뜻을 이루시려는 예수님의 기도는 얼마나 간절한 것이었던지 땀방울이 핏방울이 되도록 힘써 기도하셨다.

예수께서 힘쓰고 애써 더욱 간절히 기도하시니 땀이 땅에 떨어지는 핏방울 같이 되더라(눅 22:44, 개정)

물론 이 상황은 육체가 죽어야만 하는 상황, 즉 인간이 느낄 수 있는 가장 극심한 스트레스 상황이기 때문에 일반적인 상황은 아니어서, 즉각적인 순종에 도달하는 것이 쉽지 않은 것이다. 더욱이 죄가 없어 죽어야 할 이유가 없는 상황에서 죽음을 받아들이는 것은 죄인이 자신의 죄로 죽음을 받아들이는 것과는 매우 다른 상황이 된다.

하지만 겟세마네 동산의 기도는 죄가 없는 육체를 가졌어도, 내면의 서열과 질서가 굳건히 확립되어 있어도, 생명을 걸고 육체의 소욕과 성령의 소욕이 부딪칠 때, 육체의 소욕을 다스려 하나님 앞에 순종하는 것이 생각만큼 손쉬운 일이 아니라는 것을 보여 준다.

이를 통해 하나님에 대한 깊은 신뢰와 사랑, 그리고 늘 하나님의 뜻을 따르려는 순종의 좋은 습관을 평소 몸에 익히는 것이 얼마나 중요한 일인지 깨닫게 된다.

바로 이러한 이유로 아담과 하와가 뱀의 유혹에 빠져 하나님을 배신하게 되었다. 육체의 소욕과 연합되어 있으면서, 동시에 성령의 소욕에 연합되어 있는 하와와 아담은 유혹받아 강렬하게 충동질하는 육체의 소욕을 제대로 다스리지 못하였다.

아담과 하와는 분명 그 존재 자체로는 무결하여 온전했지만, 성부, 성자, 성령 하나님께서 서로 완전한 사랑으로 하나이셨던 것처럼, 서로 완전한 사랑으로 연합된 상태는 아니었다. 아담과 하와는 그 완전한 사랑을 배워 가고 있었다. 사랑으로 하나 되어 목숨도 내어줄 수 있는 완성된 사랑의 관계는 태어날 때, 선천적으로 타고 나는 것이 아니기 때문이다.

하나님과의 깊은 교제를 통해 후천적으로 배워야 하는 것이다. 아담과 하와는 바로 이러한 사랑의 관계에 대한 미성숙함을 보인다. 죄를 짓고 서로 남의 탓을 하는 모습에서 아담과 하와가 아직 완전한 사랑을 이루지 못했음이 증명된다.

한편, 뱀은 먼저 하와가 하나님의 말씀에 느슨하게 연합되어 있음을 발견하였다.

[2] 여자가 뱀에게 말하되 동산 나무의 열매를 우리가 먹을 수 있으나
[3] 동산 중앙에 있는 나무의 열매는 하나님의 말씀에 너희는 먹지도 말고 만지지도 말라 너희가 죽을까 하노라 하셨느니라
[4] 뱀이 여자에게 이르되 너희가 결코 죽지 아니하리라
[5] 너희가 그것을 먹는 날에는 너희 눈이 밝아져 하나님과 같이 되어 선악을 알 줄 하나님이 아심이니라
[6] 여자가 그 나무를 본즉 먹음직도 하고 보암직도 하고 지혜롭게 할 만큼 탐스럽기도 한 나무인지라 여자가 그 열매를 따먹고 자기와 함께 있는 남편에게도 주매 그도 먹은지라(창 3:2-6, 개정)

3절에 기록된 **"하나님의 말씀에 너희는 먹지도 말고 만지지도 말라 너**

희가 죽을까 하노라"라는 하와의 답변은 하나님께서 "죽으리라!" 선언하신 것과는 상당한 차이를 보인다. 뱀은 이 느슨한 연합을 공략했다. 하나님의 말씀에 확신이 없는 하와 답변은 하와가 강력하게 성령 하나님과 연합되어 있지 않음을 보여 줬기 때문이다.

뱀은 하와의 육체의 본성을 유혹하여 강력하게 하와의 마음을 사로잡았다.

6절에 **"여자가 그 나무를 본즉 먹음직도 하고 보암직도 하고 지혜롭게 할 만큼 탐스럽기도 한 나무인지라"**라고 기록된 것에서 순간 하와의 마음을 육체의 본성이 장악하게 되었음을 알 수 있다.

이처럼 연합에는 '느슨한 연합'과 '강력한 연합'이 있다. 성령 하나님과의 '강력한 연합'을 우리는 [성령충만]이라 부른다. 반대로 성령 하나님과의 '느슨한 연합'을 [성령소멸]이라고 말한다.

우리가 성령 하나님과 강력한 연합으로 하나 되었을 때(성령충만), 육체의 소욕은 '나'라는 '자아'에게 아무런 영향력을 행사할 수 없는 느슨한 연합의 상태가 된다. 반대로 우리가 성령 하나님과 느슨한 연합의 상태로 약화되었을 때(성령소멸), 육체의 소욕은 우리의 마음을 주관하고 장악하여 원하는 바를 이루기 위해 주도권을 갖고 의지적으로 육체의 소욕을 따라 움직이게 한다.

II. 타락 후, 인간의 자아

타락 후, 인간의 내면에는 극심한 변화가 일어났다. 먼저 거룩하신 성령께서는 죄로 부정해진 인간과 함께하실 수 없어 사람을 떠나셨다.

주인이신 성령께서 떠나신 빈자리는 '악한 영'이 차지해 버렸다. 하지만 악한 영은 성령 하나님처럼 무소부재(無所不在: 존재와 섭리가 미치지 않는 곳이 없음)한 존재가 아니다.

변화 / 서열	타락 후
1	악한 영 [무소부재함이 없는]
2	육체(정욕) [유전된 원죄로 오염된]
3	나의 의지(자아: 영혼) [죄와 육체의 정욕을 따름]

성령께서는 구원받은 모든 신자 안에 거하실 수 있지만, 악한 영은 그러한 권능이 없다. 따라서 인간의 육체에 대해 악한 영이 성령께서 가지고 계셨던 가장 높은 권위를 대신 차지하고는 있지만, 성령 하나님과 같은 무소부재함이 없는 까닭에 모든 사람 안에 거하지 못하고, 특정한 사람(악한 영을 섬기는 사제들)과 특별한 상황(귀신 들림: 빙의)에서만 직접적인 영향력을 행사할 뿐이다.

그러므로 위의 도표를 보고 악한 영이 성령께서 사람 안에 역사하셨던 것과 같은 보편적인 방식으로 모든 사람을 주관하고 있다고 생각하면 안 된다. 악한 영의 능력은 한계가 분명하며 매우 제한적이다. 감히 성령 하나님과 비교할 수 없다.

이러한 악한 영의 제한적인 능력을 이해하지 못한 몇몇 목회자나 신자들은 악한 영의 역사에 대해 강조하면서 신자들에게 필요 이상의 과대한 두려움을 갖게 하거나, 믿지 않는 대부분의 사람 안에 악한 영이 있다고 착각하게 만든다. 이들은 사람들의 나쁜 습관이나 작은 죄에도 모두 악한 영의 역사로 보고 축귀(逐鬼: 귀신을 쫓아냄)부터 시작하는 경향이 있다.

또한 이들은 자신들이 보통 신자이나 목회자보다 더욱 영적으로 민감하며, 우월한 영력(靈力)을 가졌다고 말하나 실상은 악한 영에 미혹된 것이거나, 이를 이용하여 사람들 위에 군림하려는 것이다.

이들은 악한 영에 대한 과장된 두려움을 교회와 신자에 전파하고 신자이나 가족, 지인들의 나쁜 습관이나 작은 죄에 대해 '귀신 들림'으로 규정하고 이를 정죄한다. 그리하여 영적으로 우월하다고 주장하는 자신들의 영향력을 확장시켜 두려워하는 자들에게서 권위를 얻거나, 유익을 얻으려 한다.

구원받은 신자라 해도 '원죄'와 '옛 본성'을 따라 죄 가운데 빠질 수 있다. 물론 악한 영의 미혹에도 빠질 수 있다. 하지만 성령께서 내주하시는 신자 안에 악한 영이 '귀신 들림'으로 들어앉을 수는 없다. 이는 신자 안에 역사하시는 성령 하나님의 보호하심에 대한 이해가 전혀 없는 어리석은 분별이다.

[28] 그러나 내가 하나님의 성령을 힘입어 귀신을 쫓아내는 것이면 하나님의 나라가 이미 너희에게 임하였느니라
[29] 사람이 먼저 강한 자를 결박하지 않고서야 어떻게 그 강한 자의 집에 들

어가 그 세간을 강탈하겠느냐 결박한 후에야 그 집을 강탈하리라(마 12:28-29, 개정)

진심으로 구원받은 신자 안에는 성령께서 계시며, 악한 영은 성령 하나님을 결박하지 않고서는 신자 안에 거할 수 없다. 그러나 그런 힘이 있는 악한 영이 있겠는가? 성령 하나님보다 강력한 악한 영이 존재하는가 말이다.

악한 영은 오직 성령께서 계시지 않는 불신자들에게서 군림할 뿐이다.

또한 악한 영의 역사는 분명한 증후를 보인다. 물론 악한 영의 역사에도 직접적인 역사와 간접적인 역사가 있다. 이러한 것을 구별하는 일에는 영적 분별력이 꼭 필요하다. 하지만 덮어 놓고 분별없이 모든 죄와 나쁜 습관, 특정한 행동에 대하여 전부 악한 영의 '직접적인 역사'로 보는 것은 옳지 않다.

진실로 믿는 신자에 대한 악한 영의 역사는 직접적인 방법은 불가능하며, 아담과 하와를 뱀을 통해 미혹했던 것처럼 오직 간접적인 방법을 통해서 영적으로 미혹하거나 유혹할 뿐이다. 또 다른 방법으로, 세상 권세를 동원하여 악한 영에 속한 사람들로 하여금 자신들을 대신하여 신자를 위협하고 대적하게 하는 간접적이고, 조직적인 방법으로 통치하려 할 뿐이다.

그 때에 너희는 그 가운데서 행하여 이 세상 풍조를 따르고 공중의 권세 잡은 자를 따랐으니 곧 지금 불순종의 아들들 가운데서 역사하는 영이라(엡 2:2, 개정)

따라서 악한 영은 자신들의 태생적 한계로 말미암아 주로 세상을 주관할 수 있는 권세(공중의 권세)를 가지고 세상과 불신자들을 주관하며, 물질(재물을 포함한)과 조직을 통해 사람들을 자신 뜻대로 움직이도록 종용한다.

물론 악한 영도 필요에 따라 타락한 사람 안에 인간의 자아를 제압하고 군림할 수 있지만, 그마저도 제약이 있어 평생 그렇게 제압하여 있지도 못한다. 필요성이 없어지면 뒤도 돌아보지 않고 떠나는 것이다.

한편, 죄로 주도권을 갖게 된 '육체'는 '자아(영혼)'보다 더 높은 권위의 서열을 갖게 되어 자아의 판단과 통제를 거부하고, 오히려 '자아의 의지'를 '육체의 권위'로 동원하여 원하는 것을 이루기 위해 자아를 주도한다.

이처럼 죄로 말미암아 사람은 전인격적인 손상을 입게 되었다. 모든 것이 타락 전과 같지 않다. 육체뿐 아니라, 이성도, 양심도, 의지도, 감정도 죄에 오염되어 그 온전한 기능을 잃어버리고 변질(變質)되어 버렸다.

하지만 이러한 손상에도 불구하고 의지와 이성, 양심과 감정이 어느 정도 작동하여 나름의 분별이 아직 가능하다. 때문에 하나님의 기준에는 한참 미치지 못하나, 죄에 오염된 사람은 나름의 양심에 따라 법과 질서를 세워 살아간다.

죄에 오염된 온전하지 못한 양심에 기반하여 법과 질서가 세워진 까닭에 나라마다, 지역마다 서로 다른 양심의 기준에 따라 저마다의 법이 제정되게 되었다. 결국 전 세계는 절대적인 양심을 기준으로 인류 공통의 법과 질서를 세우지 못하고, 죄에 오염된 상대적인 양심을 기준 삼아 저마다의 기준으로 살아갈 수밖에 없게 되었다.

그러나 죄의 영향은 여기서 그치지 않는다. 사람은 육체의 정욕이 원하는 것을 행하고자 요구하면 그것이 잘못된 요구인 줄 알면서도 따를 수밖에 없는 비참한 처지에 놓이게 되었다. 심지어 거듭난 신자조차 늘 죄의 유혹에 시달리는 신세가 된 것이다.

[21] 그러므로 내가 한 법을 깨달았노니 곧 선을 행하기 원하는 나에게 악이 함께 있는 것이로다
[22] 내 속사람으로는 하나님의 법을 즐거워하되
[23] 내 지체 속에서 한 다른 법이 내 마음의 법과 싸워 내 지체 속에 있는 죄의 법으로 나를 사로잡는 것을 보는도다
[24] 오호라 나는 곤고한 사람이로다 이 사망의 몸에서 누가 나를 건져내랴
[25] 우리 주 예수 그리스도로 말미암아 하나님께 감사하리로다 그런즉 내 자신이 마음으로는 하나님의 법을 육신으로는 죄의 법을 섬기노라(롬 7:21-25, 개정)

사도 바울은 하나님의 지혜로 자신의 내면을 면밀히 들여다보고, 다음과 같은 결론을 내렸다.

죄에서 벗어나 거듭난 나의 자아(영혼)는 죄를 싫어한다. 그러나 내 안에 여전히 나를 사로잡아 죄를 짓도록 종용하는 그 무언가가 분명히 내 안에 있다. 그것이 무엇인가? 유전된 원죄를 품고 끝까지 하나님께 저항하고, 나의 통치를 수시로 거부하는 '원죄의 육체'이다. 나는 지금 이 육체를 입고 있는 한, 이와 같은 갈등과 싸움을 죽을 때까지 해야만 하는 비참한 상태에 놓여 있는 것을 본다. 이 얼마나 비참한 일인가? 나는 이 '원죄의 육체'를 벗어나 더 이상 죄 없는 거룩한 새 몸을 입게 되기를 사모한다. 속히 성화(聖化: 구원이 시작되어 이루어져 가는 과정)에서 영화(榮化: 구원의 완성)에 이르기를 소망한다. 이러한 이유로 더욱 하나님께 감사드린다. 결국 우리에게 거룩한 새 몸을 주시

어 우리의 구원을 완성케 하시는 분도 하나님이시며, 이 모든 것은 우리 주님 예수 그리스도의 희생의 결과이기 때문이다. 나는 주님께서 이미 내 안에 시작하신 구원을 또한 완성해 주실 것을 믿고 기다린다!

여기서 우리는 사도 바울이 깨달은 이 내용이 '자아'와 '육체'를 분리한 자아 개념을 기반으로 하고 있다는 사실을 매우 중요하게 인식해야 한다. 지금 죄를 짓고자 하는 것이 '나'인가? '육체'인가? 사도 바울은 내 '자아(영혼)'가 아니라고 말한다.

오직 죄짓기 원하는 것은 '원죄에 오염된 육체'라고 말한다.

우리가 아무리 '이건 아닌데…', '이러면 안 되는데…'라는 양심의 소리를 듣는다 해도, 뭔가에 홀린 것처럼 저항하지 못하고 죄를 짓는 것은 우리의 '자아'가 '육체의 정욕'을 이기지 못하고 따르기 때문이다. 타락으로 '육체의 정욕'이 '자아의 의지'보다 더 높은 권위를 가지고 '자아'를 주도하기 때문이다. 더 깊게는 '육체의 정욕'보다 더 높은 권위를 가지고, 육체의 정욕을 통해 수시로 자극하고 충동질하는 악한 영의 미혹 때문이다.

너희는 너희 아비 마귀에게서 났으니 너희 아비의 욕심대로 너희도 행하고자 하느니라 그는 처음부터 살인한 자요 진리가 그 속에 없으므로 진리에 서지 못하고 거짓을 말할 때마다 제 것으로 말하나니 이는 그가 거짓말쟁이요 거짓의 아비가 되었음이라(요 8:44, 개정)

자아의 의지와 판단으로 나빠진 건강을 회복하기 위해 다이어트를 하겠다고 선언해 놓고, 먹을 것 앞에서 무너지는 것은 육체의 본성이 더 높은 서열과 권위를 가지고 자아의 의지를 압도하여 주도하기 때문이다.

더 이상 먹으면 안 된다고 선언한 것은 '나(자아)'이다. 더 이상 식탐을 부리면 건강을 잃어버리고 삶이 무너져 버린다고 경고하는 것도 '나(자아)'이다. 그러나 이성 없는 짐승처럼 절제 없이 그저 먹고 만족하려는 것은 '육체'이다. 육체 안에 육체의 만족만을 추구하는 '육체의 소욕(所慾: 하고자 하는 욕망)'이다.

한편, '육체의 소욕'을 생각할 때 많은 사람이 '정욕, 탐심, 방탕, 식욕, 색욕'과 같은 낮은 차원의 욕구만을 생각하는 경향이 있다. 하지만 '육체의 소욕'이 추구하는 것은 이것들보다 훨씬 고상하게 보이는 '명예욕, 승부욕, 성취욕'과 같은 높은 차원의 욕망도 있다는 것을 알아야 한다.

어떤 사람의 '육체의 정욕'은 '식탐'보다 '명예욕'을 더 추구할 수 있다. 그래서 '명예욕'을 만족시키기 위해 손쉽게 '식탐'을 이기고 다이어트에 성공할 수 있다. 또 명예를 위해서는 돈도 포기할 수 있다.

그러나 이 모든 것은 육체의 본성 안에 있다. 어떤 이는 '고상한 육체의 본성'을 따르며, 어떤 이는 '저급한 육체의 본성'을 따를 뿐, '육체의 본성' 아래 있다는 것은 크게 다르지 않다.

또한 '자아'와 '육체의 정욕'과의 연합에도 '강력한 연합'과 '느슨한 연합'이 있다. 따라서 사람에 따라 정욕적인 삶의 상대적인 차이가 나타날 수 있다. 누가 봐도 심각하게 정욕적인 사람이 있는가 하면, 정욕에 거의 영향을 받지 않는 것처럼 보이는 '느슨한 연합'을 통해 나름 양심적인 삶을 살아가는 것처럼 보이는 사람도 존재할 수 있다.

이는 '육체의 정욕'과 '자아'의 연합 강도 차이에서 나타나는 현상이다.

유교는 교육을 통해 '육체의 본성'을 다스릴 수 있다고 보았다. 성현들의 글을 읽으며 마음을 다스리면 성인군자(聖人君子)가 되어 높은 윤리도덕을 실천할 수 있다고 본 것이다.

하지만, 그 어떠한 시도도 비록 하나님의 형상으로 지음 받은 고귀한 사람이지만, 죄로 말미암아 본연의 완전한 상태에서 벗어나 '육체의 본성'을 따를 수밖에 없는 비참한 상태에 놓였다는 사실에서 결코 벗어날 수 없다. 단지 하나님의 법과 기준에 한참 미치지 못하는 인간의 법과 기준에 만족할 뿐이다. 오히려 타락한 인간은 타락한 양심으로 세운 자신들의 법과 기준마저도 온전히 지키지 못하는 나약한 모습을 보여 준다.

1) '육체의 본성(=정욕)'과 '나'

아담과 하와의 타락 이후, 자연인으로 태어난 사람의 자아(영혼)는 육체의 본성(정욕)과만 강력하게 연합되어 있다. 성령 하나님과 연합된 경험이 전혀 없이 태어나는 것이다.

이러한 상태는 많은 오해를 불러일으킨다. 즉 자아와 육체의 본성을 분리하여 이해하지 못하고, 자아와 육체의 본성을 하나로 이해하게 되는 것이다.

'자아(영혼)'는 무언가를 실천하여 이룰 수 있는 '의지'를 비롯한 이성, 양심, 감정 등으로 구성되어 있지만, 모든 일에 동기가 되는 욕구(=소욕: 하고자 하는 욕망)가 없다. 무언가 하고 싶다는 강렬한 욕망은 육체에 있거나(육체의 소욕), 성령 하나님께 있다(성령의 소욕).

'나'라는 '자아'는 육체와 연합하여 '육체의 소욕'을 공유하게 되거나, 성령 하나님과 연합하여 '성령의 소욕'을 공유하게 된다. 더불어 이러한 '소욕'에 대해 내가 '의지'를 사용하여 성취하였을 때 갖게 되는 만족감과 성취감 역시 육체의 만족이나, 성령의 만족하심을 공유하게 되어 기뻐하게 되는 것이다.

이제 타락한 사람 안에는 '육체의 소욕'밖에 없다. 타락한 사람은 육체와 연합하여 무엇을 하고자 하는 동기를 얻으며, 이 '육체의 소욕'이 만족하게 되었을 때 기쁨과 쾌락을 공유하여 누린다.

이것이 바로 죄가 사람에게 끼친 영향력이다.

하나님께 부여받은 권위로 육체를 다스려야 할 사람의 '자아(영혼)'가 오히려 육체가 원하는 대로 끌려다니며 육체의 본성을 만족시키는 존재로 전락한 것이다. 이것이 우리가 경험하고 있는 인생의 비참함이다.

죄로 말미암아 전인격적인 손상을 입었으면서도 '사랑', '화목', '인류애', '희생'과 같은 인생의 고귀한 가치를 실현하고 싶은 인간이 그 이상을 실현하지 못하고 현실에 무너지는 것은 육체의 정욕을 이기지 못함이다.

2) '육체의 본성(=정욕)'과 '자아'와의 개념적 분리

아담의 타락 후, 일반적으로 죄 가운데 태어난 '자연인'은 대부분 '육체의 본성'과 분리된 '자아(영혼)'의 개념이 없다. 성령께서 떠나신 까닭에 이제 사람은 '육체의 소욕'을 이루어 만족을 얻는 방법 외에 다른 방법이 없게 되었기 때문에, '육체=자아: 나'라는 공식을 자연스럽게 받아들여 이것을 '나'라고 여기며 살게 되었기 때문이다.

이는 원죄를 가지고 태어난 '자연인'이 육체와 강력한 연합을 이루고 있어 '자아'와 '육체'를 한 덩어리로 인식하고 있기 때문이다. 심지어 사람에게 '육체'와 구별된 '자아(영혼)'가 있다고 믿는 사람들조차 탐욕, 시기, 질투, 방탕, 정욕, 음란, 식탐 등이 '육체'가 원하는 것인지, '자아(영혼)'가 원하는 것인지 구별하지 못하고, '내가 원하는 것'이라고 생각한다.

<table>
<tr><td colspan="2">'자아(自我)'는 무엇으로 구성되어 있나?
내 안에 '나' 자신을 무엇으로 규정하나?</td></tr>
<tr><th>구원 전(前)</th><th>구원 후(後)</th></tr>
<tr><td>'육체의 정욕'과 '자아'와의 개념적 통합</td><td>'육체의 정욕'과 '자아'와의 개념적 분리</td></tr>
<tr><td>육체의 정욕 = 자아: '나'</td><td>육체의 정욕
≠
자아: '나'(육체의 정욕과 별개인 자아)</td></tr>
</table>

이처럼 '육체의 소욕'이 하고자 하는 것을 '육체가 이것을 원하는구나!'라고 생각하지 못하고, 이것을 '자아(영혼)', 즉 '내가 원하는구나!'로 착각하게 되면, 더욱 적극적으로 '육체의 소욕'을 따라 '육체'가 원하는 것을 이루려 애쓰며 살아가게 된다. 이제 인생은 오직 육체의 소욕에 귀속되어, 다른 삶의 방식을 생각할 수도 없게 되었다.

이러한 이유로 사람은 영(靈)이신 하나님과 전혀 무관한 삶을 살아가게 되었다.

이제 사람은 본래 하나님의 창조 원리를 따라 사람에게 주어진 고귀한 삶을 살 수 없을 뿐만 아니라, '육체의 소욕'을 '자아'로 오인하게 되어, 더욱 정욕적인 삶, 절제되지 않는 삶, 육체의 오감(五感)을 통해서 얻을 수 있는 쾌락과 유익만을 뒤좇는 삶을 살게 되었다.

나아가 그 누구에게도 내가(‘육체의 소욕’을 ‘자아’로 여기는) 하고자 하는 일에 방해받지 않으려는 반항심으로 육체가 원하는 것은 무엇이든 이루고 쾌락을 누리기 위해 더욱 방탕한 길로 나가 하나님과 더욱 멀어지게 되었다.

이러한 관념이 문제가 되는 것은 주로 전도하는 과정에서 발생한다.

교회는 ‘육체의 정욕’을 만족시키는 일을 금(禁)한다. ‘육체의 정욕’이 사람을 주관하게 되면 육체의 일을 도모할 뿐, 하나님의 뜻을 이루려 하지 않기 때문이다.

교회는 구원을 통해 ‘자아(영혼)’가 창조된 본래 권위를 회복하여 내주하시는 성령 하나님께로부터 새 힘을 얻고, 육체를 통치하여 성령의 열매를 맺으며 살아가도록 가르친다.

따라서 ‘육체의 소욕’이 다시 ‘자아’를 주관하여 ‘육체’를 만족시키려는 대부분의 일이 교회 안에 금지되어 술, 담배, 방탕한 성욕, 간음, 음란, 도박 등이 금지되어 있다. 교회가 중독적이거나, 방탕한 육체의 일을 금지하는 것을 율법주의적으로 이해하거나, 금욕주의로 이해해서는 안 된다. 성경은 육체를 통해 얻는 기쁨을 모두 금하는 것이 아니기 때문이다.

오직 절제하여 하나님의 뜻에 따라 육체를 건강하게 지키고 하나님께 순종하고자 함이지, 육체의 모든 것을 정죄하고 금지(禁止)시키려는 것이 아니다.

'식탐(食貪)'을 절제하라고 가르치는 것이지, '식사'를 하지 말라고 가르치는 것이 아니다. '식탐'으로 얻은 과도한 만족에 집착하여 건강이 무너지는 것을 금하는 것이지, '식사'로 적당한 영양소를 섭취하여 얻는 만족을 금하는 것이 아니다.

이를 구별하지 못하고 오해하게 되면 교회 안에 여러 가지 문제들이 생겨난다. 더욱이 이러한 분별없이 육체의 일을 즐기던 불신자가 전도되어 교회에 다니게 되면 이내 시험에 들게 된다. 좋은 마음으로 교회를 다니려고 왔는데, 교회 안에 금지하는 것들이 너무나 많은 것이다. 또 주일예배를 드리자면, 주말에 쉬지도 못하고 가족들과 여가 생활을 온전히 즐길 수도 없다.

너무 많은 제약이 삶을 옥죄는 듯한 느낌을 받아 살짝 그만두고 싶을 때, 교회에서 금하는 것들을 모두 포기한다면 '나는 무슨 재미로 살아야 하나?'라는 섬뜩한 의문이 든다.

아직 성령 하나님과의 연합을 통해서 오는 즐거움을 알지 못한 까닭에, 오직 육체와 연합되어 '육체의 소욕'을 이루며 사는 것을 삶의 유일한 즐거움으로 알고 있는 까닭에, 초신자는 자신이 알고 있는 모든 기쁨을 한꺼번에 잃어버리는 것 같은 두려움에 사로잡힌다.

두려움에 사로잡힌 초신자는 그 모든 즐거움을 포기하고 나면 인생이 너무 고달프기만 할 것 같고, 마치 좀비처럼 아무런 감정도 기쁨도 없이 오직 하나님만을 위해 살아야 하는 꼭두각시 같은 삶을 살게 되는 것은 아닐까? 이것이 기독교 신앙인가? 하고 스스로 시험에 든다.

이러한 두려움은 세상에서 더 많이 성공하고, 더 많은 성취를 이룬 사람일수록 더 크게 느낀다. 정욕적인 삶을 통해 육체가 누리는 즐거움에 익숙하면 익숙할수록 더 큰 두려움에 사로잡히는 것이다.

이런 현상은 눈에 보이는 것으로 만족하는 육체가 눈에 보이지 않는 영적인 기쁨을 이해하지 못해 거부하고, 저항하기 때문에 일어난다. 다시 교회 밖으로 끄집어내려는 악한 영의 미혹(迷惑)에 의해 반복적으로 초신자들에게서 이런 일들이 일어난다.

때문에 초신자가 교회에 온전히 정착하고 믿음의 장성한 분량으로 성장하기 위해서는 '나' 자신이 누구인지, '자아'는 무엇으로 구성되어 있는지를 정확하게 이해해야 한다.

즉, 명확하게 '육체의 소욕'과 '나(영혼)'를 분리하여 이해하는 '자아의식(自我意識)'이 확립되어야 한다.

'나'라는 '자아'는 '육체의 소욕'을 이루어 기쁨을 누릴 수도 있지만, 내주하시는 성령 하나님과 연합하여 '성령의 소욕'을 이루는 것을 통해, 이전에 누리지 못했던 전혀 다른 기쁨을 누릴 수 있다는 사실을 확신할 수 있어야 한다.

이러한 '자아의식'에 대한 명확한 이해가 생기면, '육체의 소욕'을 내려놓는 일에 어느 정도 두려움이 사라지게 된다. 기독교 신앙에 대해 좀 더 여유로운 자세를 갖게 되며, 성령의 소욕을 이루는 삶에 대한 적극적인 호기심과 성령의 내주하심으로 경험하게 되는 '평안(샬롬)'을 통해 자연스럽게 성령 하나님을 따르는 새로운 삶을 받아들이게 된다.

III. 성령 하나님과 연합된 새로운 삶

예수 그리스도의 십자가 사건은 인류에게 큰 변화를 가져왔다. 예수님의 보혈(寶血)로 죄를 씻어 내고, 아버지 하나님과의 관계를 회복하여 그의 자녀가 된 것이다.

변화 / 서열	구원 이후
1	성령 [무소부재하신]
2	나의 의지(자아: 영혼) [죄를 따르던 옛 본성이 남음]
3	육체(정욕) [유전된 원죄로 오염된]

이 은혜를 입은 신자들은 '성령(聖靈)'을 선물로 받게 되는데, 곧 신자의 몸 안에 성령께서 내주하시며 삶을 충만케 하시고 올바른 방향으로 이끄시는 은혜 속에 살게 된다.

베드로가 이르되 너희가 회개하여 각각 예수 그리스도의 이름으로 세례를 받고 죄 사함을 받으라 그리하면 성령의 선물을 받으리니(행 2:38, 개정)

죄로 말미암아 사람에게서 분리되어 떠나셨던 성령께서 예수님을 나의 구세주로 고백하는 모든 하나님의 자녀에게로 돌아오셨다. 다시 사람이 성령 하나님과 연합된 삶을 살 수 있게 된 것이다.

이로 말미암아 신자의 내면에는 큰 변화가 생긴다. 물론 성령께서 내주하신다고 해도 거룩한 새 몸을 다시 입기 전까지는(영화榮化: 구원의 완성) 육체 안에 남아 있는 원죄(原罪)의 영향을 받지 않을 수 없지만, '자아'의 권위가 회복되어 '육체'를 다시 통치할 수 있게 되었다.

신자의 내면에서 타락 이전처럼 성령께서 1순위가 되시고, 자아(영혼)가 2순위로 회복되어, 육체는 가장 낮은 3순위로 내려가게 되었다. 이제 '자아'는 '육체의 소욕'이 요구하는 것에 대해 하나님의 뜻에 맞는지, 스스로 판단하여 들어줄 수도 있으며, 거부할 수도 있다. 오히려 육체가 거부하는 일이 있다고 해도 하나님의 뜻에 맞다면, '의지(意志)'를 가지고 무력화시켜 순종케 할 수도 있다. 이렇게 거듭난 '자아'는 '육체'를 통치하고 관리하여, 하나님의 뜻을 이 땅에 실현하는 의(義)로운 도구로 사용할 수 있게 되었다.

하지만 여전히 '육체' 안에는 유전된 '원죄(原罪)'가 존재한다. 아담의 타락 이후, 그의 모든 후손에게 죄가 유전(遺傳)되고 있는 것이다. 지금 우리가 입고 있는 이 육체는 구원받은 이후에도 유전된 '죄'와 '육체'를 분리할 수 없다.

이것이 의미하는 바는 구원 이후에도 '원죄'로 인해 우리의 육체는 끊임없이 죄를 원하여, 하나님의 뜻을 거부하고 그의 통치를 저항하는 일을 계속 시도한다는 것을 의미한다.

이는 또한 우리의 '자아(영혼)'가 구원 이후에 육체의 통치자로서 다시 세움을 받고 능히 다스릴 권위를 가지고 있지만 잠시라도 방심하면 언제든지 치고 올라와 '자아'를 속여 사로잡고 죄를 짓게 만든다는 의미이기도 하다. 이러한 이유로 구원받은 성도는 성령께서 부여하신 권위를 적극적으로 활용하여 육체를 다스리는 일에 게을리해서는 안 된다.

1) 육체의 '기만(欺瞞: 속임)'

죄에 오염된 타락한 '육체'는 눈에 보이지 않게 역사하시는(육체가 이해하지 못하는 방식으로 일하시는) 영(靈)이신 하나님의 일에 늘 의문을 제기한다.

왜냐하면 '육체'는 영적인 일을 이해할 수 있는 지혜나 지식이 전혀 없기 때문이다. 영적인 존재와 소통하며 영적인 일들을 이해하는 것은 오직 '자아(영혼)'의 기능인데, 죄에 타락한 '육체'와 '자아'의 강력한 연합은 '자아'로 하여금 오직 '육체'의 요구를 적극 이루게 할 뿐이다. 이는 타락 이후, '육체'의 서열이 '자아'보다 높아졌기 때문이다.

'육체'는 영적인 일을 이해할 수 없기 때문에, '자아(영혼)'의 판단과 분별을 받아야만 하는 입장이지만, 자아보다 더 높은 서열과 권위로 덮어놓고 부정하거나 거부한다.

즉 일방적으로 염려, 근심, 걱정, 불안, 두려움의 부정적인 신호를 '자아'의 마음에 흘려보내 이 부정적인 신호에만 반응하도록 하여 '자아'를 장악하는 것이다. 이렇게 염려, 근심, 걱정, 불안, 두려움의 신호에 반응하여 마음이 마비되면, '자아'는 그 영적인 기능을 상실하고 오직 육체의 신호에 동화되어 영적인 기능 자체가 없는 사람처럼 행동하게 된다.

영혼을 가진 사람이 유물론(사람의 영혼을 부정, 모든 것은 물질에 불과함)을 주장하거나, 불가지론자(신과 같은 영적인 존재나 영적인 세계, 사후세계를 인간이 알 수 없음)가 될 수 있는 이유가 바로 여기에 있다.

애석하게도 이러한 일은 불신자뿐 아니라, 믿는 신자들에게서도 발견된다. 구원 이후에도 영적인 일에 육체가 분별없이 보내는 부정적인 신호에 구원받기 전처럼 '반응'하기 때문이다.

이처럼 구원 이후에도 '원죄(하나님을 거부하고 부정하려는 경향)'는 '육체'에 남아 있어, 상당한 영향력을 발휘한다. 수시로 '자아'를 기만하고 마음을 장악하여 육체의 소욕에 따르도록 주관하려 하기 때문이다.

거룩한 주일, 믿지 않은 사람들처럼 쉬지도 못하고 예배에 참석하기 위해 잠자리에서 겨우 눈을 뜬 신자에게 '육체'는 부정적인 신호(근육통, 두통, 복통, 피로감, 긴장, 졸음 등)를 보내 거부하도록 '자아'를 뒤흔든다.

이렇게 피곤한 상태로는 봉사는커녕 예배조차 어렵다는 강력한 신호를 보내, 육체의 소욕을 이루는 방법으로 편한 집에서 달콤한 휴식을 취하라고 기만한다. 오늘 쉬지 못하면 월요일부터 시작되는 빡빡한 직장 생활을 감당할 수 없을 것이라는 부정적인 염려로 아예 이불 밖으로 나오지 못하도록 종용한다.

순간 신자는 이것을 '육체의 기만'으로 분별해 내지 못하고, 육체의 부정적인 신호를 받아들여 동의하고 만다.

'그래 맞아. 너무 피곤해…….'

이렇게 동의한 순간 '자아'의 영적인 기능은 마비되고 신자는 하나님과의 영적인 교재와 예배가 주는 영적인 유익들을 기억하지 못하게 된다. 숱한 인생의 어려움과 감당할 수 없는 일들을 어떻게 이겨 내었던가? 오직 하나님의 은혜였다. 모두가 등을 돌리고 도움을 청할 길이 없을 때, 누가 내 편이 되어 주셨던가? 오직 아버지 하나님뿐이셨다. 늘 예배 가운데 임하신 하나님의 임재로 일주일을 버틸 새 힘을 얻어, 지금 여기까지 성장하지 않았던가? 그런데 순간 육체의 기만으로 신자는 은혜를 기억하지 못하고 이불 밖으로 나오지 못한다.

거듭난 성도는 '육체의 신호'에 대해 정확한 판단과 분별이 있어야 한다. 정말 육체적인 무리가 있었는지, 아니면 '육체'가 하나님의 일을 거부하고 저항하기 위해 거짓된 신호를 보내 혼선을 주는 기만인지, 정확하게 분별하고 대처해야 하는 것이다.

또한 이렇게 부정적으로 거부하는 것이 '구원받은 거듭난 자아'가 아니라 '원죄를 품고 있는 육체'라는 분명한 '자아의식'이 있어야 한다. '구원받은 거듭난 자아'가 아니라, '육체'가 원죄를 따라 거부하는 것이다. 구원받은 신자 안에서 죄를 짓고 싶어 하는 것은 예수님의 보혈로 거듭난 자아가 아니라, 원죄를 품고 있는 '육체'이다.

때문에 이러한 일에 대한 회개는 내가 하나님의 일을 직접 거부한 것에 대한 회개가 아니라, 하나님의 일을 거부하는 '육체'에 동의해 허용한 것에 대한 회개가 먼저 이루어져야 한다.

'육체'를 제대로 관리하지 못하고, 오히려 동의해 버린 육체의 통치자로서의 직무 유기를 회개하는 것이다. 물론 '원죄의 육체'도 나의 일부이다. '원죄의 육체'가 죄를 짓게 한다고 모든 원인을 '육체'의 문제로 변명하고 뻔뻔하게 살라는 것이 아니다. 오히려 더 큰 책임감을 가지고 '육체'를 통치해야 한다는 것이다.

직장에서 집으로 돌아와 피곤을 느끼는 것은 나(자아=영혼)인가? 육체인가?

☞ 피곤은 육체가 피곤한 것이다. 영혼은 육체의 피로에 영향을 받지 않는다.

식탐에 빠진 것이 나인가? 육체인가?

☞ 먹을 것으로 만족하는 기능은 육체에 있지, 자아(영혼)에 있지 않다. 자아는 육체와 연합되어 동기화되었기 때문에 육체가 누리는 만족을 자아가 공유하여 만족감을 느끼는 것뿐이다.

선악을 알게 하는 나무의 열매를 먹고 싶은 것이 나인가? 육체인가?

☞ 선악과가 보암직하고 먹음직하게 인식되어 먹고자 했던 것은 하와의 육체이다. 하와의 이성이 하나님의 명령을 올바로 기억하지 못하고 뱀의 유혹으로 마비되었을 때, 육체를 통제할 수 없는 상황이 되어 버렸기 때문이다.

'육체'는 '자아'와 연합된 관계를 이용하여 기만한다. 즉 '육체'가 원하는 것을 '자아'가 원하는 것이라고 속이는 것이다. 피곤한 것이 '자아'라고 속인다. 끊임없이 먹고 싶은 것이 '자아'라고 속인다.

[22] 여러분은 지난날의 생활 방식에 따라 사는 옛사람을 떨쳐 내 버려야 합니다. 옛사람은 속이는 욕망을 따라 썩어 가고 있습니다.
[23] 오히려 여러분의 생각에 성령님이 작용하여 여러분이 완전히 새로워져야 합니다.
[24] 또한 새사람, 곧 하나님을 따라 진리의 의로움과 거룩함으로 창조된 사람을 옷으로 입어야 합니다.(에베소서 4:22-24, 새한글)

이렇게 속이면 '육체'를 통제할 주체인 '관리자(자아)'가 스스로 무너져 버리기 때문이다.

식탐을 막아 '육체'를 건강하게 지켜야 하는 관리자인 '자아'가 스스로 먹고 싶은 것이라고 착각하게 되면, '육체'에 대한 관리를 포기할 뿐 아니라, 오히려 적극적으로 먹을 것을 찾아 '육체'를 만족시켜 줄 것이기 때문이다. 구원받기 전처럼 '육체'에 대해 '자아'가 스스로 종노릇할 것이기 때문이다.

구원받은 신자의 '자아'는 권위와 서열이 올바로 회복되어 '육체'보다 높은 서열로 복귀되었다. 하지만 반대로 '육체'는 '자아'보다 서열이 낮아졌기 때문에 당당하게 대들지 못하고 이렇게 거짓된 신호를 보내 속이는 '기만(欺瞞: 남을 속여 넘김)'으로 '자아'의 통치를 거부한다.

본래 권위 아래 있는 존재가 자신보다 높은 권위를 무너뜨릴 때 사용하는 고전적인 방법이 바로 남을 속이는 '기만(欺瞞)'이다.

과거 에덴동산에서 뱀이 자신보다 높은 권위와 서열을 가진 하와를 무너뜨릴 때에도 이와 같은 '기만'을 사용하였다.

[1] 그런데 뱀은 여호와 하나님이 지으신 들짐승 중에 가장 간교하니라 뱀이 여자에게 물어 이르되 하나님이 참으로 너희에게 동산 모든 나무의 열매를 먹지 말라 하시더냐
[2] 여자가 뱀에게 말하되 동산 나무의 열매를 우리가 먹을 수 있으나
[3] 동산 중앙에 있는 나무의 열매는 하나님의 말씀에 너희는 먹지도 말고 만지지도 말라 너희가 죽을까 하노라 하셨느니라
[4] 뱀이 여자에게 이르되 너희가 결코 죽지 아니하리라

[5] 너희가 그것을 먹는 날에는 너희 눈이 밝아져 하나님과 같이 되어 선악을 알 줄 하나님이 아심이니라(창 3:1-5, 개정)

이처럼 신자는 뱀으로 상징되는 '악한 영'과 원죄의 유전으로 죄에 오염된 '육체'가 끊임없이 '자아'를 속일 수 있다는 사실을 반드시 기억하고 주의해야 한다. 신자는 회복된 권위로 이러한 '육체'와 '악한 영'의 기만을 무력화시키고, 통치할 뿐 아니라 대적할 줄도 알아야 한다.

2) '육체'를 올바로 관리하면 풍성한 열매를 얻는다

'육체'를 '자아'와 분리하여 이해하고, '육체'가 '자아'를 수시로 기만하여 다시 종노릇하게 하려 한다는 사실을 앎으로 얻는 유익 중 하나는 바로 육체를 올바로 감독할 수 있게 되어, 이전에 얻을 수 없었던 풍성한 열매를 얻을 수 있게 된다는 점이다.

성경은 아담과 하와의 타락으로 말미암아 인생의 고난이 시작되었다고 말한다. 모든 것을 하나님께로부터 공급받아 아무런 근심 없이 이상적인 삶을 살았던 사람은 먹을 것을 위해 노동하지 않았다.

그러나 죄로 공급자이신 아버지 하나님을 잃어버린 사람은 스스로 인생의 공급자가 되어 먹을 것을 위해 땀 흘려 일해야 하는 존재로 전락하고 말았다. 인생의 노동이 하나님의 이상적인 세계를 지구에 실현하는 것이 아니라, 생존을 위한 노동으로 바뀌어 버린 것이다.

게다가 흙은 타락한 아담의 통치를 거부하였다. 밭을 갈아도 심지도 않은 가시덤불과 엉겅퀴를 내어 아담의 노동을 헛되게 하였다. 아담의 타락 전과 후는 그 소출에서부터 엄청난 차이를 보이는 것이다. 타락 전보다 더 많은 노동을 하여도 더 적게 얻는 비참한 상황에 처해 혹독한 노동에 시달리게 된 것이다.

[17] 아담에게 이르시되 네가 네 아내의 말을 듣고 내가 네게 먹지 말라 한 나무의 열매를 먹었은즉 땅은 너로 말미암아 저주를 받고 너는 네 평생에 수고하여야 그 소산을 먹으리라
[18] 땅이 네게 가시덤불과 엉겅퀴를 낼 것이라 네가 먹을 것은 밭의 채소인즉
[19] 네가 흙으로 돌아갈 때까지 얼굴에 땀을 흘려야 먹을 것을 먹으리니 네가 그것에서 취함을 입었음이라 너는 흙이니 흙으로 돌아갈 것이니라 하시니라(창 3:17-19, 개정)

우리는 중·고등학교 윤리 시간을 통해 '자아실현'이라는 것을 배워 알고 있다.

'자아실현(自我實現, Self-actualization)'은 자신의 잠재력을 최대한 발휘하여 진정한 자기 자신으로 살아가는 과정이나 상태를 의미한다. 심리학자 아브라함 매슬로(Abraham Maslow)는 이를 그의 유명한 욕구 단계 이론에서 최고 단계로 제시하며, 인간이 궁극적으로 도달하고자 하는 목표라고 설명한다.

하지만 이것이 가능한가? 이것은 현실적으로 극소수의 금수저로 태어난 사람들이나 가능한 이론에 불과하다. 누구나 '자아실현'을 하고자 하는 욕구가 있을지라도 현실적으로 먹고사는 경제의 문제가 해결되지 못하면 '자아실현'은 감히 생각할 수도 없다.

누군가 노동의 대가(代價)를 대신 치러 주지 않고서는 개인이 자신의 힘만으로 자아를 실현할 수 없게 된 것이다. 역사학자들은 제 아무리 아리스토텔레스나, 플라톤이라 해도 노예로 태어났다면 지금과 같은 위대한 업적을 이루지 못했을 것이라고 말한다. 이는 인생의 비참한 삶의 현실을 그대로 보여 주는 것이다.

수많은 청소년이 성인이 되어가는 과정에서 이러한 혼란을 겪는다. 하고 싶은 일, 하고 싶은 직업이 있지만, 현실적으로 성적이 안 되거나 가정 형편으로 인해 자신의 길을 포기한다. 직업 선택의 가장 큰 이유는 이제 자신의 재능과 관심, 취향과 이상 실현이 아니라, 먹고살 수 있는 직업인가? 하는 생존을 위한 선택이 되어 버리고 말았다.

그런데 예수 그리스도께서 십자가에 오르셨다. 고귀한 희생으로 구원이 인류에게 임한 것이다. 이 사건은 타락한 인간의 전인격에 영향을 끼칠 뿐 아니라, 역사의 모든 영역을 예수님께서 이 땅에 오시기 전과 후로 나누어 생각해야 할 만큼 큰 영향을 끼친 사건이 되었다.

그 결과 갑자기 하나님의 뜻을 이 땅에 실현하는 특이한 사람들이 역사 속에 대거 등장하게 되었다. 금수저로 태어난 것도 아닌데, 하나님의 이상을 이 땅에 실현하면서 살아가는 사람들이 생겨난 것이다. 평생 무엇을 먹을까? 무엇을 마실까? 무엇을 입을까? 걱정하지 않으며 사는 사람들이 나타났다.

이것이 어떻게 가능한가?

예수 그리스도의 구원을 통해 하나님께서 구원받은 자녀들의 공급자가 되어 주셨기 때문이다. 이러한 회복을 극단적으로 보여 주는 예가 바로 '광야(廣野)'이다. 출애굽한 200만의 이스라엘은 광야에서 아무런 노동 없이 오직 자녀들의 공급자 되시는 하나님의 아버지 되심으로 말미암아

40년 동안 평안을 누리며 살았다.

이러한 노동의 회복은 성경 곳곳에서 발견된다.

[12] 이삭이 그 땅에서 농사하여 그 해에 백 배나 얻었고 여호와께서 복을 주시므로
[13] 그 사람이 창대하고 왕성하여 마침내 거부가 되어(창 26:12-13, 개정)

이삭의 본래 직업은 목동이다. 그는 집안의 가풍을 따라 농사를 전혀 알지 못하는 유목민인 것이다. 그런데도 블레셋 거민 가운데 들어가 처음 지은 농사로 100배의 소출을 올렸다. 100배의 소출은 이것이 그의 노동의 결과가 아니라는 것을 의미한다. 왜냐하면 인간의 노력으로는 초보 농사꾼이 전문 농사꾼과 겨루어 100배의 소득 차이를 만들어 낼 수 없기 때문이다.

성경은 명확하게 하나님께서 이삭에게 복을 주셨기 때문이라고 말한다. 여기서 말하는 '복(福)'은 [하나님의 아버지 되심]이다. 하나님께서 이삭의 아버지가 되시어 부족함이 없게 양육하셨다. 이러한 하나님의 아버지 되심에 대하여 이삭은 순종으로 응답했다.

그런데 이 과정에서 이삭의 순종은 그의 노동의 질을 완전히 바꾸어 놓았다.

그의 노동은 하나님을 아버지로 믿고 따르는 과정에서 일반적인 노동과는 질적으로 전혀 다른 차원의 것으로 바뀐 것이다. 즉 이삭은 생존을 위해 노동을 한 것이 아니었다. 이삭의 생존은 아버지께서 책임져 주신다.

이삭의 노동은 오직 하나님의 뜻을 실현하기 위함이었다. 이삭의 100배의 소출은 아버지 하나님의 명령을 따라 가나안 땅에 2번째 기근이 들었을 때, 애굽으로 내려가지 않고 약속의 땅, 가나안에 말씀을 따라 머문 순종의 결과이다.

성경은 기근과 100배의 소출을 연관 지으며, 이는 이삭의 노동의 결과가 아니라 아버지 하나님께서 자신의 생존을 책임져 주실 것을 믿은 이삭의 순종을 기뻐하신 결과라고 말한다. 이렇게 순종한 이삭을 기뻐하신 하나님께서는 이삭의 순종이 자신을 기쁘게 하였다는 것을 100배의 소출을 얻게 하여 이삭에게 알게 하셨다고 말한다.

성경은 이러한 순종의 결과를 끊임없이 기록하고 있다.

[17] 하나님이 이 네 소년에게 학문을 주시고 모든 서적을 깨닫게 하시고 지혜를 주셨으니 다니엘은 또 모든 환상과 꿈을 깨달아 알더라
[18] 왕이 말한 대로 그들을 불러들일 기한이 찼으므로 환관장이 그들을 느부갓네살 앞으로 데리고 가니
[19] 왕이 그들과 말하여 보매 무리 중에 다니엘과 하나냐와 미사엘과 아사랴와 같은 자가 없으므로 그들을 왕 앞에 서게 하고
[20] 왕이 그들에게 모든 일을 묻는 중에 그 지혜와 총명이 온 나라 박수와 술객보다 십 배나 나은 줄을 아니라(단 1:17-20, 개정)

다니엘과 세 친구의 공부 실력은 어딘가 이상하다. 정복하여 확장된 바벨론제국 각지에서 사로잡혀 온 인재들이 똑같은 환경에서 똑같은 시간을 공부하였는데 결과는 10배나 차이가 났다. 이 10배의 차이는 사람의 재능의 차이를 훨씬 뛰어넘는 결과를 의미한다.

더욱이 이 10배의 차이는 함께 포로로 끌려와 같이 공부한 동기들과 비교한 수치가 아니다. 바벨론제국의 모든 박수와 술객들과 비교한 수치이다. 그렇다면 동기들과는 100배의 차이가 아닌가!

즉 인간적인 노력의 결과가 아니라는 것이다. 하나님께서는 다니엘과 세 친구의 믿음을 크게 기뻐하셨다. 이 모든 것은 하나님께서 바벨론제국의 포로로 끌려왔으면서도 끝까지 하나님만을 예배하고자 한 다니엘과 세 친구들의 믿음을 기뻐하신 결과이다.

하지만, 성경은 이 네 소년에게 하나님께서 학문을 주셨다고 기록하고 있는데, 하나님께서는 이들에게 어떻게 학문을 주셨을까?

학문 자체를 머릿속에 입력해 주셨다는 뜻인가? 아니면 학문을 이해할 수 있는 이해력을 주셨다는 말인가? 그것도 아니면 학문을 학습하여 자기 것으로 만들 수 있는 학습력을 주셨다는 말인가? 아쉽게도 성경은 이에 대해서도 구체적으로 기록하고 있지 않다.

그렇다면 어떻게 이런 일들이 가능한가? 왜 성경은 이렇게 중요한 일에 상세하게 기록을 하지 않은 걸까? 구원받은 모든 신자에게서 이러한 삶의 변화가 보편적으로 일어나는 걸까? 아니면 특별히 선택된 일부의 신자들에게서만 나타나는 특징인가? 그것도 아니면 특별한 시대에 특별한 상황에서만 허락되는 것은 아닐까? 우리는 여전히 이러한 일에 의문을 가지게 된다.

성경의 원리대로 유추해 보자면, 이것은 모든 것의 공급자이신 하나님께서 구원받은 신자들에게 **[아버지]**가 되어 주신 결과이자, 신자 안에 권위와 서열이 회복되어 육체가 올바로 순종하여 일하기 시작했기 때문에 일어난 결과이다.

그렇다면 하나님께서는 왜 이렇게 중요한 일을 성경에 구체적으로 기록하시지 않으셨던가?

왜냐하면 우리가 진정한 하나님의 자녀가 되어, 하나님과의 관계를 회복하고 온전한 믿음으로 말씀을 실천하며 살게 되면 누구나 경험하게 될 일이기 때문이다.

이러한 변화는 구원받은 모든 신자에게서 일어나야 한다. 특별히 선택된 소수의 신자만이 누리는 은혜가 절대로 아니다. 이것은 구원받은 신자에게 보편적인 현상이 되어야 한다.

그럼 무엇이 문제인가?

첫째, 하나님의 아버지 되심(공급자)에 대한 온전한 믿음이 필요하다(관계 회복).

둘째, 하나님의 아버지 되심으로 우리의 노동이 질적으로 변화되어야 한다. 개인의 육체의 본성을 따라 야망을 이루고 생존을 위한 노동에서 하나님의 자녀로서 아버지의 뜻을 이 땅에 실현하기 위한 노동으로 변하여야 한다.

셋째, '육체'를 올바로 통치할 수 있어야 한다.

이제 '육체'를 올바로 통치할 수 있어야 한다는 항목에 대해 상세하게 이야기해 보자.

곽성빈 변호사는 젊은 기독인으로서 법률 전문가로 활동하며, 다양한 전문 자격증을 37개나 보유한 인물이다. 그는 대한민국 최고의 법무법인 중 하나인 김앤장 법률사무소에서 근무한 경력이 있으며, 조세, 민·형사, 기업 법무, 보험금 청구, 공정거래, 부동산 등 여러 법률 분야에서 활발히 활동하고 있다.

그가 취득한 전문 자격증을 살펴보면 변호사, 공인회계사, 감정평가사, 세무사, 공인중개사, 노무사, 손해사정사, 경영지도사, 투자자산운용사, 증권분석사 등 37개이며 이 중 30개의 자격증을 취득하는 데 대략 10년의 세월이 걸렸을 뿐이라고 말한다. 이뿐만이 아니다. 그는 이렇게나 많은 자격증을 취득하는 과정에서 27권을 책을 저술하여 베스트셀러 작가가 되기도 하였다.

낮에는 전문 분야에서 고도로 집중된 일을 하고, 퇴근 후에는 전문 자격증을 취득하기 위해 공부하고, 또 시간을 내어 책을 쓰고……. 그의 놀라운 성과는 모두를 감탄하게 한다.

하지만, 이런 이야기를 들으면 대부분 사람은 본래 그의 IQ가 일반인과는 다른 차원일 것이라고 생각한다. 머리가 원래 좋았기 때문에, 일반인과는 태생부터 다르기 때문이라고 생각하기 쉬운 것이다. 그러나 스스로 IQ가 100을 조금 넘는다고 밝힌 곽성빈 변호사는 누구나 훈련을 통해 이러한 성취가 가능하다며, 자신의 경험(학습법 등)을 유튜브를 통해 공개하였다. 그는 다음과 같이 말한다.

뇌(육체)는 편 하려고, 우리를 속이고 있어요!
우리가 뇌(육체)를 속일 줄 알아야 합니다!

우리는 여기서 중요한 교훈을 하나 얻어야 한다. 곽성빈 변호사가 '육체'와 '나(자아)'를 구별하여 생각하고 있다는 점이다.

육체의 본질을 [편 하고자 한다]라고 파악하고, 나(자아)는 [이것을 통제하고 학습시키고 조련하는 역할을 할 때 최대의 효율을 얻을 수 있다]라고 말하는 것이다.

1. 육체와 자아의 분리
2. 개별 육체의 특성 파악(개인마다 다른 육체의 특성을 갖는다: 게으름, 체력, 더위, 추위 등)
3. 육체는 보편적으로 편 하고자 함 ▶ 자아는 육체를 관리하고 훈련시키는 역할을 수행해야 함

그런데, 이것은 이미 과학적으로도 증명된 사실이다.

수많은 뇌 과학자들의 연구가 이를 증명한다. 1995년부터 2001년까지 미국 미네소타대학교 방사선과 MR 연구센터에서 알츠하이머병과 뇌 영상을 연구한 가토 토시노리 박사 역시 그의 저서를 통해 훈련된 뇌와 훈련되지 않은 뇌는 엄청난 차이를 보인다고 말한다.

"저는 뇌가 100세까지 성장한다고 확신합니다. 그동안 태아부터 노인까지 1만 명 이상의 뇌 MRI 사진 진단하면서 초고령자가 되어도 계속 성장하는 뇌를 많이 봐 왔습니다. 하지만 모두가 다 성장하는 것은 아닙니다. 훈련하는 방법을 모르면 뇌는 계속 쇠약해집니다."

더불어 나이를 속이면 뇌가 활력을 얻는다고 말한다.

"70세라도 자칭 50세로 행동하자. 뇌 성장에는 기력과 체력이 필요하다. 20살 정도 나이를 속인다는 마음가짐과 애교를 가지면 뇌는 더욱더 성장한다."[9]

이러한 뇌 과학과 심리학의 성과로 각종 뇌 과학책과 인터넷, 유튜브에는 뇌를 속여서 다이어트하는 방법, 뇌를 속여서 공부하는 방법, 뇌를 속여서 공황발작에 대처하는 방법, 뇌를 속여서 성공하는 법, 뇌를 속여서 스트레스는 줄이는 법 등 다양한 훈련법이 쏟아져 나와 있다.

그렇다면 성경적으로 육체를 올바로 통치하는 방법이 뇌를 속이는 것인가?

그렇지 않다. 이 방법은 성령 하나님의 내주하심이 없는 자연인이 취할 수 있는 최선의 방법일 뿐이다. 앞서 밝힌 바와 같이 '속이는 방법'은 권위가 낮은 존재가 사용하는 방법이다.

[본래 권위 아래 있는 존재가 자신보다 높은 권위를 무너뜨릴 때 사용하는 고전적인 방법이 바로 남을 속이는 '기만(欺瞞)'이다.]

우리의 자아가 육체보다 더 높은 권위를 회복했다면, 뇌를 속이는 것이 아니라, 뇌에게 명령해야 함이 옳다. 예수 그리스도의 보혈의 공로로 죄를 씻고, 구원받은 성도는 성령 하나님을 선물로 받아 그의 내면에 자아의 권위가 회복된다.

육체보다 낮은 권위를 가졌던 '자아(영혼)'가 창조 때의 권위를 회복한 것이다. 우리의 자아가 이처럼 회복되어 온전히 성령 하나님의 인도하심

---

9 가토 도시노리, [100세까지 성장하는 뇌 훈련 방법], 정다와, 2018, p. 222.

을 따라 살게 되면, 성도에게는 분명한 변화가 생긴다. 성도의 자아(영혼)는 예배를 통해 하나님의 임재 가운데 거하게 되며, 그의 육체는 자아의 명령에 순종하여 '몰입(沒入)'하여 일하게 된다.

구원 이후, 거듭난 성도의 내면의 변화	
자아(영혼)	육체
성령 하나님의 임재(臨在) 가운데 거함	저항하지 않고 명령에 몰입(沒入)하여 일함

'육체'가 '권위를 회복한 자아'에게 순종하게 되면, 반항하거나 거부반응을 하지 않고 온전히 명령을 수행하게 된다. 즉 아무런 잡념이 없는 상태, 아무런 저항이 없는 상태인 [몰입]된 상태에서 시간 가는 줄 모르고 성실히 명령을 수행하게 되는 것을 경험하게 된다.

뇌를 기만(속여)하여서도 일반적으로 얻을 수 없는 높은 성과를 얻을 수 있는데, 권위를 회복하고 명령하여 육체를 몰입하게 하여 성과를 내면 얼마나 더 큰 성과를 낼 수 있겠는가?

신자는 뇌를 속이는 방법을 깨달아 훈련해야 하는 것이 아니라,
성령 하나님과 완전한 연합을 이루는 방법을 연습하고,
회복된 권위로 육체를 통치하고 명령하는 방법을 깨달아야 한다.

3) 옛 본성(=옛 사람)과 '자아'

죄에서 구원받아 내주하시는 성령 하나님과 화목한 삶을 영위해야 하는 신자에게 반드시 기억해야 할 주의 사항이 하나 더 있다.

그것은 바로 '옛 본성(=옛 사람=옛 자아)'이다.

'옛 본성'이란 구원받기 전에 육체에 종노릇하며 죄를 짓던 습관이 구원 이후에도 남아, 성령 하나님과의 연합된 새 본성의 삶을 방해하는 요소로 작용하는 것을 의미한다.

너희는 유혹의 욕심을 따라 썩어져 가는 구습을 따르는 옛 사람을 벗어 버리고(엡 4:22, 개정)

[9] 너희가 서로 거짓말을 하지 말라 옛 사람과 그 행위를 벗어 버리고
[10] 새 사람을 입었으니 이는 자기를 창조하신 이의 형상을 따라 지식에까지 새롭게 하심을 입은 자니라(골 3:9-10, 개정)

나는 본래 화성시 봉담읍에 살았다. 그런데 월세와 보증금이 갑자기 오른 탓에 어쩔 수 없이 이사 가게 되었다. 갈 곳이 마땅치 않아 어려움을 겪던 차에 하나님의 도우심으로 동탄에 있는 임대아파트에 들어갈 수 있게 되었다.

하지만 한동안 어처구니없게도 교회에서 퇴근하여 집으로 가는 길에 이런저런 생각을 하며 운전하다 보면 나도 모르게 봉담 톨게이트를 지나고 있는 나를 발견하게 된다. 동탄으로 가야 할 내가 습관을 따라 아무 생각 없이 봉담으로 간 것이다.

이것은 늘 봉담 톨게이트를 지나던 나의 옛 습관이다. 내가 잠시 운전에 집중하지 못하고 상념에 잠겨 있으면 나도 모르게 이 오랜 습관이 봉담 톨게이트로 나를 이끄는 것이다.

'옛 본성'이 바로 그렇다. 내가 잠시 육체에 대한 경계를 느슨하게 행사하면, 예전에 죄를 따르고 이것으로 즐거움을 삼았던 옛 습관이 나를 이끌어, 나도 모르게 죄를 따라 움직이는 것이다. 육체를 통치하고 다스려야 하는 '자아'가 육체를 따르던 오래된 옛 습관을 따라 죄 가운데 빠지는 것이다.

구원받은 신자 안에는 성령 하나님과 연합하여 있으면서도 아직 죄를 통해 얻는 기쁨을 잊지 못하고 육체를 섬겨 쾌락을 얻으려는 자아의 옛 습관이 그대로 남아 있다.

그렇다면 이러한 습관에 대해 우리는 어떻게 대처해야 하나? 성경은 '옛 사람(=옛 본성)'을 십자가에 못 박으라고 말한다. 십자가에 못 박으라는 표현은 **'죽은 것처럼 이 옛 사람(구원받기 이전 죄를 따르던 습관)에 대해 아무런 반응을 하지 말라'**라는 뜻이다.

우리가 알거니와 우리의 옛 사람이 예수와 함께 십자가에 못 박힌 것은 죄의 몸이 죽어 다시는 우리가 죄에게 종노릇 하지 아니하려 함이니(롬 6:6, 개정)

신자는 '옛 사람'을 십자가에 못 박아 다시 죄에 종노릇하는 일에서 자유를 얻는다. 이에 대해서는 보다 깊은 이해가 필요하다.

이해를 돕기 위해 한 가지 예를 들어 보자.

청년 A는 첫 직장으로 중소기업에 들어가 일을 배우며 성장하였다. 여기에는 B라는 무서운 사장님이 있었다. 때때로 직장 생활이 너무 힘들고 사장님의 겁박에도 시달려야 했지만, 견디며 자신의 꿈을 키워 갔다. 10년의 시간이 흐른 후, A는 자신의 꿈을 이룰 창업의 기회를 얻었다. 자신의 아이디어가 정부에서 주관하는 벤처회사 육성프로젝트에 채택되어 창업할 수 있게 된 것이다. A의 창업은 성공적이었다. 정부의 지원과 투자자들의 투자금으로 회사는 빠르게 성장하였다. 그런데 회사가 성장함에 따라 함께 회사를 운영할 경험 많은 운영진이 필요하게 되었다.

A는 경력직 이사 채용 공고를 내고 면접을 시행하였다. 그런데 이 자리에 무시무시한 B 사장님이 나타난 것이 아닌가. 알고 보니 A가 퇴사한 이후 얼마 못 되어 B 사장님의 회사가 경영난으로 문을 닫게 된 것이다.

A는 두려운 마음도 있었지만 측은한 마음에 경험이 많은 B 사장님을 회사의 이사로 채용하였다. 그런데 얼마 못 되어 문제가 생겼다. B 이사는 A를 사장으로 대하지 않고 예전에 직원 대하듯 하대(下待)하였다. 그런데 더 이상한 것은 A 역시 B 이사의 이러한 태도에 자신도 모르게 위축되어 자신의 위치를 망각하고 B 이사를 사장님처럼 떠받들게 되는 것이다. 자신이 그렇게 해야 할 이유가 전혀 없는데도 말이다.

이처럼 구원받아 죄에서 자유를 얻은 우리의 '자아'는 '옛 사람(옛 본성)'이라는 습관을 따라 다시 육체의 정욕을 만족시키는 삶을 살아야 할 이유가 전혀 없다.

권위도, 서열도, 법적으로도 우리의 자아를 주관할 어떤 이유도 더 이상 육체와 옛 본성에 있지 않다.

오직 신자의 '자아'를 주관할 권위는 성령 하나님께만 있다.

우리가 내주하시는 성령 하나님을 따라 거룩한 새 삶을 살기 위해서는 이처럼 옛 본성에 대해 올바로 대처할 줄 알아야 한다. 순간순간 옛 본성

(옛 습관)을 따라 죄와 육체의 소욕을 따르지 않도록 깨어 있으면서, 이것을 십자가에 못 박을 줄 알아야 한다. 더 나아가 성령 하나님을 따르는 새로운 습관인 새 본성의 삶을 익숙하게 받아들여 항상 성령 하나님과 동행할 줄 알아야 한다.

죄를 따르는 것이 습관이라면, 성령 하나님을 따르는 것도 습관이다.

옛 습관은 십자가에 못 박아 반응하지 않고, 성령 하나님을 따르는 좋은 습관에 대하여는 적극적으로 반응해 익숙해지도록 연습해야 한다.

4) 성령 하나님과의 연합으로 이루어지는 완전함, 온전함-샬롬

내주하시는 성령 하나님의 은혜와 충만으로 자아의 권위가 완전히 회복되어 육체를 통해 성령의 열매를 맺게 된 사람의 모습을 성경은 '샬롬(שָׁלוֹם)'이라 한다.

'샬롬'은 단순한 유대인의 인사말이 아니다. 우리말 번역 성경들은 이 단어를 평화, 평안, 화평, 화목 등 다양한 단어로 번역하고 있지만, '샬롬'의 진정한 의미는 '완전함, 온전함'이다.

사람의 '완전함', '온전함'은 어떤 모습인가? 태초에 하나님께서 창조하셨던 그 모습 그대로 성령께서 내주하시고, 자아는 성령께 순종하며 육체를 통치하는 상태이다. 내주하시는 성령 하나님으로부터 모든 것을 공급받고, 그의 보호 아래 있어 전혀 부족함이 없는 모습이다. 하나님의 뜻에 따라 지구를 관리하고 땅과 짐승들을 다스리는데 지혜나, 지식, 능력과 권세가 전혀 부족함이 없는 상태이다.

불신자가 처음 신앙을 받아들였을 때, 주변의 어려운 환경이 바뀐 것은 없지만, 이유를 알 수 없는 '평안'이 마음을 가득 채워 낙망과 좌절이 떠나가는 것을 경험하게 된다. 이것은 성령 하나님을 선물로 받았거나, 특별한 '하나님의 은혜'가 임하여 순간 '샬롬'의 상태가 되었기 때문이다.

[21] 예수께서 또 이르시되 너희에게 평강(샬롬)이 있을지어다 아버지께서 나를 보내신 것 같이 나도 너희를 보내노라
[22] 이 말씀을 하시고 그들을 향하사 숨을 내쉬며 이르시되 성령을 받으라 (요 20:21-22, 개정)

성령 하나님의 내주하심으로 '샬롬'을 얻게 되면 다시 죄 가운데 빠지거나, 악한 영에 미혹되지 않는 한, 신자는 성령 하나님의 보호하심 아래 영적 성장을 이루고, 예수님을 닮아 간다.

염려, 근심, 걱정, 불안, 두려움에서 벗어나 '평안(샬롬)'을 누리며, 영적 성장에 따라 감추었던 재능이 발견되고 새롭게 부어진 은사들로 사역이 풍성해지고 삶에 성령의 열매들이 맺히게 된다.

자신의 쓸 것과 가족의 필요, 맡겨진 사역을 이루기 위해 필요한 모든 것이 성령 하나님의 공급하심으로 채워지고 사역의 지경이 넓어지며, 자신 안에 머물고 있던 '평안(샬롬)'이 주변 모두에게 흘러가는 것을 경험하게 된다.

비록 육체는 원죄로 말미암아 언제든 죄에 빠질 가능성이 남아 있고, 하나님의 뜻을 거부하고 나(자아)의 통치에 저항하지만, '성령충만'과 '평안'으로 충분히 감당할 수 있다.

내주하시는 성령 하나님을 의지하고 동행하는 삶을 살아가게 되면 세상이 두렵지 않고, 새로운 환경, 새로운 일에 대한 염려보다 그곳에서 맺게 될 새로운 열매와 인연에 대한 기대와 설렘으로 오히려 기뻐하는 삶을 살게 된다.

5) '육체'를 의(義)의 병기로 하나님께 드리기

또한 너희 지체를 불의의 병기로 죄에게 드리지 말고 오직 너희 자신을 죽은 자 가운데서 다시 산 자 같이 하나님께 드리며 너의 지체를 의의 병기로 하나님께 드리라(롬 6:13, 개역)

앞서 언급한 것처럼 신자에게 '옛 본성'은 '일종의 악한 습관'이다. 죄에서 자유를 얻었으면서도 구원받기 이전처럼 죄를 따르려 하고, 종처럼 육체를 섬기려는 '일종의 악한 습관'은 죄가 욕망으로만 남지 않고 실현될 수 있도록 길을 열어 준다.

성경은 이를 구원받은 신자의 육체가 [**불의의 병기로 죄에게 드려졌다**]라고 표현한다.

하지만 반대로 구원받은 신자의 육체는 '의(義)의 병기'로 하나님께 드려질 수도 있다. 아니, 구원받은 신자의 육체는 이제 하나님의 뜻을 실현하는 의의 도구로 마땅히 하나님께 드려져야 한다.

'옛 본성'이 죄를 따르며 죄에 종노릇하던 습관이라면, '새 본성'은 내주하시는 성령님을 따르려 하고 '성령의 소욕'에 자신을 드려 그분의 뜻이 이루어지도록 헌신하고자 하는 습관이다.

처음에는 미숙하여 다시 죄에 빠지는 일이 반복될지라도, 우리에게는 새 본성을 따라 성령 하나님을 따르는 습관이 생긴다는 사실을 잊지 말아야 한다.

우리가 영적으로 성장할수록 죄짓는 것보다 성령의 열매 맺는 것이 새 본성의 습관을 따라 훨씬 더 쉬워진다는 사실을 기억하자!

'원죄'도 옛 본성이라는 습관으로 '자아'를 길들여 손쉽게 죄를 짓게 했다면, 성령께서도 새 본성이라는 습관으로 '자아'를 가르치시고 인도하여 의의 열매를 맺도록 단련하신다.

우리는 '원죄'와 '옛 본성'과 '악한 영'에 대해 알수록 담대해져야 한다.

끊임없이 죄를 짓고자 하는 '원죄'가 내 육체 안에 있지만, 내 안에는 끊임없이 나를 사랑하시고 나를 통해 성령의 열매를 맺어 하나님께 영광 돌릴 수 있는 삶을 살도록 '성령충만'으로 함께하시는 '성령'께서 계신다.

육체의 원죄를 압도하시고도 남는 '성령'께서 나와 함께하시는 것이다.

내 안에 죄를 지을 수밖에 없는 이유가 '원죄'로 육체에 남아 있다면, 훨씬 더 강력하게 압도적으로 의롭게 살 수밖에 없는 이유 또한 '성령(聖靈)'으로 내 안에 계신다.

그러므로 육체의 '원죄'를 걱정할 필요가 없다. '옛 본성'을 따라 다시 죄를 짓게 되지 않을까 염려할 필요가 없다. 악한 영의 미혹(迷惑)도 두려워할 이유가 없다.

내 안에 계시는 성령께서 훨씬 더 강하시다!
염려, 근심, 걱정, 불안, 두려움보다 성령께서 주시는
'평안'이 훨씬 더 큰 영향력을 발휘한다!
악한 영의 미혹보다 성령께서 충만케 하시는
'성령충만'이 훨씬 더 강력하다!
그 무엇보다 성령께서는 나를 사랑하셔서
결코 혼자 내버려두지 않으시고,
언제나 인자와 자비로 나를 이끄신다!

IV. 거듭난 하나님의 자녀는 어떻게 예수님을 닮을 수 있나?

기독교에서 예수님을 닮는 것은 가장 중요한 신앙의 핵심 목표 중 하나이다. 이를 실천하기 위해서 일반적으로 다음과 같은 방법들이 제안된다.

- 사랑과 용서 실천: 예수님은 이웃을 사랑하고 원수까지도 용서하라고 가르치셨다. 이를 통해 예수님의 사랑을 행동으로 보여 줄 수 있다.
- 겸손과 섬김의 태도: 예수님은 하나님의 아들이셨지만, 늘 겸손하게 사람들을 섬기셨다. 우리도 겸손한 마음으로 타인을 섬기는 삶을 살아야 한다.
- 기도와 말씀 묵상: 예수님은 항상 하나님께 기도하며, 하나님의 뜻을 따르셨다. 성경을 읽고 묵상하며 기도를 통해 하나님과의 관계를 깊게 하자.
- 복음 전파: 예수님은 복음을 전파하며 하나님의 나라를 선포하셨다. 우리도 복음을 나누고, 삶으로 하나님의 사랑을 증거 해야 한다.
- 성령의 인도 받기: 성령의 도움을 받아 예수님의 성품을 닮아 가는 과정이 필요하다. 이는 지속적인 성화의 과정으로, 우리의 삶을 변화시키는 데 중요한 역할을 한다.

이러한 방법들은 단순히 외적인 행동을 따라 하는 것이 아니라, 예수님의 마음과 성품을 내면화하는 데 초점을 맞춘 것이다.

하지만, 인간인 우리가 예수님을 노력으로 닮는 것에는 분명한 한계가 존재한다. 우리는 오직 예수님의 인성(人性)만을 본받을 수 있을 뿐이다. 완전한 사람이시면서, 완전한 하나님이신 예수님을 닮는다는 것은 그의 인성뿐 아니라, 그의 신성(神性)까지도 닮아야 하는데, 그리스도의 신성을 닮는 것은 사실상 불가능하다.

그렇다면 왜 성경은 우리에게 예수님과 같은 하나님의 자녀라고 말하는가?

우리는 예수님을 닮는다는 것에 우리 자신이 하나님의 형상으로 지음 받았다는 사실을 연관 지어 생각하지 못하는 것에서 오류를 일으킨다. 우리는 하나님의 형상으로서 예수님을 닮는다. 우리는 하나님의 형상으로서 하나님의 자녀가 되었다.

하나님께서 창조하신 사람은 본래 하나님의 형상으로 지음 받았다. 하나님의 형상으로서 하나님을 드러내도록 만들어졌다. 예수 그리스도를 닮는 삶, 예수님과 같은 하나님의 자녀가 되는 삶의 근본은 창조 때, 사람에게 부여된 본래 하나님의 형상을 회복하는 것에 있다.

예수님의 언행을 연구하여 예수님처럼 말하고, 예수님처럼 생각하고, 예수님처럼 행동하는 것보다 더 상위의 개념으로 예수님을 본받는 것은 왜곡된 하나님의 형상을 회복하여 우리 안에 거하시는 하나님을 세상에 드러내는 것이다.

거듭난 신자는 내주하시는 성령 하나님의 보호 아래 인도하심을 받을 뿐 아니라, 말씀을 지키며 순종하여 살아가는 모습을 통해 하나님을 드러내는 것으로 예수님을 닮는다.

즉 하나님의 형상을 회복하여 하나님을 드러내는 것이 가장 예수님을 닮은 삶을 실천하는 것이라는 의미이다. 예수님께서도 이 땅에 거하셨던 공생애의 기간 내내 오직 성부 하나님의 말씀을 실천하여 그를 드러내는 것으로 하나님께 영광 돌리셨다.

그러므로 예수께서 그들에게 이르시되 내가 진실로 진실로 너희에게 이르노니 아들이 아버지께서 하시는 일을 보지 않고는 아무 것도 스스로 할 수 없나니 아버지께서 행하시는 그것을 아들도 그와 같이 행하느니라(요 5:19, 개정)

내가 내 자의로 말한 것이 아니요 나를 보내신 아버지께서 내가 말할 것과 이를 것을 친히 명령하여 주셨으니(요 12:49, 개정)

내가 아버지 안에 거하고 아버지는 내 안에 계신 것을 네가 믿지 아니하느냐 내가 너희에게 이르는 말은 스스로 하는 것이 아니라 아버지께서 내 안에 계셔서 그의 일을 하시는 것이라(요 14:10, 개정)

아버지께서 내게 하라고 주신 일을 내가 이루어 아버지를 이 세상에서 영화롭게 하였사오니(요 17:4, 개정)

진정으로 예수님을 닮고 싶은가?

하나님의 형상을 회복하면 된다. 이미 회복된 하나님의 형상으로 삶을 살아 내면 된다. 하나님의 형상으로서 하나님을 드러내어 영광 돌리는 삶을 살아가면 된다.

진정 이것이 하나님의 자녀만이 할 수 있는 일이다. 예수님을 닮은 하나님의 자녀가 이 땅에서 할 수 있는 가장 위대한 삶이다.

아버지의 뜻에 자신의 삶을, 자신의 생명을 맡기는 삶. 아버지의 뜻(말씀)대로 사는 삶…….

육체의 소욕을 십자가에 못 박고, 아무런 저항이나 반항 없이 하나님의 말씀을 실천하며 하나님의 살아계심을 삶으로 드러내는 일. 이것은 오직 하나님의 형상을 회복한 예수님을 닮은 하나님의 자녀만이 할 수 있는 거룩한 일이다.

신자는 하나님 손에 붙들려 자녀로 만들어진다

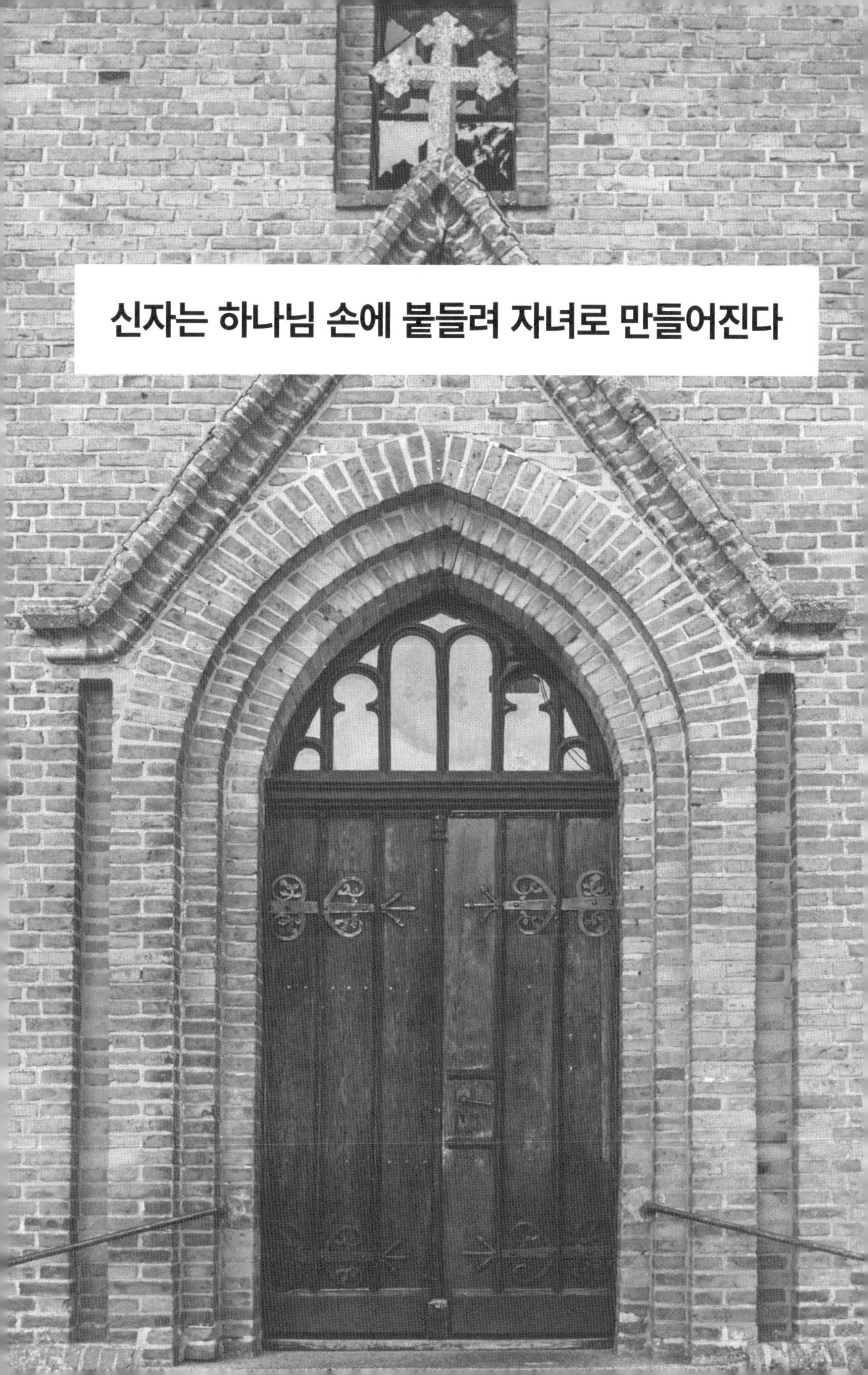

구원은 예수님께서 십자가에서 나를 위해 죽으셨다는 사실이 믿어질 때, 그 믿음으로 일순간 거듭나 얻게 된다. 이 구원은 즉시 신자의 신분을 바꾼다. 하나님과 원수였던 죄인이 '하나님의 자녀'로 즉각 변화되는 것이다.

하지만 이것은 구원의 시작일 뿐이다. 구원받은 신자는 성령 하나님을 선물로 받고, 날마다 죄의 종류와 횟수가 줄어드는 '성화(聖化)의 과정'을 통해 점점 예수님을 닮아 간다.

따라서 신자는 구원받았다고 해서 곧바로 윤리·도덕적으로 예수님처럼 완전한 모습으로 변화된다고 생각해서는 안 된다. 양심이 새로워지고 성령께서 마음에 주시는 사랑과 자비로 변화되려면 반드시 '성화의 과정'을 거쳐야 한다.

물론 어떤 신자들은 구원 직후 내면의 뚜렷한 변화를 경험하기도 한다. 하지만, 이 경우에도 완전한 성화를 이룬 것이 아니다. 그 이후에도 계속해서 '성화의 과정'을 따라 인격의 변화를 추구해야 예수님의 인격에 다다를 수 있다.

'성화의 과정'은 구원 이후 신자의 평생에 걸쳐 계속된다. 그리고 그 완성인 '영화(榮化)'는 신자가 죽음과 부활을 통해 '거룩한 새 몸'을 입을 때,

하나님의 손으로 이루어진다.

구원의 서정(순서) 9단계 [하나님의 구속사역이 개인에게 적용되는 논리적인 순서]
작정–부르심–거듭남(중생)–회심–칭의–양자됨–성화–견인–영화

하나님께서는 우리를 있는 모습 그대로 받아 주시지만,
있는 모습 그대로 사용하시지는 않으신다.

그러므로 신자에게 '성화의 과정' 중 하나인 '연단(鍊鍛)'은 필수 과정이다. 구원받은 이후에도 '원죄(原罪)'와 '옛 본성'을 여전히 몸 안에 가지고 있는 신자는 죄짓는 일과 세상의 유혹에 매우 취약한 성향을 가지고 있다. 하나님께서는 '연단(鍊鍛)'이라는 방법을 통해 신자 안에 남아 있는 죄의 문제를 신자로 하여금 감당하게 하시며, 예수님과 같은 자녀로 성장하도록 하여 새 본성을 따라 성령의 열매를 맺게 하신다.

신자는 '연단'을 통해 비로소 죄와 싸울 수 있게 성장한다. 그리고 십자가에 '옛 본성'을 못 박음으로써 죄의 유혹에서 자유를 얻게 된다. 우리는 이 과정을 지나야만 예수 그리스도를 닮아 갈 수 있다. 왜냐하면 '옛 본성'은 신자 안에 죽은 것처럼 약해져 있지만, 여전히 신자의 전인격에 영향을 끼칠 수 있는 상태로 남겨져 있기 때문이다.

옛 본성은 신자 안에서 여전히 하나님의 통치를 거부한다. 나를 위해 죽으신 예수님의 십자가 앞에 자신을 온전히 내어드리려는 새 본성과는 달리, 십자가의 결박이 풀어지면 여전히 길들여지지 않은 야생마처럼 신자 안에서 거칠게 날뛴다. 신자는 이 옛 본성을 결박하지 않으면 결코 마음 안에 천국을 이룰 수 없다. 옛 본성에 사로잡힌 마음은 점점 하나님의 은혜에 반항하며, 죄를 지을 자유(방종)를 요구하기 때문이다.

이처럼 신자가 '성화의 과정'을 소홀히 여기면 매우 이중적인 모습으로 살아가게 된다. 성령의 은혜와 죄 된 옛 본성의 영향을 동시에 받기 때문이다. 그 결과 하나님의 은혜로 얻은 [성령충만]을 지속하지 못하고 곧바로 [성령소멸]하게 되어 은혜를 잃어버리게 된다. 결국 이러한 신자는 영적 성장을 멈추어 신앙을 발전시키지 못하고 영적 어린아이로 남게 된다. 교회를 10년, 20년, 30년 다녀도 변화가 없는 이유가 여기에 있다.

'기도'는 영적인 활동이나,
옛 본성으로 이기적인 기도를 할 수 있다.
'봉사'는 거듭난 신자의 특권이나,
옛 본성으로 나를 드러내기 위해 봉사할 수 있다.
'은사'는 성령께서 주시는 선물이나,
옛 본성으로 내 욕심을 이루기 위해 사용할 수 있다.
'소명'과 '사명'은 하나님께서부터 나오나,
옛 본성으로 취하여 자신의 이익과 권력을 탐하는 일에 사용할 수 있다.

'성화의 과정'을 게을리하거나 아예 거부하는 신자는 영적으로 자라지 못하고 교회 안에서 여러 문제를 일으키게 된다. 이런 사람들은 영적 어린아이와 같아서 원망과 불평으로 교회의 화목을 깨뜨릴 뿐 아니라, 세속적인 욕심으로 교회의 세속화를 가져온다.

마치 예수님과 같은 수준에 하나님의 자녀가 되는 것은 성직자에게나 해당하는 것처럼 여기고, 자신은 구원받아 천국 가는 것으로 만족하고 교회와 적당한 거리를 두는 것이 스스로 유익하다고 여기는 신자가 늘어나는 것이다. 교회를 통해서는 천국행 티켓을 얻고, 세상에 나가서는 쾌락을 얻으려는 신자의 이중적인 태도는 오늘날 한국교회의 현실이자, 신자가 더 이상 자신 안에 있는 죄의 문제와 싸우지 않으며 영적 성장을 멈췄다는 증거이다.

이것은 신자가 의도하지 않았더라도, 마음속에 거하시는 성령 하나님께서 영적으로 성장하도록 이끄시는 일을 거스르는 행동이 된다.

올바른 신앙의 자세를 가진 신자는 오히려 "은혜로 구원받은 사람이 어떻게 성화의 과정을 거부하고, 다시 세상의 즐거움에 빠질 수 있을까?" 하고 의아해할 수 있다. 하지만 이것은 구원받은 신자 안에 남아 있는 옛 본성을 십자가에 못 박지 못했기 때문에 일어나는 일이다. 신자가 옛 본성을 십자가에 못 박지 못하면, 하나님께 받은 은혜를 모두 땅에 쏟는 결과를 낳게 된다.

이들은 모두 영적인 조산아(早産兒)들로 도무지 영적인 성장을 도모하지 않는다. 신앙의 본질을 잊은 채, 다시 죄를 쌓고 있으면서 자신은 매우 지혜롭게 세상과 교회에서 가장 좋은 것만을 취하여 누린다고 착각한다. 이것은 옛 본성에 마음과 이성이 장악당한 결과이다.

한 사람이 두 주인을 섬기지 못할 것이니 혹 이를 미워하고 저를 사랑하거나 혹 이를 중히 여기고 저를 경히 여김이라 너희가 하나님과 재물을 겸하여 섬기지 못하느니라(마 6:24, 개정)

신자는 하나님과 세상을 동시에 섬길 수 없다. 신앙생활을 제대로 해

본 사람이라면 이 말이 얼마나 정확한 표현인지 동의할 것이다. 거룩한 것과 부정한 것이 함께할 수 없는 것처럼, 신자는 세상과 하나님을 동시에 같이 섬길 수 없다. 결국 둘 중에 하나를 반드시 선택해야 하는 것이다.

만일 스스로 구원받았다고 믿으면서 세상과 하나님을 동시에 섬기려 한다면 그는 '십자가'와 '연단'의 의미를 정확하게 이해하고 있지 않기 때문일 것이다. 이미 옛 본성에 마음이 잠식당한 상태이기 때문에 성령 하나님의 인도하심을 거부하는 것이다.

그리스도 예수의 사람들은 육체와 함께
그 정욕과 탐심을 십자가에 못 박았느니라(갈 5:24, 개정)

이처럼 신자는 구원받은 뒤에도 십자가에 옛 본성을 못 박지 않으면, 오히려 옛 본성이 마음을 장악하고 다스리게 된다. 그러면 결국 구원받기 이전의 모습으로 되돌아가게 되는 것이다. 구원이 신자의 삶에서 '거룩한 새 본성'으로 실천되지 않으면, 믿지 않는 사람처럼 세상의 욕망을 따라가고, 더 세속적인 모습으로 변할 수밖에 없다.

[3] 전에는 우리도 다 그 가운데서 우리 육체의 욕심을 따라 지내며 육체와 마음의 원하는 것을 하여 다른 이들과 같이 본질상 진노의 자녀이었더니
[4] 긍휼이 풍성하신 하나님이 우리를 사랑하신 그 큰 사랑을 인하여
[5] 허물로 죽은 우리를 그리스도와 함께 살리셨고 (너희는 은혜로 구원을 받은 것이라)(엡 2:3-5, 개정)

하나님께서는 [구원받은 자녀의 수준]을 이미 [예수님의 수준]으로 정해 놓으셨다. '예수님과 같은 자녀가 되는 것이 우리의 자녀 됨'이라는 것이다. 그러나 신자는 이러한 사실을 너무 부담스럽게 여길 필요가 없다.

이것은 전적으로 하나님의 은혜로 이루어지는 과정이기 때문이다.

하나님의 열심은 결코 쉬시는 법이 없다. 한번 구원을 시작하신 하나님께서는 성령 하나님을 통해 우리를 예수님의 수준까지 이끄시고자 쉬지 않으신다. 우리가 온전히 하나님의 손에 나 자신을 드릴 수만 있다면 성령 하나님께서는 반드시 우리를 예수님 수준의 하나님 자녀로 세워 주신다.

구원받은 신자는 이 사실에 특별히 주목해야 한다. 우리의 영적 싸움은 악한 영과의 싸움에 앞서 죄인 된 옛 모습을 완전히 씻어 버리고, 예수님과 같은 수준에 하나님의 자녀가 되기 위한 연단의 과정이 있다는 사실을 알아야 한다. 신자는 자신이 성령 하나님 앞에서 연단이 필요한 자녀임을 고백하고, 기쁘게 자신을 맡기며 이러한 '성화의 과정'을 받아들여야 한다.

또한 구원의 영광스러운 부르심은 그저 우리를 천국의 문턱에 턱걸이하여 들어가게 하는 것이 아니라, 훨씬 더 영광스러운 것이어서 예수님과 같은 거룩한 자녀의 영광에 이르게 한다는 사실을 기억해야 한다.

이 거룩한 일을 우리 안에서 행하시는 성령 하나님께 나를 온전히 내어 드리고, 순종하며 따를 때 우리는 놀라운 일들을 경험하게 된다. 우리가 해야 할 일이 바로 이것이다. 성령께서 내 안에서 성화로 이끄실 때, 믿음으로 따라가는 것이다.

이렇게 내주하시는 성령 하나님을 따를 때, 신자는 말하는 것이, 생각하는 것이, 그의 권세가, 그의 능력이 예수님을 닮아 가는 것을 경험하게 된다. 도저히 용서할 줄 모르고, 사랑할 줄 모르던 사람도 성령 하나님께

붙들리고, 그의 이끄심에 전심으로 따르면 이와 같은 변화를 경험하게 된다. 이것은 참으로 신나고 말로 표현하기 힘든 거룩한 경험이다. 타락한 죄인이 거룩하신 하나님의 성품과 능력에 참여하게 되는 것이다.

신자는 바로 이러한 내면의 변화에 주목해야 한다.

당신은 사랑받기 위해 태어났다.
당신은 예수님과 같은 자녀의 신분으로 부르심을 받았다.
당신은 거룩하신 아버지 하나님의 거룩한 자녀로 부르심을 받았다.
당신은 결코 예전과 같지 않다.

본 장에서는 구원받은 이후에도 십자가가 어떤 의미로 신자에게 유익을 주는지와 하나님의 연단과 신앙 성장에 대해 구체적으로 살펴보고자 한다.

I. 십자가 붙들기

1) 구원 이후에도 십자가가 필요한 이유

구원 이후에도 죄의 후유증처럼 남아 있는 신자의 죄인 된 삶의 모습은 단순히 예수님을 나의 구주로 고백하는 것만으로 바뀌지 않는다. 신앙고백 위에 나의 옛 본성(육체의 정욕)을 십자가에 못 박을 때만이 신자는 거룩한 삶을 살아갈 수 있다. 아담의 원죄(原罪)로 인해 태어나면서부터 육체의 본성을 따르던 삶에서, 하나님의 형상을 회복한 새 본성으로 살 수 있는 것은 오직 십자가에서 우리를 위해 흘리신 예수님의 보혈(寶血: 보배로운 피)의 공로뿐이다.

복음을, 구원을 단순히 예수님을 믿고 천국 가는 것으로 규정한다면, 인생의 수많은 문제는 여전히 풀리지 않게 되고 머지않아 신앙의 한계에 부딪혀 낙심하게 될 것이다.

복음과 구원은 그 이상의 의미가 있다. 소천하신 옥한흠 목사님의 명설교 중에 말씀하신 것처럼 복음과 구원의 목표는 죄인을 불러 자녀 삼으시고, 그들을 **[하나님의 형상으로 회복]**하는 것이다.

하나님의 형상으로 회복된 자녀는 예수님처럼 원수를 사랑할 수 있게 된다. 옛 본성을 가지고서는 절대로 할 수 없었던 것을, 예수님의 삶의 방식을 기뻐하고 따르고자 하는 새 본성을 통해 이루어 가는 것이다. 거룩하신 아버지 하나님처럼 사랑에 완전해지고, 사랑으로 존재할 수 있게 된다. 사랑을 이루기 위해서라면 내 오른빰을 친 자에게 왼빰도 내어줄 수 있게 된다.

[21] 진리가 예수 안에 있는 것 같이 너희가 참으로 그에게서 듣고 또한 그 안에서 가르침을 받았을진대
[22] 너희는 유혹의 욕심을 따라 썩어져 가는 구습을 따르는 옛 사람을 벗어 버리고
[23] 오직 너희의 심령이 새롭게 되어
[24] 하나님을 따라 의와 진리의 거룩함으로 지으심을 받은 새 사람을 입으라(엡 4:21-24, 개정)

신자들은 이제 성부 하나님의 부르심에 합당하게 살아간다. 하나님의 형상으로서의 사람됨을 회복하고, 예수님의 인격과 성령 하나님의 능력으로 삶을 살아가는 것이다. 하나님의 형상을 회복한 자녀는 자신을 자랑하지 않는다. 옛 본성을 십자가에 못 박은 신자는 더 이상 자신을 자랑하지 않고, 오직 자신의 주님과 연합된 삶만을 자랑한다. 이것이 거듭난 '새 사람'의 고유한 특징이다.

내가 그리스도와 함께 십자가에 못 박혔나니 그런즉 이제는 내가 사는 것이 아니요 오직 내 안에 그리스도께서 사시는 것이라 이제 내가 육체 가운데 사는 것은 나를 사랑하사 나를 위하여 자기 자신을 버리신 하나님의 아들을 믿는 믿음 안에서 사는 것이라(갈 2:20, 개정)

이것이 바로 신자 안에 [하나님의 형상]이 회복되었다는 증거이다.

하지만 '내가 그리스도와 함께 십자가에 못 박혔다'는 뜻을 보다 주의 깊게 이해해야 한다.

많은 신자가 이 말씀을 자신의 '의지'와 '자아(自我)'가 죽는 것으로 오해하는 경우가 종종 있기 때문이다. 이 말씀을 오해하면서 신자는 자신의 '자아'는 사라지고, 구원 이후, 자신은 하나님의 꼭두각시로 살아가는 것이 아닌가 하고 오해하는 경우가 많은 것이다. 이렇게 오해한 신자는 갑자기 신앙이 재미없어지고, 너무 많은 것을 포기해야 할 것 같은 압박을 느낀다.

이것은 또한 불교에서 말하는 무아(無我)의 경지를 의미하는 것도 아니다.

'십자가에 못 박힌 자아(自我)'는 율법에 구속되어 마침내 사망의 정죄를 당하게 될 존재를 뜻한다. 즉 아담으로부터 유전된 원죄(原罪)와 나의 자범죄(自犯罪)로 인해 하나님께서 정하신 율법에 의해 정죄받고, 죽을 수밖에 없는 나 자신의 '죄인 됨'을 의미한다. 나아가 구원 이후에도 내 안에 남아 있는 죄악 된 본성인 '옛 본성(옛 사람)'을 의미한다.

예수님께서 나를 대신하여 형벌을 받으심으로 율법의 정죄에서 벗어나게 되고, 죄악만을 따르던 내가 죽고, 그리스도가 그 안에 사는 신자는 이제 참된 그리스도인으로서 진정한 칭의(稱義)를 이룬다. 아담의 비참한 모든 운명과 율법의 구속을 벗어 버리고, 그리스도 안에서 참 자유를 누리게 된 새로운 존재가 되어 '새 본성(새 사람)'의 삶을 살아간다.

내가 그리스도와 함께 십자가에 못 박혔나니 그런즉 이제는 내가 사는 것이 아니요 오직 내 안에 그리스도께서 사시는 것이라 이제 내가 육체 가운데 사는 것은 나를 사랑하사 나를 위하여 자기 자신을 버리신 하나님의 아들을 믿는 믿음 안에서 사는 것이라(갈 2:20, 개정)

갈라디아서 2:20절에 의하면 과거의 나와 새로운 나 사이에는 뚜렷한 세 가지 변화가 나타난다. ① '나' 대신에 '그리스도', ② '율법' 대신에 '믿음', ③ 과거의 '옛사람' 대신에 현재의 '새사람'으로의 변화가 그것이다.[10] 그리스도의 십자가는 사도 바울로 하여금 이 모든 변화를 경험하게 하였다. 사도 바울은 그리스도의 십자가의 죽음으로 말미암아 율법 아래서 종노릇하는 것으로부터 해방되어 의와 사랑의 종이 되었으며(롬 6:19), 비록 제한된 육체 가운데 살지만 더 이상 자신을 위한 삶은 살지 않으며, 성령을 좇는 삶을 살게 되었다고 증언하고 있는 것이다.

'더 이상 자신을 위해 살지 않는다'는 말은, 그분의 뜻과 무관하게 자신만의 지식과 경험, 육체의 본성에 따라 자기 야망을 이루려던 방식을 버렸다는 뜻이다. 이제는 본래 사람을 창조하신 하나님을 내 삶의 주인으로 받아들이고, 그분의 뜻에 따라 살아가게 된 것이다. 이것이 바로 '옛 본성'이 아닌 '새 본성'으로, '새 사람'으로 살아간다는 의미다.

'옛 본성'이 죄를 즐거워하고 하나님의 주관하심을 거부하는 것과는 달리 '거듭난 새 본성'은 어린아이가 부모님을 기뻐하고 믿고 따르는 것처럼, 하나님을 기뻐하고 닮고 싶어 하며, 언제나 함께하길 원한다. 이러한 새 본성은 신자 안에 내주하시는 성령 하나님과 온전한 연합을 이루어 하나님의 일에 동참하게 된다.

다니엘을 보자, 그는 하나님과의 온전한 연합을 통해 신령한 지혜와 지식을 얻었다. 그에게서 나오는 신령한 지혜와 지식은 거대한 바벨론제국의 황제인 느브갓네살로부터 제국의 모든 백성에 이르기까지 모든 나라를 주관하시는 하나님을 알게 하였다. 다니엘 곁에 있으면 그의 신령한

10 [카리스종합주석], 발행 2020년 3월 5일, 신약, 갈라디아서 p.156

지혜로 말미암아 그와 함께하신 하나님을 알지 못할 수가 없다. 다니엘은 살해의 위협과 협박 속에서도 하나님께 영광 돌리고, 함께하신 하나님을 드러내는 일을 두려워하지 않았다.

이것이 비단 다니엘에게만 일어난 일인가?
요셉을 보라, 다윗 왕을 보라!

그들에게서 나타나는 하나님의 사랑과 성령 하나님의 능력과 지혜를 통해 사람들은 하나님이 살아 계심을 보게 된다. 그들과 함께하시는 하나님의 능력과 지혜로 인해, 그들과 만나는 모든 사람은 살아 계신 하나님을 알 수밖에 없다.

그렇다면 신약시대를 살아가는 우리는 어떻게 내주하시는 성령 하나님과의 연합, 즉 예수 그리스도와의 연합을 이룰 수 있는가? 이것은 구원받아 성령 하나님을 선물로 받은 신자가 온전히 십자가를 묵상하고 붙들 때 가능하다.

많은 신자가 예수님의 십자가를 구원을 얻을 때만 필요한 줄로 오해한다. 예수님의 십자가는 구원 이후에도 신자의 삶에 반드시 필요하다는 점을 이해해야 한다.

예수님의 십자가의 공로로 죄 사함 받고, 성령을 선물로 받은 신자라고 해도 그의 육체 안에는 여전히 새 본성의 삶을 방해하는 옛 본성이 영향력을 행사하고 있다.

신자가 성령충만할 때, 옛 본성은 죽은 듯 존재감이 없다가도 신자가 미혹되어 죄에 빠지게 되면 다시 힘을 얻고 구원 이전처럼 다시 마음을 지배하려고 한다. 이때 신자는 옛 본성이 마치 내 안에 살아 있는 또 다른 자아처럼 느껴지기도 하고, 스스로 강력한 또 다른 의지(意志)를 가지고 나를 주관하는 것처럼 느껴지기도 하지만, 옛 본성은 나의 의지나 나의 또 다른 자아가 아니다.

옛 본성은 예수님을 믿기 전에 죄를 좋아하고 따르던 육체 안에 각인된 죄의 습성, 기억, 관념, 성향, 영향력, 지배력이다. 옛 본성은 독립된 의지를 가지고 있지 않기 때문에, 즉시 의지를 가지고 우리를 주관할 수 없다. 다만 옛 본성은 때로 의지보다 더 강력하게 신자 안에 각인된 습성, 관념, 지배력 등으로 우리의 마음을 장악하여 죄를 따르게 만든다.

이때 우리의 마음이 옛 본성에 무너져 마음을 내어주면, 옛 본성은 우리(자아)의 의지를 사용할 수 있게 된다. 우리의 마음은 이미 죄악이 주는 쾌락을 경험적으로 알고 있기 때문에, 옛 본성의 영향력과 지배력이 마음에서 활개 치게 되면 이기지 못하고 맥없이 무너지면서 쾌락을 취하게 된다. 오히려 신자가 이렇게 마음을 빼앗기게 되면 돌변하여 옛 본성의 편에 서서 의지를 사용하여 보다 적극적으로 죄를 이루려는 경향을 보이게 된다.

이는 알코올 중독에 빠졌던 사람이 중독에서 벗어나 몇 년 동안 술을 멀리하고 잘 살다가도, 자극적인 술 냄새와 알코올 한 방울에 유혹을 이기지 못하고 쉽게 무너지는 것과 같다.

알코올 중독자의 뇌는 이미 정상인의 뇌와 다르게 변형되어 있다. 알코올에 영구적인 손상을 입은 뇌는 소량의 알코올에도 즉각적으로 중독적인 반응을 일으키는 상태로 변형이 되어 있어 원상태의 뇌로 회복되지 않는다.

때문에 이미 몇 년이나 알코올 중독에서 벗어났음에도, 단 한 방울의 알코올을 받아들이면, 저항하지 못하고 그의 마음은 곧장 무너져 버리고 의지적으로 술을 찾아 옛날의 중독 상태로 일순간 돌아가 버린다.

신자는 자신 안에 이러한 옛 본성이 아직도 남아 있어, 언제든지 자신도 죄의 유혹에 넘어질 수 있다는 사실을 기억하고 각별히 주의해야 한다. 옛 본성이 여전히 신자 안에 남아 있는 한, 어떤 신자도 죄에 대해 자만해서는 안 된다.

이 옛 본성은 신자가 성화(聖化)의 과정을 거쳐 영화(榮華)에 이르러, '거룩한 새 몸'을 입기까지 신자의 몸 안에 남겨져 있다. 그러므로 신자는 살아 있는 동안 성화의 삶을 이루어 가기 위해서 몸 안에 남겨진 옛 본성의 영향력과 지배력을 무력화시킬 줄 알아야 한다.

이는 구원 이후에도 '옛 본성'은 신자의 몸 안에서 사라지지 않고 남아, 끊임없이 예전처럼 신자의 마음을 장악하여 다시 육체의 본성을 따라 구원 이전의 죄악 된 모습으로 되돌아가려는 경향성을 갖기 때문이다.

신자가 [성령충만]을 유지하지 못하고, 죄의 유혹에 빠져 [성령소멸]을 경험할 때마다 좀비처럼 살아나 우리의 신앙 성장을 방해하는 옛 본성을 무력화시키는 방법은 **[오직 예수 그리스도의 십자가와 보혈, 그리고 내주하시는 성령 하나님의 도우심]**으로 옛 본성을 십자가에 못 박는 것뿐이다.

[16] 내가 이르노니 너희는 성령을 따라 행하라 그리하면 육체의 욕심을 이루지 아니하리라
[17] 육체의 소욕은 성령을 거스르고 성령은 육체를 거스르나니 이 둘이 서

로 대적함으로 너희가 원하는 것을 하지 못하게 하려 함이니라(갈 5:16-17, 개정)

[24] 그리스도 예수의 사람들은 육체와 함께 그 정욕과 탐심을 십자가에 못 박았느니라(갈 5:24, 개정)

또한 십자가는 믿음을 실천하며 살아가는 신자에게 나타나는 죄, 저주, 가난, 질병의 문제를 해결할 수 있는 유일한 길이다. 그러므로 신자는 예수님의 십자가를 단순히 구원을 얻기 위한 것으로만 이해하지 말고 3가지 역할로서의 십자가를 이해해야 한다.

- 그리스도의 십자가 3가지 역할 이해하기 -

1. 예수님의 십자가는 나의 모든 죄를 사하시고 구원하시기 위한 대속(代贖)의, 구원의 십자가이다.

2. 예수님께서 십자가에 못 박혀 돌아가실 때, 나의 옛 본성 또한 십자가에 못 박혀 죽었다. 그러므로 나의 옛 본성은 십자가에서 죽어 나와 관련이 없고, 더 이상 나에게 영향력을 행사할 정당한 법적 권한이 없다. 이제 나는 이 불법적인 권한에 복종하지 않을 것이며, 주님께서 부활하신 같이 거룩한 새 본성으로 거듭나 내주하시는 성령 하나님께만 순종하는 삶을 살 것이다.

이제 내 안에 남아 있는 육체의 본성(옛 본성)은 내가 죄인 된 신분일 때와 같이 나를 강제로 억압할 법적인 구속력이 없고, 다만 남아 있을 뿐이다. 나는 옛 본성을 예수님께서 나를 대신하여 십자가에 못 박히심 같이 십자가에 못 박는다. 못 박힌 옛 본성은 이제 나와 아무런 관련이 없

다. 옛 본성은 십자가에 못 박혀 죽었고, 나는 옛 본성에 대해 죽는다. 곧 옛 본성에 대해 마치 죽은 것처럼 아무 반응 하지 않는다.

이제 나는 성령 하나님께서 내주하심으로 생겨난 새 본성에만 살아 있는 것처럼 반응한다. 그러므로 이제 나는 새사람이 되었다. 물론 악한 영의 유혹에 빠져 다시 죄를 짓고 성령충만을 잃어버린다면, 십자가에 못 박힌 옛 본성은 다시 힘을 얻어, 내 마음을 다시 장악하려 할 것이다. 하지만 나는 몇 번이든 죄를 자복하고 성령 하나님께 도움을 요청하여 성령충만을 회복할 것이다. 결국 나는 다시 내 마음에서 옛 본성의 영향력과 지배력을 무력화시키고, 새 본성으로 내주하시는 성령 하나님을 따라 거룩을 회복하여 하나님의 형상으로 살아갈 것이다.

3. 예수님의 십자가는 모든 저주, 죄, 가난, 질병으로부터 구원받은 신자를 자유하게 하신다. 이것이 가능한 이유는 예수님께서 우리를 위해 모든 저주, 죄, 가난, 질병을 십자가에서 직접 감당하셨기 때문이다. 나의 모든 연약함을 대신 짊어지신 예수님을 바라볼 때 이렇게 선포할 수 있다.

나의 모든 연약함은 주님께서 십자가에서 대신 감당하시어 짊어지셨다. 그러므로 나는 나를 얽매고 있던 모든 저주에서 풀려났다. 나의 모든 죄가 사함 받았다. 나를 괴롭히던 결핍과 가난이 떠나가고 나에게는 예수님의 충만함이 임했다. 모든 질병은 이제 더 이상 나를 붙들지 못하고 떠나갔다.

애석한 것은 한국교회 안에서 십자가를 붙드는 일이 점점 줄어들어 간다는 사실이다.

신자 스스로 무엇으로 다시 죄에서 깨끗해질 수 있나? 죄에 유혹받아 마음을 장악한 옛 본성을 어떻게 다시 마음에서 몰아낼 수 있나? 건강을 잃었을 때, 여러 가지 이유로 다시 가난해졌을 때, 어떻게 다시 회복할 수 있나? 십자가를 다시 붙드는 방법뿐이다.

십자가는 구원받을 때만 필요하고 이후에는 벽이나 문에 걸어두는 인테리어 소품이나, 장신구가 아니다. 신앙의 근본이자 시작점이다. 그렇다고 십자가를 부적처럼 여기라는 것이 아니다. 마음속에 새겨 늘 묵상하고 떠올리며 성화의 삶을 위해 구원 이후에도 더욱 붙들어야 한다.

- 성령 하나님의 도우심 간구하기 -

이는 그리스도 예수 안에 있는 생명의 성령의 법이 죄와 사망의 법에서 너를 해방하였음이라(롬 8:2, 개정)
이와 같이 성령도 우리의 연약함을 도우시나니 우리는 마땅히 기도할 바를 알지 못하나 오직 성령이 말할 수 없는 탄식으로 우리를 위하여 친히 간구하시느니라(롬 8:26, 개정)
도적이나 탐욕을 부리는 자나 술 취하는 자나 모욕하는 자나 속여 빼앗는 자들은 하나님의 나라를 유업으로 받지 못하리라 너희 중에 이와 같은 자들이 있더니 주 예수 그리스도의 이름과 우리 하나님의 성령 안에서 씻음과 거룩함과 의롭다 하심을 받았느니라(고전 6:10-11, 개정)
하물며 영원하신 성령으로 말미암아 흠 없는 자기를 하나님께 드린 그리스도의 피가 어찌 너희 양심을 죽은 행실에서 깨끗하게 하고 살아 계신 하나님을 섬기게 하지 못하겠느냐(히 9:14, 개정)

구원받은 신자가 다시 죄에 빠졌을 때, 어쩌면 스스로 죄에 빠졌는지조차 알지 못하고 헤매고 있을 때, 우리를 찾아와 주시고 깨달음을 주시며 죄에서 건져 주시는 분은 오직 성령 하나님뿐이시다. 죄에 빠진 것을 깨닫고도 죄와 싸울 힘이 부족해 죄에 끌려가며 좌절하고 있을 때, 이길 새 힘을 주시는 분 역시 성령 하나님뿐이시다.

신자가 옛 본성을 이기고 다시 옛 본성을 십자가에 못 박아 무력하게 만드는 것 역시 성령 하나님의 도우심이 없다면 불가능한 일이다. 그러므로 죄에 빠진 신자는 이 3가지를 기억해 내야 한다. 그것은 바로 ① 성령 하나님, ② 예수님의 보혈, ③ 십자가이다. 신자는 다음과 같은 과정을 통해 성령 하나님의 도우심으로 죄에서 벗어날 수 있다.

(1) 자신의 죄를 고백하고 죄와 싸워 이길 힘과 지혜와 능력을 성령 하나님께 간구한다.
(2) 예수님의 보혈의 피로 마음을 씻어, 마음을 장악한 옛 본성의 영향력과 지배력을 무력화시킨다.
(3) 옛 본성을 십자가에 못 박아 결박한다(그리스도의 십자가 3가지 역할 이해하기 참조할 것).

2) 십자가를 통해 회복된 하나님과의 관계

내가 그리스도와 함께 십자가에 못 박혔나니 그런즉 이제는 내가 사는 것이 아니요 오직 내 안에 그리스도께서 사시는 것이라 이제 내가 육체 가운데 사는 것은 나를 사랑하사 나를 위하여 자기 자신을 버리신 하나님의 아들을 믿는 믿음 안에서 사는 것이라(갈 2:20, 개정)

2024년 8월 3일 토요일 늦은 밤, 목회자에게 고독한 시간이 찾아왔다. 가족들은 모두 깊은 잠에 들었지만, 나는 여전히 책상 앞에 남겨져 있다.

나는 기도 후에, 갈라디아서 2:20절을 본문으로 정하고 **[믿음 안에서**

사는 삶]이라는 주제를 정하고 주일설교를 준비하고 있다. 나의 목회 경력은 이미 20년이 넘었고 매주 말씀을 준비하고 있지만, 주일 설교는 늘 어렵고 부담스럽기만 하다. 성경 66권 중에 어디를 설교해야 할지를 기도하며 정하는 일도 어렵지만, 이미 수십 번도 더 설교했을 본문을 마주하게 되면 똑같은 설교를 한 번 더 하게 되지 않을까 걱정하며 뭔가 더 새로운 메시지를 전해야 한다는 강박에 빠지곤 한다.

갈라디아서 2:20절은 믿음 안에서 사는 삶이란, 옛 본성을 십자가에 못 박고, 새 본성으로 사는 '새로운 삶'이라고 신자들에게 말한다. 내주하시는 예수님의 영(靈)이신 성령 하나님께 인생의 주도권을 내어드리고 거룩한 새 본성으로 그분을 기뻐하며 즐거이 따르는 삶을 설명하고 있다.

예수님께서 기꺼이 자신을 십자가에 내어주시고 우리를 구원하셨다면, 이제 내가 나 자신을 즐거이 그분께 내어드릴 차례이다. 예수님의 생명을 받으신 성부 하나님께서는 그 귀한 생명으로 수없이 많은 영혼을 구원하셨다. 이제 내가 나의 삶을 성부 하나님께 내어드리면, 그분은 보잘것없는 나의 삶을 그분의 지혜와 명철로 채우시고 값지게 사용하실 것이다.

하지만 나는 이미 이 본문을 통해 이러한 내용으로 성도들에게 전한 바 있다. 전혀 새로울 게 없는 본문을 두고 무척이나 고민스러웠다. 혹시 내가 놓치고 있는 것이 있는 것은 아닌가 기도드리며 살펴보고 또 살핀다.

각종 성경 주석과 다른 성경의 번역본(새번역, 쉬운성경, 바른성경, 우리말성경, 공동번역, NIV, NLT, NASB)을 찾아보며, 혹시 다른 해석이 있는지도 살펴보았지만 별 소득이 없다. 이만하면 할 만큼 했다는 생각에 그만둘 때도 되었는데, 이상하게도 기도를 하면 더 무언가 있는 것처럼 마음에 걸린다.

그때, 한쪽 구석에 놓여 있는 《유대인의 신약성경》이 눈에 들어왔다. 이 성경 번역본은 예수님을 믿는 유대인 공동체(메시아닉 쥬)를 위해 데이비드 H. 스턴이라는 유대인 학자에 의해 번역된 신약성경이다. 이 번역은 종종 성경에 대한 유대적 관점으로 나에게 새로운 해석을 가져다주곤 했다.

반사적으로 집어 들곤 갈라디아서를 찾았다.

메시아께서 십자가에 범죄자로 죽으셨을 때 나도 죽었고, 내 오만한 자아는 더 이상 살지 않습니다. 그러나 메시아께서 내 안에 사시며, 내가 지금 내 몸 안에 사는 삶은 나를 사랑하시고 나를 위해 자신을 주신 하나님의 아들이 가지셨던 동일한 신뢰할 수 있는 신실함으로 사는 것입니다.(갈 2:20, 유대인의 신약성경)

나는 순간 눈을 의심했다. **'하나님의 아들을 믿는 믿음 안에서 사는 삶'**을 **'하나님의 아들이 가지셨던 동일한 신뢰할 수 있는 신실함으로 사는 것'**이라고 번역해 놓았기 때문이다.

이 번역에 의하면 **'믿음 안에서 사는 삶'**은 예수님께서 성부 하나님께 대하여 가지셨던 무한한 사랑과 신뢰로 서로 연합되었듯이, 구원받은 우리 또한 성부 하나님과의 관계가 회복되어 무한한 사랑과 신뢰 속에서 그분과 함께 사는 삶을 뜻하는 것이 된다.

이 번역은 놀랍다. 이 번역은 단순히 **'믿음 안에서 사는 삶'**이 내 안에 옛 본성이 죽고, 내 삶의 주도권을 주님께 내어드리고, 새 본성으로 그분을 기뻐하며 따르는 삶에 그치지 않고, 그 이상의 의미가 있다고 말하는 것이다.

삼위일체 하나님이신 성부, 성자, 성령께서는 서로 무한한 사랑과 신뢰로 연합되어 계신다. 심지어 성부께서 성자 예수님을 십자가에 못 박으실 때조차, 성부 하나님의 이 요구를 거부하거나 의심하지 않으실 만큼 신뢰하셨다. 자신의 가장 귀한 생명을 요구하시는 일조차 성부 하나님을 믿고 따르실 만큼 신실한 믿음으로 하나이셨다.

마치 자신을 산 제물로 드리려는 아브라함 앞에 아무 말 없이 결박당한 채, 제단 위에 놓인 이삭처럼 말이다. 《유대인의 신약성경》이 보여 주고 있는 갈라디아서 2:20절은 새로운 새 본성의 삶을 보여 주고 있는 것이 아니라, 구원받아 회복된 자녀와 아버지 하나님과의 관계를 보여 주고 있다.

《유대인의 신약성경》에 의하면 구원받은 하나님의 자녀는 이제 성부, 성자, 성령 하나님께서만 누리셨던 그 완전한 사랑과 신뢰의 관계에 포함되어, 하나님과 함께 살아간다.

이 얼마나 놀라운 일인가?

나는 이런 번역을 이전에 본 일이 없다. 이전에 갈라디아서 2:20절을 이렇게 해석해 본 적이 없다. 심장이 두근거렸다. 하지만 이 번역은 옳은가? 근거가 있는 걸까? 이 번역이 헬라어 성경 원문의 뜻과 일치하는 걸까? 단순히 유대적 관점이 일반적인 기독교적 관점과 달라서 일어난 현상이 아닐까?

나는 곧바로 의구심에 빠지고 말았다. '목회자로서 검증하지 않고 이 번역을 하나의 흥밋거리로 성도들에게 소개할 수는 없는 노릇 아닌가?' 좀 더 신중할 필요가 있다.

곧바로 검증에 들어갔다. 검증을 위해 본문 자체의 문맥을 살피던 중 나는 이 번역이 옳다는 증거를 성경에서 발견하고 확신하게 되었다. 그 증거는 갈라디아서 2:19절이다.

내가 율법으로 말미암아 율법에 대하여 죽었나니 이는 하나님에 대하여 살려 함이라(갈 2:19, 개정)

나는 율법과의 관계에서는 율법으로 말미암아 죽어버렸습니다. 그것은 내가 하나님과의 관계 안에서 살려고 하는 것입니다.(갈 2:19, 새번역)

대한성서공회에서 출간한 개역개정과 새번역성경에 따르면, 갈라디아서 2:19절은 '나와 율법과의 관계', 그리고 '나와 하나님과의 관계'를 설명하고 있다. 그런데 단순히 19절 한 절로는 이 모든 것을 설명하는 것이 충분하지 않다. 때문에 20절에서 보다 깊이 이 내용을 다루고 있다.

이러한 이유로 갈라디아서 2:20절은 단독으로 해석하면 안 되고, 19절에 속한 종속된 구절로 보고 19절의 내용을 전제(前提)로 20절이 해석되어야 한다.

다시 말해 19절에 언급된 구원 이후, ① '나와 율법의 관계', 그리고 ② '나와 하나님과의 관계'를 보다 명확하게 설명하는 차원에서 20절이 쓰이게 되었다는 의미이다.

그런데 기존의 개역개정을 따르면 갈라디아서 2:20절은 율법에 의해 정죄된 옛 본성을 십자가에 못 박고, 자유를 얻어 예수님 안에서 새 본성을 따르는 새로운 삶 정도로만 해석이 가능하다.

이것은 틀린 번역은 아니지만, 19절이 요구했던 2가지 중, ① '나와 율법의 관계'는 보다 구체적으로 설명되지만, ② '나와 하나님과의 관계'는 충분히 드러내지 못한 번역이 되는 것이다.

그런데 《유대인의 신약성경》이 제시한 대로, **'하나님의 아들이 가지셨던 동일한 신뢰할 수 있는 신실함으로 사는 것입니다'**로 20절을 번역하면 구원 이후, 새로운 아버지 하나님과 구원받은 자녀와의 관계가 너무도 선명하게 드러난다.

즉, 성부 하나님과 성자 예수님께서만 누리셨던 그 완전한 사랑과 신뢰를 구원받은 하나님의 자녀에게도 허락하셔서 동일한 수준의 사랑을 누리게 하셨다는 것이다.

나는 이 번역을 두고 감사드렸다. 갑자기 아버지 하나님께서 예수님을 십자가에 못 박으시면서까지 얻고자 하신 것이 무엇인지 분명하게 이해되었기 때문이다. 아담과 하와가 타락하지만 않았더라면 우리는 얼마나 깊은 하나님의 사랑 속에서, 얼마나 깊은 하나님과의 신뢰 속에서 살았을까?

예수님처럼 성부 하나님의 사랑을 완전히 이해하고 실천하는 수많은 자녀로 인해 온 땅에 사랑으로 충만한 지구를 상상해 볼 수 있게 되었다.

태초에 성부 하나님께서는 이러한 사랑과 기쁨으로 가득 찬 세상을 만들고자 하셨다. 그런데 타락으로 기쁨이 되어야 할 자녀들이 죄악에 죽어 갈 때, 슬픔과 절망, 죽음으로 가득 찬 세상을 바라보시고 얼마나 마음이 아프셨을까?

하나님께서는 사랑을 나누고 싶으셨다. 이 사랑이 온 우주 가운데 확장되어 충만하길 원하셨다. 사랑으로 하나 되는 기쁨을 아담과 하와가 깨달아 알기 원하셨다. 일개 피조물에게 창조주이신 성부, 성자, 성령 하나님만이 누리실 수 있는 사랑의 관계 안으로 그들을 초대하신 것이다.

그렇다면 아담과 하와의 타락은 하나님께 얼마나 큰 고통과 상처가 되었을까? 이것은 삼위일체 하나님께서 느끼실 수 있는 최대한의 고통이셨을 것이다. 사랑으로 하나 된 끈이 끊어진 고통은 감히 인간이 상상할 수 없는 고통일 것이다.

예수님께서는 아담과 하와가 감당해야 할 죄의 고통을 십자가에서 감당하셨는데,

"어찌하여 나를 버리셨나이까!"라고 하시며 절규하셨다.

제구시쯤에 예수께서 크게 소리 질러 이르시되 엘리 엘리 라마 사박다니 하시니 이는 곧 나의 하나님, 나의 하나님, 어찌하여 나를 버리셨나이까 하는 뜻이라(마 27:46, 개정)

십자가 위에서 예수님께서 감당하셨던 고통 가운데, 육체적인 고통(채찍질과 매달리심)과 정신적인 고통(비난과 조롱), 영적인 고통(사랑으로 연합된 하나님과의 관계에서 버려지는 고통) 중에 가장 견디기 힘들었던 것은 영적인 고통이셨다.

태초 전부터 사랑으로 하나이셨던 삼위일체 하나님께서 인간이 짊어져야 할 죄의 대가를 예수님께서 대신 짊어지시는 과정에서 한 번도 경험해 보지 못했던 완전한 사랑에서의 단절을 경험하셔야 했기 때문이다.

죄 중에 태어나(원죄 가운데 출생) 하나님과 단절된 채 태어난 자연인인 우리는 이 고통을 알지 못한다. 하지만 10달 동안 어머니 뱃속에서 탯줄로 연결되어 하나 된 아기가 탯줄이 끊기고 세상 밖으로 나왔을 때 느끼는 그 두려움과 고통을 우리는 알고 있지 않나?

사랑으로 하나 된 상태에서 관계의 단절은 끔찍한 고통이다. 사랑하는 자녀를 잃어버린 부모는 일상생활이 불가능할 정도로 심각한 고통 속에 살아가게 된다. 아담과 하와의 타락은 성부, 성자, 성령 하나님께 커다란 상처와 고통을 주었다.

그런데도 구원받은 성도들은 그저 천국에 가게 된 것만으로 만족하려고 한다. 지옥으로 떨어지지 않는 것으로 만족하려는 것이다. 다시 하나님을 아버지로 만난 기쁨, 다시 완전한 사랑을 누리게 된 기쁨을 누리려 하지 않는다.

구원은 시작일 뿐이다. 구원은 우리를 예수님과 성부 하나님이 누리셨던 완전한 사랑의 관계 안으로 이끈다. 우리에게 허락된 구원은 천국에서 멈추게 되는 것이 아니라, 훨씬 더 충만한 삶으로 이끄는 것이다. 한번 시작된 구원은 신자 안에서 멈추지 않는다. 신자가 옛 본성을 십자가에 못 박고, 예수님과 같은 자녀가 되기를 소망한다면 놀라운 사랑 안에서 하나님의 충만을 누릴 수 있게 한다.

하나님께서는 사랑하는 자녀들이 요구하는 기도에 기쁜 마음으로 응답하시기 원하신다. 그런데 아주 많은 경우, 하나님께서는 주시고자 하시나, 못 주시는 경우가 너무나 많다.

옛 본성을 십자가에 못 박지 못해, 구원 이후에도 옛 본성에 이끌려 사는 신자에게 물질의 복을 허락하신다면 그 신자는 어떻게 될까?

신자가 간구하여 하나님의 은혜로 얻은 물질은 옛 본성을 만족시키기 위해 사용될 것이다. 신자는 이제 산처럼 쌓인 재물로 이전보다 더 많은 죄를 짓게 될 것이 분명하다. 좋으신 아버지께서 이런 결과를 모르실까? 이것이 자녀를 사랑하시는 아버지의 결정일까?

우리는 이미 로또에 당첨된 많은 사람이 당첨금으로 인해 인생이 망가지고, 이전보다 오히려 더 불행해졌다는 것을 알고 있다. 그들의 가난은 근본적으로 돈이 없는 것이 문제가 아니었다. 재물을 감당할 수도, 관리할 수도 없는 그들의 마음이 문제인 것이다

신자의 경우도 마찬가지이다. 어리석게도 주시는 분에게 문제가 있는 것이 아니라, 받는 신자 자신에게 문제가 있다는 사실을 간과한다. 하늘의 복은 받아 누릴 수 있는 자에게 임한다. 좋으신 아버지 하나님은 인색한 분이 아니시다. 후히 주시고 꾸짖지 않으시는 아버지 하나님이시다.

그렇다면 무엇을 구하기 전에 복을 받아 누릴 수 있는 자녀가 되어야 하지 않을까? 하나님 아버지께서 예수님께 인색하셨던 적이 있었던가? 예수님께서 공생애를 사실 때, 부족함이 있었나? 아니다. 예수님과 같은 하나님의 자녀가 된다면 아버지께서는 하늘의 충만을 얼마든지 허락하셨을 것이다.

물론 예수님과 같은 하나님의 자녀가 헛된 곳에, 헛된 일에 하늘의 충만을 낭비할 일도 당연히 없을 것이다. 하늘의 복은 예수님과 같은 수준의 하나님의 자녀에게 반드시 임한다.

하늘의 복을 받기 원하나?
그렇다면 예수님 수준의 하나님 자녀가 되자.
반드시 받을 것이다.

신자에게 가장 큰 복과 힘은 내면의 변화에서 시작된다는 사실을 기억해야 한다. 이 세상에 두려울 것도, 염려할 것도, 부족한 것도 없는 사람이 있다면 그는 성부 하나님의 사랑 안에 거하는 자일 것이다. 구원은 하나님과 나와의 관계를 회복하여 그분의 사랑 안에 살게 한다.

구원은 천국에서 멈추지 않는다.
진정한 구원은 하나님과의 관계 회복이다.
이것이 구원의 목적이다.

구원받은 신자 안에 시작된 구원은 내주하시는 성령 하나님을 통해 이루어져 간다. 신자는 자신 안에서 예수님 수준의 하나님 자녀가 되도록 독려하시는 성령 하나님을 발견해야 한다. 그리고 성령 하나님의 목표에 완전히 동의하여 예수님과 같은 하나님의 자녀가 되기로 결단해야 한다.

바로 이때 성령께서 일하신다.

나는 이 목표에 동의해도 도달할 능력이 없는데, 성령께서 힘 있게 도우신다. 이 목표를 이루기 위해 결단하고 소망하는 자녀에게 성령께서는 진정 있는 힘을 다해 함께하시고 이끄신다. 나는 그저 이러한 삶을 나의 목표로 받아들이고 성령 하나님의 인도하심을 따른 것뿐인데, 날로 새로워진다. 옛 본성을 거부하고 새 본성을 따라 성령 하나님의 인도하심을 받았을 뿐인데, 지혜와 능력이 충만해진다.

우리가 이러한 새 삶을 거부할 이유가 있을까?
새 일을 행하시는 성령 하나님을 믿고 따르자!

사람은 누구나 의지할 대상을 필요로 한다. 정말 신뢰해도 되고, 무슨 말을 해도 다른 사람에게 새어 나갈 일이 없어 모든 비밀을 털어놓아도 될 만한 누군가를 찾고 있다. 정말 나를 걱정해 주고, 나를 위해서는 자신의 희생도 마다하지 않는 존재를 우리는 찾고 있지 않은가? 항상 어려운 일을 당해도 지혜와 지식이 충만해서, 언제든지 나를 도울 수 있는 능력이 많은 누군가를 찾고 있지 않은가?

갈라디아서 2:20절은 구원받은 신자에게 이런 성부 하나님과 새로운 삶이 시작되었다고 말한다. 그것은 예수님과 성부 하나님, 성령 하나님께서만 누리셨던 것인데, 우리에게도 이러한 관계 안에 들어오게 하셔서 예수님께서 누리셨던 그 평안을 우리도 누리게 하신다라고 말한다.

나는 이 번역을 통해 큰 위로를 얻었다. 이것을 누리지 못하는 성도가 우리 교회 안에 없기를 기도하게 되었다. 이러한 관계를 회복할 수 있다면, 이런 하나님께서 나와 함께하신다면 그 어디서든 천국을 누릴 수 있겠다고 확신하게 되었다.

II. 자아(自我)의 죽음과 십자가(十字架), 그리고 성장을 위한 [영적 겨울]

1) 자아의 죽음과 십자가

내가 그리스도와 함께 십자가에 못 박혔나니 그런즉 이제는 내가 사는 것이 아니요 오직 내 안에 그리스도께서 사시는 것이라(갈 2:20, 상반절 개정)

성경이 말하는 '자아의 죽음', 즉 "이제는 내가 사는 것이 아니요 오직 내 안에 그리스도께서 사시는 것이라."를 어떻게 설명하는 것이 좋을까?

불교의 무아(無我)의 개념이 아니면서, 기독교만의 독특한 개념인 '자아(自我)의 죽음'을 이해하고 설명하는 것은 목회자인 나에게도 상당히 어려운 일이다. 너무나 현학적이거나 추상적인 개념으로 설명하면 신자는 구체적인 삶으로 살아 낼 수 없기 때문이다.

신자는 '자아(自我)의 죽음'을 통해서만, 완전한 신앙의 성장과 참된 평안을 누릴 수 있는 [새 사람의 삶]을 살아갈 수 있다. 단순하게 '자아의 죽음'을 설명하자면 죄를 따르던 '옛 사람의 죽음'을 말한다. 하나님의 평안에 닿을 수 없는 죄인의 삶을 의미한다.

평안을 너희에게 끼치노니 곧 나의 평안을 너희에게 주노라 내가 너희에게 주는 것은 세상이 주는 것과 같지 아니하니라 너희는 마음에 근심하지도 말고 두려워하지도 말라(요 14:27, 개정)

예수님께서 우리를 위해 십자가를 지신 것은 ① 우리를 죄에서 구원하시고, ② 하나님의 자녀 삼으셔서, ③ 죽음의 두려움이 없는 완전한 평안 속에서 살게 하려 하심이다.

주님께서는 십자가의 고난을 통해 우리에게 구원을 베푸시고 요한복음 14:27절의 말씀을 통해 "너희는 마음에 근심하지도 말고, 두려워하지도 말라"라고 하셨다. 예수 그리스도께서 십자가를 통해 완전한 구원을 우리에게 주신 것이 맞다면, 그래서 온전한 평안을 신자에게 주신 것이 맞다면, 구원받은 신자의 마음에는 더 이상 어떠한 근심도, 두려움도 존재해서는 안 된다.

그럼 현재 교회를 다니는 신자의 마음에는 근심도, 두려움도 없는가?

아마도 많은 신자가 그렇지 않다고 고백할 것이다. 이는 모순이다. 구원을 이루신 것은 맞는데, 참된 평안이 우리에게 부어진 것이 맞는데, 어째서 우리는 여전히 불안하고, 근심이 많으며, 온갖 두려움에 시달리며 살아가는 것일까?

그런즉 누구든지 그리스도 안에 있으면 새로운 피조물이라 이전 것은 지나갔으니 보라 새 것이 되었도다(고후 5:17, 개정)

신자는 여전히 염려, 근심, 걱정, 두려움에서 벗어난 '새로운 피조물', '새 것', '새사람'의 삶을 살아 내지 못하고 있다.

이것은 예수 그리스도의 십자가를 통한 구원이라는 원론(原論)이 잘못되어 일어나는 현상이 아니라, 이 구원을 신자의 삶에 적용하는 각론(各論)을 실천하는 과정에 문제가 있기 때문에 일어나는 현상이다.

즉 예수님께서 십자가의 고난을 통해 이루신 완전한 구원을 신자가 어떻게 받아들이고, 어떻게 삶으로 구현해 낼 수 있나? 에 대한 적용에 문제가 있다는 뜻이다.

여기에는 두 가지 문제가 있다. 첫 번째는 구원을 신자 개개인에게 적용하는 데 정확한 지식이 없을 수 있다는 것이다. 두 번째는 구원을 자신에게 적용하는 구체적인 지식이 있음에도 여전히 죄 가운데 머물고자 하는 옛 본성을 극복하지 못해 영적 성장을 온전히 이루지 못한 경우이다.

신자는 구원을 죽은 뒤에 천국 가는 것으로 제한하여 이해해서는 안 된다. 십자가의 보혈은 죽음 뒤에 우리의 영혼을 천국으로 이끌 뿐만 아니라, 살아 있는 동안 신자로 하여금 다시는 죄에 종노릇하지 않게 하여서 새 본성의 삶, 새 사람의 삶을 이 땅에서 살아가게 한다.

다시 말해, 천국에서 누릴 수 있는 삶을 이 땅에서도 누릴 수 있게 한다는 것이다. 죄인인 우리를 자녀삼아 예수님 수준의 하나님의 아들, 딸로 살아가게 해 준다는 의미인 것이다. 신자가 끊임없이 순종으로 내주하시는 성령 하나님을 믿고 따르면, 성령께서는 반드시 예수님 수준의 하나님 자녀로 우리를 성장시켜 주신다.

이렇게 영적으로 성장한 신자의 마음에는 참된 평안이 있다. 마침내 성부, 성자, 성령 하나님께서만 누리시는 참된 평안을 자녀 된 신자에게도 허락하셔서 함께 누릴 수 있게 되었기 때문이다.

우리가 성경 공부를 하고, 끊임없이 예배하여, 찬양하며, 봉사하고, 전도하는 것은 바로 이러한 새 사람의 삶을 살아 내 증거하고, 세상에 이러한 새로운 삶의 방식을 전하기 위함이다. 새로운 삶의 길이 은혜로 열렸기 때문에 더 이상 근심하며, 두려워하며 살 필요가 없게 되었다고 세상에 알리는 것이다.

이를 위해 우리가 먼저 이러한 새로운 삶을 살아 내어 세상에 증명해야 한다. 나만 새로운 피조물이 될 것이 아니라, 우리 자녀들과 이웃 모두가 구원받아 예수님과 연합한 새로운 삶을 함께 누려야 하기 때문이다.

그런데 이러한 새로운 삶의 길목에는 신자가 반드시 겪어야 하는 옛 본성의 죽음이 있다.

[1] 그런즉 우리가 무슨 말을 하리요 은혜를 더하게 하려고 죄에 거하겠느냐
[2] 그럴 수 없느니라 죄에 대하여 죽은 우리가 어찌 그 가운데 더 살리요
[3] 무릇 그리스도 예수와 합하여 세례를 받은 우리는 그의 죽으심과 합하여 세례를 받은 줄을 알지 못하느냐
[4] 그러므로 우리가 그의 죽으심과 합하여 세례를 받음으로 그와 함께 장사되었나니 이는 아버지의 영광으로 말미암아 그리스도를 죽은 자 가운데서 살리심과 같이 우리로 또한 새 생명 가운데서 행하게 하려 함이라
[5] 만일 우리가 그의 죽으심과 같은 모양으로 연합한 자가 되었으면 또한 그의 부활과 같은 모양으로 연합한 자도 되리라
[6] 우리가 알거니와 우리의 옛 사람이 예수와 함께 십자가에 못 박힌 것은 죄의 몸이 죽어 다시는 우리가 죄에게 종 노릇 하지 아니하려 함이니
[7] 이는 죽은 자가 죄에서 벗어나 의롭다 하심을 얻었음이라
[8] 만일 우리가 그리스도와 함께 죽었으면 또한 그와 함께 살 줄을 믿노니
[9] 이는 그리스도께서 죽은 자 가운데서 살아나셨으매 다시 죽지 아니하시고 사망이 다시 그를 주장하지 못할 줄을 앎이로라
[10] 그가 죽으심은 죄에 대하여 단번에 죽으심이요 그가 살아 계심은 하나님께 대하여 살아 계심이니

[11] 이와 같이 너희도 너희 자신을 죄에 대하여는 죽은 자요 그리스도 예수 안에서 하나님께 대하여는 살아 있는 자로 여길지어다(롬 6:1-11, 개정)

로마서 6장은 신자에게 예수 그리스도와 연합한 새로운 삶으로 가는 길목(과정)에 반드시 옛 사람(옛 본성, 옛 자아)의 죽음이 있다고 말한다. 신자가 예수님의 십자가의 공로로 모든 죄를 용서받고 새로운 삶을 살게 되었지만, 이것이 신자의 삶에 적용되기 위해서는 '옛 사람의 죽음'이라는 과정이 반드시 일어나야 함을 명시하고 있다.

따라서 '옛 사람의 죽음'은 '새로운 삶의 시작'이 된다. 옛 사람, 즉, 옛 자아가 여전히 영향력과 지배력을 가지고 신자의 삶에 개입된다면, 신자는 새로운 삶을 살아 낼 수 없다.

즉 육체의 눈에 보이는 증거에만 반응하는 옛 사람은 신자로 하여금 육체의 눈에 보이지 않는 영이신 하나님과 성경 말씀만을 붙잡고 새롭게 살아가려는 새 사람의 삶을 방해한다.

신자의 새로운 삶에 개입하여, '어떻게 눈에 보이는 증거도, 뚜렷한 변화도 없는데, 어리석게 믿음만을 증거 삼고, 의지해서 살아갈 수 있나?'라며 불안과 염려, 근심, 두려움을 만들어 신자의 새로운 삶을 엉망으로 만들어 버린다.

하나님께서 신자의 마음에 부어 주신 100%의 완전한 평안은 옛 본성의 개입이 일어나면 30%도 누리지 못하고 두려워하다 이내 마음에서 사라져 버린다. 마음의 주도권을 옛 본성에 빼앗겨 버리면, 그리스도와의 연합은 느슨해진다. 염려, 근심, 걱정, 두려움의 시간이 길어질수록 [성령 소멸]이 일어나 신자는 하나님의 도움을 받을 수 없는 [영적 고립상태]

에 빠지게 된다.

따라서 신자는 옛 사람의 죽음에 대한 올바른 이해와 그 과정을 보다 구체적이고 분명하게 알아야만 한다.

2) 성장의 [영적 겨울]

A 군은 신실한 크리스천이다. 나는 대학로에서 연극인을 위한 예배공동체 사역을 하다, 연극인의 삶을 시작한 A 군을 만나 알게 되었다. A 군은 좀 특별한 이력을 갖고 있다. 그는 20대의 젊은 나이에 스스로 성공을 이룬 동대문 상가에서 잘나가던 의류업계 대표였다.

그런데, 자신의 성공과 부를 과시하며 살던 그에게 회심의 기회가 허락되었다. 하나님의 은혜가 그에게 임한 것이다. A 군은 하나님께서 허락하신 회심의 기회를 놓치지 않았다. 그는 이후 진정한 변화를 통해 신실한 신자가 되었다. 그리고 그는 자신의 성공을 내려놓고 대학로에서 연극인이 되어 공연을 통해 하나님께 영광 돌리는 길을 선택해 가난한 연극인이 되었다.

나는 A 군이 하나님 안에서 신실하게 변화되는 과정을 늘 가까운 거리에서 목격할 수 있었다. 이후, 10여 년의 세월이 흘러 A 군은 아름답고 신실한 여인을 만나 결혼도 하고, 자녀도 갖게 되었다. 화목한 가정을 이룬 그를 하나님께서는 계속해서 영적으로 성장시키셨다. 그러던 어느 날, 정기적으로 만남을 통해 교제하던 A 군에게 보다 놀라운 변화가 찾아왔다.

2024년 8월은 매우 뜨거운 여름이었다. 한국을 비롯한 전 세계가 이상기온을 경험했는데, 38°C를 훌쩍 넘는 더위와 열대야로 무척이나 심신이 지쳐 있었다.

나는 A 군에게 전화를 걸어 안부를 물었는데, 그는 매우 걱정스러울 만큼 우울한 목소리로 답했다. 심지어 이 무더위에도 휴가 생각이 나지 않을 만큼 영적으로 힘든 시기를 보내고 있다고 하였다.

나는 A 군이 지금까지 숱한 어려움을 기도와 말씀으로 돌파해 온 것을 지켜보았기에 어렵겠지만 잘 이겨 낼 수 있을 거라고 확신했지만, 왠지 이전과 뭔가 다르다는 생각이 들었다.

나중에 A 군을 만났을 때, 그에게 임한 어려움이 그저 단순한 경제적인 어려움과 인간관계에서 오는 반목, 오해, 시기 등과 같은 수준의 것이 아니라는 것을 알게 되었다. 이것은 매우 영적인 절망이었으며, 하나님과의 영적인 단절에서 오는 것이었다.

A 군은 마치 욥처럼 자신은 아무런 잘못이 없는데, 하나님과의 소통이 단절되는 고통을 느끼고 있다고 호소하였다. 자신 안에 아무런 생명을 찾을 수 없다고 표현했다.

"마치 하나님께서 사라지신 것 같아요! 기도해도 응답하지 않으시고, 그분의 임재가 느껴지지도 않고 버림받은 것 같은 [영적인 공허함]에 완전히 낙심했습니다. 지금까지 경험했던 그 어떤 것으로도 지금 이 상황을 설명할 수가 없어요……."

A군은 '영적인 어두움'을 경험하고 있었다.

"내 안에 마치 생명이 없는 것 같았어요. 너무 괴로워서 아무것도 할 수 없었어요. 아무것도 하고 싶지 않고, 어떻게 해야 할지도 모르겠더라구요. 그런데 전에 같았으면 이 '영적인 공허함'을 채우기 위해 쇼핑을 하거나, 취미 생활을 하거나, 영화나 여행 등으로 채웠을 텐데, 이번에는 그 무엇으로도 채우고 싶지 않았어요. 그냥 하나님께서 돌아오셔서 채워 주시기를 마냥 기다렸습니다……."

A 군이 경험하고 있는 '영적인 어두움'은 하나님과의 [영적 단절]에서 온 것이다. 그런데 A 군이 겪고 있는 [영적 단절]은 신자가 자범죄를 지어 영적으로 하나님과 단절된 것과는 전혀 다른 종류의 것이다. 신자는 죄를 짓지 않아도 이러한 영적인 단절이 올 수 있다는 것을 알아야 한다.

그렇다면 사랑이 많으신 하나님께서 왜 이러한 [영적 단절]을 신자에게 허락하시는 걸까?

잔느 귀용은 이러한 [영적 단절]을 [영적인 겨울]이라고 하였다.

> 나는 겨울이라는 계절이 그리스도인의 삶에서 일어나는 변화를 이해할 수 있는 훌륭한 예라고 생각한다. 하나님께서 자기 백성들의 삶에서 불완전한 것들을 제거하기 위해 행하시는 정화 작업을 겨울을 맞이하는 식물의 세계가 잘 반영하고 있기 때문이다. 초록의 아름다운 잎사귀들 아래에는 온갖 종류의 불완전함과 결함이 숨어 있었다. 단지 아름다운 잎사귀들이 그 결점들을 가리고 있었을 뿐이다. 하지만 이제 그 결함들이 당신 앞에 충격적일 정도로 적나라하게 모습을 드러낸다![11]

11 잔느 귀용, 《영적 성장 깊이 체험하기》, 김진선 역, 생명의말씀사, 2007, p.21-22.

하나님과의 진정한 관계를 방해하는 가장 큰 요소는 '자아'에 대한 무지(無知)이다. 영적 겨울은 이를 직면하게 만든다. 하나님께서는 [영적 겨울]을 통해 게으른 신자의 영혼이 스스로 얼마나 비참한 상태에 있는지를 깨닫게 하고, 하나님을 형식적으로 따르고 예배하던 안일함에서 깨어나 참된 내면의 변화로 나아가게 한다.

나무는 겨울이 되면 잎을 모두 잃고 겉으로는 마치 죽은 듯 보인다. 하지만 실제로는 그 안에서 생명이 깊이 보존되고 있다. 봄과 여름 동안 겉으로 드러나는 무성한 잎과 꽃을 유지하느라 힘을 쏟았다면, 겨울은 그 에너지를 다시 뿌리와 줄기로 돌려보내어 다음 계절을 준비하는 숨은 과정이다.

우리의 신앙도 이와 같다. 하나님은 때때로 우리의 삶에서 눈에 보이는 화려함과 성취, 그리고 겉으로 드러나는 신앙의 형식을 하나씩 걷어가신다. 그럴 때 우리는 마치 무너지고 비워진 듯 느낄 수 있지만, 사실은 하나님께서 내면의 가장 깊은 곳을 만지시며 본질을 회복하는 시간을 주시는 것이다.

영적 겨울은 성장의 멈춤이나 실패가 아니다. 오히려 하나님께서 직접 개입하셔서 우리를 다듬으시고, 우리가 스스로는 도달할 수 없는 성숙과 거룩으로 이끌어 가시는 특별한 시기이다. 겉으로 보기에는 황량해 보여도, 그 속에는 더 깊은 뿌리가 자라 다가올 찬란한 봄을 준비하고 있다.

우리는 종종 하나님을 위해 일한다는 명분으로 열심히 헌신하고 있지만, 그 안에는 여전히 드러내지 않은 채 자기 의(義)를 추구하는 옛 본성이 작용하고 있을 수도 있다. 이것은 위장된 헌신이다. 겉으로는 하나님을 위해 일하는 것 같지만, 실제로는 사람들 앞에서 자신을 드러내기 위한 거짓된 헌신으로, 옛 본성의 자기기만에 빠져 스스로 분별해 내지 못한다.

이처럼 [영적 겨울]은 신자의 미숙함으로 인해 분별하지 못했던 숨겨진 옛 자아까지 철저히 드러내 깨뜨리며, 그리스도께 온전히 의지하는 법을 배우게 한다. 이는 [영적 겨울]이 신자에게 가져다주는 은혜 중 하나이다.

보다 구체적으로 아무 잘못도 없는 신자에게 하나님께서 [영적 겨울]을 허락하시는 이유와 이 [영적 겨울]이 신자에게 주는 유익을 정리해 보면 다음과 같다.

(1) 하나님 자녀의 삶에서 불완전한 것들을 제거하기 위해 행하시는 정화작업이다.

(2) 구원을 받았으나, 여전히 불완전하고 결함투성인 자신을 성공한 사람으로 보이게 하려는 신자의 어리석음을 그치게 하려 함이다.

(3) 비참한 자신의 상태를 깨닫고 주님을 편하게 따르려던 안일함에서 벗어나게 하려 함이다.

(4) 쓸모없는 영적 소비(신앙을 외식적인 예배 행위나, 실천 없는 유명 목회자의 설교 듣기, 봉사 등으로 대신 하려는)를 줄여, 그리스도 수준으로 자라는 [영적 성장]에 집중하게 하려 함이다.

(5) 신자의 성품을 그리스도의 성품으로 바닥부터 다시 세워 가심이다.

(6) [하나님을 위하여] 자신이 뭔가를 하기보다 [하나님에 의해서] 살아가는 삶을 가르치기 위함이다.

(7) 이러한 [영적 겨울]은 신자 자신의 자랑할 만한 모든 것을 무너뜨리시고, 새롭게 그리스도로 살게 하시려는 하나님 아버지의 순결한 사랑에서 비롯된 것이다.

타락한 사람의 비참함은 스스로 죄를 짓고도 자신이 타락한 것조차 알지 못할 뿐 아니라, 스스로 죄를 해결할 능력도 없지만, 구원받은 이후에도 여전히 남아 있는 옛 본성조차 이길 힘이 없다는 데 있다.

때문에 성경과 교회를 통해 '옛 본성'에 대해 알고는 있지만, 막상 옛 본성이 마음에 개입하면 성령께서 부어 주신 평안을 지키지 못하고, 그 영향력에 무너져 죄 가운데 스스로 빠지는 일을 경험하게 된다.

그렇다면, 구원 이후에도 나와 함께 내 몸을 공유하고 있는 이 옛 본성을 어쩌란 말인가? 내 힘으로 이길 수도, 영원히 쫓아낼 수도 없는데, 내가 뭘 할 수 있단 말인가? 이미 옛 본성이 마음을 장악하여 죄짓는 것이 싫지 않은데, 어떻게 다시 주님께 돌아갈 수 있나? 하나님 앞에 죄인의 모습으로 사는 것보다, 옛 본성의 끌림대로 자신의 힘으로 스스로 성공하여 세상에서 인정받고 싶은데 어떻게 포기할 수 있나?

아니, 걱정하지 않아도 된다. 우리를 너무나 잘 아시는 아버지 하나님께서는 바로 이러한 때에 우릴 찾아오셔서 회복할 기회를 주신다. 그것이 바로 [영적 겨울]이다.

사계절이 순환하며 찾아오듯이, [영적 겨울]은 죄에 기울어진 우리의 삶을 바로잡기 위해 반드시 온다. 옛 본성이 너무나 집요하여 신자를 괴롭힌다고 해도 자녀를 향한 하나님의 순결하신 사랑이 훨씬 더 크다.

아무리 밖에 나가 진흙탕에 뛰어놀아도, 집으로 돌아오면 따뜻한 물과 성실한 어머니의 손길이 더러운 모든 것을 씻어 내어 주시는 것처럼 말이다.

비록 우리가 옛 본성과 싸워 이길 힘은 없지만, 옛 본성에 대해 죽을 수는 있다. 죽은 것처럼 아무런 반응을 하지 않을 수 있다. 심지어 옛 본성이 우리의 마음을 장악하고 죄 가운데 빠뜨린다고 하여도 하나님 아버지께서 허락하신 [영적 겨울]을 통해 회개할 기회를 얻어 회복할 수 있다. 옛 본성의 이끌림이 현재의 삶 속에선 너무나 화려하고 매혹적일지라도 그 끝의 패망을 알고 있는 우리의 영혼이 여기에 반응할 필요는 없다.

신자는 이미 이러한 헛된 삶에 대해 더 이상 반응하지 않기로 신앙 고백하였다. 그리하여 이것을 위해 날마다 십자가를 진다. 날마다 우리를 유혹하는 옛 본성을 십자가에 못 박는다.

하지만 이미 옛 본성의 영향 아래 있거나, 악한 영의 지배력 아래 있다면, 하나님 아버지께서 허락하시는 [영적 겨울]을 기뻐하지 않을 수 있다. 개인의 명예를 하나님보다 더 소중히 여기고, 자존심 상하는 것이 싫으며, 세상 사람들에게 좋은 모습, 잘 사는 모습으로만 살아가려는 신자라면 [영적 겨울]은 재앙처럼 느껴질 수 있다.

자신의 잘못을 알고도 결단하여 돌아올 적당한 기회를 얻지 못했거나, 죄악 된 삶인 줄 알면서도 스스로 정리할 의지가 없는 경우, 그러나 하나님을 여전히 사랑하는 신자에게는 모든 불의를 그치고 돌아올 수 있는 정말 감사한 기회가 된다.

우리 안에 있는 옛 본성은 예수님을 나의 구주로 고백하고 성령 하나님을 선물로 받았을 때, 십자가에 못 박히고, 신자에 대한 모든 법적인 권한이 박탈되었다. 그러나 옛 본성은 십자가에 못 박힌 후에도 여전히 신자의 마음에 영향력과 지배력을 행사한다(어떠한 법적 권한 없이, 그러나 있는 것처럼 당당하게).

죄에서 해방된 신자는 더 이상 옛 본성에 반응해야 할 구속력(법적인)이 없기 때문에 아무런 반응을 하지 않아도 된다. 하지만 오랜 죄의 습성에 약화 된 마음은 옛 본성에 길들어 있어 자꾸만 반응하는 오류를 범한다. 이때 옛 본성은 신자의 마음을 장악하고 지배한다.

옛 본성은 십자가에 못 박혔으나, 완전히 죽은 것이 아니어서 순간 십자가의 결박을 풀고 영향력을 끼칠 수 있다.

그럼 도대체 옛 본성은 언제 죽는 것일까?

옛 본성은 신자가 새 본성의 삶에 완전히 익숙해져 더 이상 옛 본성에 반응하지 않고, 내주하시는 성령 하나님과 성경 말씀에만 반응할 때 죽는다. 신자 스스로 간절히 사모하여 더 이상 옛 본성에 반응하지 않고 새 본성을 따라 하나님께만 반응하기로 결심하고 간구할 때 죽는다. 궁극적으로 옛 본성은 신자 스스로 결심하지 못하고 있을 때에라도, 하나님께서 신자의 영적 성장을 위해 허락하시는 [영적 겨울]을 통해 죽일 수 있다.

반대로 옛 본성은 신자가 내부의 옛 본성과 세상의 유혹을 받아들일 때 살아난다. 이것들에 반응할 때 살아난다. 신자가 영적 성장을 멈추고 영적 게으름에 빠졌을 때에도 살아난다. 성경 말씀을 실천하지 않고, 항상 하나님과 성경 말씀을 삶의 1순위로 두지 않고, 세상적인 기준을 1순위로 삼았을 때에도 옛 본성은 살아난다. 신자가 세상에 눈을 돌렸을 때에도 옛 본성은 다시 살아난다. 즉 반응하지 말아야 할 것들에 반응할 때, 아무 권한도 없는 죄와 악한 영의 미혹에 반응할 때 살아난다.

하나님의 자녀가 영적 게으름에 빠져 죄와 싸우려 하지 않거나, 너무나 깊은 죄와의 결속으로 말미암아 힘겨운 싸움을 하고 있을 때, 드러나

지 않은 옛 본성의 영향력으로 길을 잃었을 때, 또 지금보다 더 높은 영적 인 도약을 위해 하나님께서 허락하시는 [영적 겨울]은 우리를 찾아온다.

그렇다면, 이 [영적 겨울]을 신자는 어떻게, 어떤 마음으로 맞이해야 할까? 신자는 어떻게 이 [영적 겨울]을 통해 옛 본성에 대하여 죽을 수 있나?

(1) 드러난 수치를 스스로 감추지 말아야 한다.

[영적 겨울]은 신자를 벌거숭이로 만든다. 그동안 감추어 왔던, 혹은 바쁘다는 핑계로 미루어왔던 영적인 결함과 부족함, 미숙한 영적 성장이 있는 그대로 모습을 드러낸다. 단계적으로 예수 그리스도의 수준으로 자라야 했지만, 세상에서 성공하고 싶은 유혹에 반응하여 영적 성장을 거부했던 나의 영적 초라함을 [영적 겨울]은 그대로 드러내고야 만다.

그런데 이때, 우리의 하찮은 자존심이 작동한다.

있는 모습 그대로의 초라한 모습을 인정하고 하나님 앞에 나아가는 것이 아니라, 지금까지의 나의 삶은 헛된 것이 아니며, 나의 노력은 세상 사람들도 인정할 수밖에 없는 성과를 이룬 것으로 나름 멋진 삶이었다고 자신의 초라함을 포장한다. 이러한 자기 합리화는 결국 자신이 세상에서 그리스도의 이름을 높이는 일에 나름 공헌한 것이라고 주장하기에 이른다.

아담과 하와가 죄를 짓고 무화과잎으로 치마를 하여 자신의 수치를 가렸던 것을 우리가 반복하고 있는 것이다. 이처럼 신자는 [영적 겨울]을 통해 초라한 자신의 모습을 있는 그대로 받아들이는 일을 쉽게 용납하지 못한다.

또한 [영적 겨울]은 세상 앞에 나를 세우는 것이 아니라, 하나님 앞에 나를 세우는 것이다. 하나님 앞에는 영원하지 못한 것은 다 초라한 모습으로 변한다. 이 세상에만 쓸모 있는 것은 천국에 가져가지 못한다. 하나님과 함께 영생을 누릴 자녀들이 이 세상에서 영원하지 않은 것을 위해 사는 것을 하나님 아버지께서는 원하지 않으신다.

신자는 [영적 겨울]을 통해 이 땅에서 옛 본성에 반응하며 살았는지, 내주하시는 성령 하나님께 반응하며 살았는지, 중간 정산을 하게 된다. 이때 비록 초라한 성적표를 받았다고 해도 그것을 부정하고 두려워할 필요가 없다. 정죄하여 지옥으로 보내는 것이 목적이 아니기 때문이다.

방향성을 잃어버린 신자의 삶을 올바른 방향으로 이끌며, 다시 회복할 시간을 허락하시는 것이다. 그러니, 부디 무화과잎으로 수치를 가리려는 어리석음을 내려놓자.

세상 앞에서는 온갖 화려한 성과로 자신을 가리고, 교회에서는 영적으로 파산하여 하나님의 진노 아래 있음에도, 여전히 아무 일도 없는 것처럼 봉사하고 전도하며 하나님과의 교제조차 되지 않는 [영적 단절]을 경험하고 있으면서 세상과 교회 앞에 아무 문제 없는 것처럼 자신을 가리는 일을 멈추어야 한다.

(2) 다시 충만케 하시는 하나님을 기다려야 한다.

앞서 말한 것처럼 [영적 겨울]은 신자의 오랜 죄를 드러내는 것만이 아니라, 부족한 것과 결함을 드러내기도 한다. 부족한 것과 결함은 죄가 아니다. 따라서 [영적 겨울]은 죄를 지었기 때문에 오는 것은 아니라고 하였다. 오히려 더 높은 차원의 성장을 위해 온다고 이해하는 것이 옳다.

이 [영적 겨울]은 옛것을 벗어 버리고, 새것으로 입히기 위해 신자에게 허락된다. 그런데 이 과정에는 신자의 노력으로 할 수 있는 것이 없다. 즉 옛것을 벗어 버리는 일과 새것으로 새로 입는 일에 신자의 노력은 아무런 도움이 되지 못한다는 뜻이다.

그럼 이 기간에 신자는 무엇을 해야 하나? 신자는 기다릴 수 있어야 한다. 하나님께서 자기기만에 빠져 내가 죄를 짓고도 알지 못했던 죄를 드러내신다면 회개하며 은혜로 회복시켜 주시기를 기다려야 한다. 나의 부족함과 결함이 드러난다면 신자는 이것을 덮을 하나님 아버지의 지혜와 능력이 나에게 입히도록 간구하며 기다려야 한다. 이 기다림은 반드시 아버지 하나님의 임재 가운데 충만으로 응답받는다.

이 모든 과정은 하나님의 임재 가운데 하나님께서 행하신다. 신자는 [영적 단절]의 시간에도 아버지 하나님께서 반드시 내게 임하실 것을 믿고 믿음으로 기다려야 한다. 스스로 회개하며 정결한 모습으로 반드시 임하실 하나님 아버지의 임재를 기다리는 것이다.

아버지 하나님께서는 아담과 하와에게도 그렇게 하셨다. 범죄하여 수치를 깨달아 무화과잎으로 치마를 하고 동산 나무 사이에 숨은 아담과 하와를 부르셨다. 그리고 스스로 수치를 가리기 위해 만든 무화과잎으로 만든 치마를 벗기시고, 한 짐승의 가죽으로 만든 새 옷을 만들어 입히셨다.

이는 죄 가운데서도 하나님 앞에 설 수 있도록 수치를 가려 주신 것이다. 아담과 하와는 이 가죽옷을 입고 하나님 앞에 제사를 통해 예배하였다. 죄의 수치를 가릴 수 있는 것은 오직 하나님께서만이 하실 수 있다. 인간의 노력인 무화과잎은 인간의 죄와 그 수치를 가리기에는 턱없이 부족한 것이다.

혹독한 [영적 겨울]은 다시 [영적 봄]으로 이어진다. [영적 단절]과 완전히 반대되는 [영적 충만]으로 채워지는 것이다. 신자는 영적 봄, 여름, 가을, 겨울을 반복적으로 경험하면서 [영적 성장]을 이룬다.

옛 본성의 죽음을 경험하게 되면 신자는 완전한 평안을 누리게 된다. 옛 본성의 개입으로 생기는 염려, 근심, 걱정, 불안, 두려움이 없는 참된 평안을 맛보게 되는 것이다. 하나님을 믿고 따를 때 의심이 없으며, 그의 사랑과 보호하심을 확실히 의지할 수 있게 되기 때문에 신앙의 기쁨과 평안은 이전과 비교할 수 없는 수준으로 만족하게 된다.

소년 다윗이 거인 용병 골리앗 앞에서도 기죽지 않고 대적할 수 있는 담대함이 신자 안에 머문다. 살해의 위협 속에서도 원수들을 향해 보란 듯 창문을 열고 하나님을 경배했던 다니엘의 평안이 신자를 보호한다. 이전에 없었던 하나님의 지혜와 지식이 풍성하게 열려 요셉과 다니엘이 누렸던 특별한 관점으로 세상을 바라보며 세상을 놀라게 한다. 죄짓는 일 자체가 싫어지고, 옛 본성에게 틈을 내어주지 않을 만큼 하나님과의 깊은 교제의 시간을 즐거워하게 된다. 삶의 어느 영역에서나 하나님의 예비하심을 체험하여 충만한 삶을 누리게 된다.

이러한 영적인 성숙은 오직 [영적 겨울]을 통해 옛 본성을 죽인 신자만이 누릴 수 있는 특권이다.

(3) [영적 겨울]을 거부하는 것은 [영적 성장]을 거부하는 것이다.

신자가 잊지 말아야 할 것이 있다. 우리를 구원하신 하나님은 "우리의 창조자이시다"라는 사실이다. 그분은 우리의 인격을 만드신 분으로 언제나 우리를 인격적으로 대하신다. 사람을 인격으로 만드셨기 때문에 악한 영들과는 달리 우리를 인격적으로 다루시고, 인격적으로 접근하시는 방법을 선택하신다.

그렇다면 하나님의 인격적인 면모는 [영적 겨울]에 어떤 모습으로 적용될까?

잔느 귀용은 한 가지 예화를 통해 인격적이신 하나님께서 신자의 [영적 성장]을 위해 [영적 겨울]을 허락하시지만, 이를 거부하는 신자에게 결코 강요하지 않으신다는 점을 분명히 하였다.

"주님은 당신의 영혼이 이기적 본성에 대해 진정으로 죽기를 원하신다. 때로는 명성이 사람들 앞에서 철저히 짓밟히도록 명백한 실수를 허용하시기도 한다. 내가 아는 한 사람은 내면의 길을 걷는 동안 수많은 십자가를 거의 빠짐없이 져야 했는데, 그중에는 명성을 박탈당하는 십자가도 있었다. 그녀는 명성에 극도로 애착을 가졌고, 명성을 포기해야 한다는 사실을 받아들이지 못했다. 그래서 하나님께 명성을 제외한 어떤 십자가라도 질 수 있으니 명성 박탈의 십자가만은 주지 말아 달라고 간청하며 공식적으로 거부했다. 그 후 그녀는 자신의 삶에 어떤 영적인 진보도 없었다고 말했다. 그녀의 영적 상태는 그 순간부터 전혀 성장하지 않았으며, 영적 성장의 제한은 매우 총체적이고 치명적이었다. 이후 주님은 공개적으로 그녀에게 굴욕을 주신 적은 없지만, 영적 진보의 은혜도 다시 주지 않으셨다."[12]

이 예화를 읽고 하나님께서는 정당하게 쌓은 명성도 박탈해 가시는가? 하고 두려워하고 있다면, 먼저 스스로 깨달아야 할 것은 하나님의 이러한

---

12 잔느 귀용, 《영적 성장 깊이 체험하기》, 김진선 역, 생명의말씀사, 2007, p.77-78.

행위가 아니라, 자신이 이미 옛 본성에 마음을 빼앗겼다는 사실이다. 옛 본성에 지배받은 마음은 이렇게 명예를 잃는 일을 두려워한다.

예수님께서 이 땅에 오실 때, 말구유에서 태어나신 것을 기억하는가? 그분은 진정 우리를 구원하시기 위해 자신의 모든 영광을 버리고 이 땅에 오셨다. 예수님께 무슨 잘못이 있어서가 아니라, 그저 우리를 구원하시기 위해 하늘의 모든 권세와 영광을 포기하시고 이 땅에 오신 것이다.

그런 주님께서 우리의 삶을 더욱 완전함에 이르게 하기 위해 명성을 포기하라고 요구하시는 것이 부당한가? 악한 영이 우리가 쌓은 명성을 가지고 우리를 조정하려고 할 때, 차라리 그것을 포기하고 신앙을 지키라는 것이 부당하게 여겨지고 반발심이 생긴다면, 그는 여전히 옛 본성의 지배 아래 죄에 대한 완전한 자유를 누리지 못하고 있다는 증거가 된다.

하지만 여기에서도 분명히 해야 할 것이 있다. 하나님께서는 아무에게나 이러한 명성 박탈을 요구하시지 않는다는 사실이다. 영적인 어린아이에게 이런 것을 요구하지 않으신다. 이미 명성을 포기할 수 있을 만큼 충분한 사랑을 부어 주시고, 그 사랑을 누린 자에게만 이러한 것을 요구하신다. 우리가 가지고 있는 것을 그냥 달라는 것이 아니라, 더 좋은 것을 이미 주셨거나, 더 완전함에 이르게 하실 때에만 이러한 요구를 하신다는 점을 분명히 기억해야 한다.

오히려 이러한 요구를 받았다는 것 자체가 영광스럽다. 이것은 신자에게 더 큰 은혜로 이끄시는 기회를 베푸시는 것으로 올바른 반응을 통해 하나님을 만족시켰을 때, 우리는 더 큰 신앙의 성장과 하늘에 더 큰 상급을 얻게 된다.

III. 신자의 영적 성장과 하나님의 연단(鍊鍛) 이해하기

1) 신자에게 영적 성장은 선택이 아닌 필수 과정이다

부모의 사랑으로 태어난 아기는 성장을 거듭하여 부모님과 같은 성인이 된다. 부모는 아기가 자신의 돌봄으로 인해 건강하게 자라는 모습에 큰 기쁨을 누린다. 이는 자녀를 키워 본 부모라면 누구나 공감할 것이다.

그런데 만일 예수님의 십자가 고난을 통해 구원받은 신자가 영적인 성장을 거부하고 영적인 어린아이로만 살겠다고 선언한다면 하나님 아버지께서는 어떤 마음이 드실까?

내가 어렸을 때에는 말하는 것이 어린 아이와 같고 깨닫는 것이 어린 아이와 같고 생각하는 것이 어린 아이와 같다가 장성한 사람이 되어서는 어린 아이의 일을 버렸노라(고전 13:11, 개정)
형제들아 지혜에는 아이가 되지 말고 악에는 어린 아이가 되라 지혜에는 장성한 사람이 되라(고전 14:20, 개정)
우리가 다 하나님의 아들을 믿는 것과 아는 일에 하나가 되어 온전한 사람을 이루어 그리스도의 장성한 분량이 충만한 데까지 이르리니(엡 4:13, 개정)
단단한 음식은 장성한 자의 것이니 그들은 지각을 사용함으로 연단을 받아 선악을 분별하는 자들이니라(히 5:14, 개정)

성경은 끊임없이 신자의 영적 성장에 대해 말한다. 하지만 우리는 교회 안에서 영적 성장을 멈추거나 거부하는 신자들을 보게 되는 것이 현실이다. 이들은 엄밀히 말해 애초에 거듭나지 않았거나, 옛 본성에 다시 마음이 잠식당했거나, 악한 영의 미혹에 이미 빠진 상태로 이해하는 것밖에는 이들의 신앙을 설명할 길이 없다.

하지만 대부분의 신자는 이러한 영적인 상황을 크게 문제 삼지 않는다. 자녀의 키가 또래들보다 조금만 작아도 유명한 병원을 찾아다니며, 고액의 치료비를 지불하고 목회자에게 기도 부탁을 하면서, 자녀의 영적 성장을 위해 근심하는 부모는 매우 찾기 어렵다.

신자 스스로 왜 자신의 신앙이 더 이상 성장하지 못하고, 정체를 경험하고 있는지 근심하면서 목회자를 찾는 신자는 정말로 본 적이 없다. 우리는 마치 천국에 대한 내세의 소망이 애초부터 없었거나, 눈에 보이는 세계만을 인정하고 살기로 작정한 사람들처럼 영적인 일에 관심이 없다.

영적인 성장을 멈추거나 거부하는 신자는 심각한 영적인 질병에 걸렸다는 사실을 깨달아야 한다.

거듭난 신자는 해를 거듭할수록 예수님을 닮는다. 어린아이의 얼굴에서 성장할수록 부모의 얼굴이 보이기 시작하는 것처럼 말이다. 우리는 구원받았다는 사실에만 안주하고 만족할 것이 아니라, 영적인 성장을 당연한 것으로 받아들여야 한다. 영적인 성장을 기뻐하고 이를 위해 [영적인 성장통]이 있다는 사실 또한 즐거움 삼아야 한다.

2) 하나님께서는 [영적 성장의 계획표]를 가지고 계신다

아이가 태어나서 유치(乳齒)가 빠지고 영구치(永久齒)가 솟아나는 모습을 보면 무척이나 신비스럽다. 순서대로 잇몸 속에서 영구치가 자라서 유치를 밀어내는 모습은 모든 것이 계획되어 있는 것 같다.

하나님께서는 우리를 구원하셨을 뿐만 아니라, 우리를 예수님 수준의 자녀로 성장시키기 위해 일련의 계획을 가지고 계신다. 바로 이것이 구약성경에 기록된 이스라엘 백성이 가나안 땅으로 바로 들어가지 않고 광야에 머물게 된 배경이 된다.

[37] 이스라엘 자손이 라암셋을 떠나서 숙곳에 이르니 유아 외에 보행하는 장정이 육십만 가량이요
[38] 수많은 잡족과 양과 소와 심히 많은 가축이 그들과 함께 하였으며(출 12:37-38, 개정)

출애굽한 이스라엘은 순수 이스라엘 혈통이 아닌 수많은 잡족으로 구성되어 있었다. 문화와 언어, 관습이 다른 이들을 하나의 정체성을 가진 민족으로 만들기 위해서는 한 가지 기준의 법령과 제도, 종교와 문화가 필요했다.

모세의 지도 아래, 이스라엘은 광야에서 하나님의 말씀을 배웠으며, 죄의 문제를 해결할 제사(祭祀) 제도와 법령을 배우며 하나님의 백성으로 성장하였다. 애석하게도 여기에서도 영적인 성장을 멈추거나 거부한 백성들이 나타난다.

광야는 먹을 것과 마실 물을 구할 수 없는 곳이다. 하지만 하나님의 인도하심으로 광야에 살게 된 대략 200만의 이스라엘 백성 중에 마실 물과 먹을 것이 없어서 죽은 사람은 단 한 사람도 없다.

광야에서 죽음을 맛본 이들은 오직 불순종하거나, 영적인 성장을 멈추고 거부한 자들뿐이다. 이들은 광야에서 40년 동안 떠돌다가 서서히 죽어갔다. 출애굽 1세대인 여호수아와 갈렙, 그리고 광야에서 출생한 2세대만이 영적 성장을 이루어 약속의 땅 가나안으로 들어갈 수 있었다. 광야는 결코 장성한 분량으로 성장하지 못한 이스라엘을 하나님께서 약속하신 젖과 꿀이 흐르는 땅으로 들여보내지 않았다.

'광야'는 참으로 신비로운 곳으로 오늘날의 교회와 같다고 성경은 말한다.

[37] 이스라엘 자손에 대하여 하나님이 너희 형제 가운데서 나와 같은 선지자를 세우리라 하던 자가 곧 이 모세라
[38] 시내 산에서 말하던 그 천사와 우리 조상들과 함께 [광야 교회]에 있었고 또 살아 있는 말씀을 받아 우리에게 주던 자가 이 사람이라(행 7:37-38, 개정)

사도행전을 통해 구약시대의 '광야'가 사실은 '교회'였다고 가르쳐 주고 있는 것은 현대 신앙인들에게 많은 것을 시사한다. 광야에서 일어났던 일들이 지금도 교회에서 동일하게 일어난다. 광야에서 이스라엘 백성을 가르치셨던 하나님께서는 지금도 교회를 통해 신자들을 가르치신다.

물론 현대를 살아가는 신자를 '광야'라고 하는 물리적인 공간으로 데려가시지는 않지만, 우리는 신앙생활을 시작했을 때, 갑자기 사회적, 문화적 고립을 경험하게 되면서 마치 광야에 홀로 남겨진 것과 같은 상황을 경험하게 된다. 모든 인간관계가 일시적으로 단절되고 오직 하나님과의 소통만이 열린 공간에 물리적으로 갇혀 버린 것 같은 '영적 광야'를 경험하곤 하는 것이다. 이것은 구약시대의 광야에 적용되었던 신앙 성장의 원리가 현대를 살아가는 우리에게도 동일하게 적용되고 있기 때문이다.

출애굽을 통해 죄악(세상 권세)에 종노릇하던 이스라엘을 광야로 옮겨 죄악의 묵은 때를 벗겨 내고, 하나님 나라에 합당한 새로운 삶을 받아들이도록 배려하신 것처럼 하나님께서는 동일한 원리로 세상에서 신자를 불러 교회를 통해 거룩한 새 본성으로 살아가도록 배려하신다.

그러므로 모세는 무질서하게 아무런 계획 없이 그저 광야를 40년 동안 떠돌아다닌 것이 아니었다. 하나님의 놀라운 영적 성장의 계획표를 따라 구름 기둥과 불기둥을 보며 이스라엘 백성들을 이끌었다.

신자는 이러한 사실에 주목해야 한다. 하나님께서는 예수님에 고난의 십자가를 통해 신자를 구원하시고, 그냥 내버려두시는 분이 아니시다. 구원 이후에도 자녀에 대한 놀라운 계획을 가지고 계시며, 세세하게 우리의 삶을 이끄신다.

다만 우리가 거룩한 새 본성을 따라 내주하시는 성령 하나님의 인도하심에 나를 맡기지 못하는 것이 문제일 뿐이다. 만일 맡길 수만 있다면 하나님의 놀라운 성장 계획표에 따라 우리는 예수님과 같은 하나님의 자녀로 성장할 것이다. 그러나 많은 신자는 구원 이후, 세상에 다시 눈을 돌린다. 하나님의 영적 성장 계획이 존재한다는 사실도 깨닫지 못한 채, 세상 사람들과 똑같이 경쟁을 통해 좋은 대학에 진학하여 좋은 직장을 얻어 안락한 삶을 누리고자 한다.

신앙이 현세의 안락한 삶을 위한 보험으로 전락하면,
신자는 결코 세상의 빛과 소금이 되지 못한다.

신자는 하나님의 손에 자신의 삶을 드리는 일에 두려움이 없어야 한다. 나보다 나를 더 잘 아시고 내가 내 인생을 운영하는 것보다 훨씬 더 아름다운 결과를 만들어 내실 아버지 하나님을 믿고, 삶의 주도권을 내어 드려야 한다. 신자는 예수님의 남은 삶을 나의 삶으로 채우는 것을 가장 큰 기쁨으로 알고, 연단을 통해 나를 예수님의 모습으로 빚어 가시는 일을 거부하지 않아야 한다.

아버지 하나님께서는 신자를 영적으로 성장시킬 구체적인 계획을 가지고 계신다.

《영적 지도자 만들기》의 저자 로버트 클린턴은 플러신학대학의 교수이자, 크리스천 리더십 분야의 세계적인 권위자이다. 그는 30년 이상 성경 속의 리더들과 현시대에 알려진 믿는 리더와 믿지 않는 리더들을 연구하면서, 그들이 리더로서 성장하는 과정 중에는 일정한 패턴이 있다는 사실을 알게 되었다. 그는 한 사람의 생애를 선으로 분류하는 도표인 시간선(timeline)으로 표현하고, 여기에 하나님께서 리더들에게 역사하시는 전반적인 패턴이 드러나도록 하였다.

[리더십 개발의 일반적인 6단계][13]

1단계	2단계	3단계	4단계	5단계	6단계
주권적 기초	내적인 삶의	사역의 성숙	삶의 성숙	수렴	회상 (혹은 축제)
단계	성장단계	단계	단계	단계	단계

다만 개발 단계의 구분은 절대적인 것은 아니다. 하지만 이렇게 구분해 보는 것은 한 사람의 생애에서 주어진 시기 동안에 하나님께서 하신 것이 무엇이었는지를 분석하는 일에 도움이 되기 때문이다. 이 부분에 대하

13 로버트 클린턴, 《영적 지도자 만들기》, 베다니출판사, 2014, p.66.

여 보다 명확한 지식을 원한다면 로버트 클린턴의 《영적 지도자 만들기》를 직접 읽어 보는 것이 좋을 것이다.

헨리 블랙커비 역시 자신의 저서 《영적 리더십》을 통해 로버트 클린턴의 리더십 6단계를 소개한다. 더불어 그는 **"하나님은 어떤 상황에서도 개인의 성품 개발과 성장을 이끌어 내실 수 있다. 그러나 그러기 위해서는 우리가 하나님 뜻에 기꺼이 복종해야 가능하다. 하나님은 만인의 삶을 주관하는 분이지만 특히 그분의 목표에 맞게 빚어지는 이들은 그분 뜻에 자기 뜻을 내려놓은 자들이다. 하나님이 당신의 목표를 위해 인생을 이끄시면 그야말로 삶 전체가 배움의 장이 된다. 좋은 것이든 나쁜 것이든 어떤 경험도 헛된 것이 없다. 하나님은 사람들의 시간을 낭비하시지 않는다. 인간의 고통을 무시하시지 않는다. 그분은 치유를 주실 뿐 아니라 최악의 경험에서도 성장을 끌어내신다. 그런 점에서 모든 인간관계는 성품을 빚으시는 하나님의 도구이다. 아무리 뛰어난 리더십 이론을 공부하고 광범위한 훈련을 받아도 하나님이 삶의 걸음을 이끄시지 않는다면 훌륭한 영적 리더가 될 수 없다."**[14]라고 하였다.

헨리 블랙커비의 저서에 기록된 리더십 개발 6단계는 로버트 클린턴의 리더십 개발 6단계를 정리한 것이지만 내용이 조금 다르다. 참고하기 바란다. 여기에는 두 사람의 리더십 개발 6단계를 비교, 종합하여 다시 정리하였다.

1단계: 주권적 기초

이 시기는 리더가 태어나기 전부터 시작된다. 가정환경, 출생 순서, 성

14 헨리 블랙커비, 《영적 리더십》, (사)두란노서원, 2014, pp.104-105.

장 배경 등 스스로 선택할 수 없는 요소들이 하나님의 손길 아래에서 리더십의 씨앗으로 작용한다. 이 시기에는 하나님께서 주권적으로 개입하시며, 리더는 그 환경에 어떻게 반응하느냐에 따라 미래의 방향이 달라진다. 인생 형성기에 나타나는 하나님의 활동으로 부모의 사랑, 출생 순서, 질서, 빈부 조건, 사랑하는 이의 상실, 안정 또는 불안정한 기복 등 어린 아이가 스스로 통제할 수 없는 요인이다. 역사는 리더십 잠재력이 다분히 이런 요인에 반응하는 방식에 따라 결정되었음을 보여 준다.

2단계: 내면생활 성장 단계

이 시기는 회심과 성령의 내주를 통해 영적 성품이 형성되는 시기다. 겉으로는 사역 훈련처럼 보일 수 있지만, 실제로는 하나님께서 리더의 속사람을 다듬는 시간이다. 진실성, 순종, 말씀에 대한 검증이 이 시기에 반복되며, 리더는 하나님 앞에서 자신을 성찰하고 정직함을 배워 간다. 영적 생활과 성품이 개발되는 시기로, 회심을 경험하는 단계이다.

성령이 내주하시면 세상 풍조에 휩쓸리는 대신, 그리스도처럼 생각하고 행동하는 사람으로 꾸준히 변화될 수 있는 위치에 놓이게 된다. 성령이 내주하시는 역사를 통해 성품이 자라나는 리더와 달리 성령이 없는 리더는 자신의 과거에 끌려다닐 소지가 훨씬 크다. 즉 성품이 개발되지 않은 채 남아 있기 쉽다.

3단계: 사역의 성숙 단계

리더는 교회나 공동체에서 다양한 사역을 시도하며, 실패와 좌절을 경험한다. 영적 리더십을 위해 이런저런 시도를 하는 때로, 교회 프로그램을 자진해서 이끌거나 전도의 모험에 나서는 경우다. 그러나 이 모든 과정은 리더십 기술을 익히고 자신의 장단점을 파악하는 훈련장이 된다. 그런 경험을 통해 하나님은 영적 리더의 의미를 구체적으로 가르쳐 주신다. 하나님은 이 시기를 통해 리더에게 사역의 의미를 가르치며, 단순한 '일'보다 '존재'의 중요성을 깨닫게 하신다. 향후 리더십 능력의 발전 양상은 이 초기 경험에서 리더가 무엇을 배우느냐에 따라 크게 좌우된다.

> **그러나 놀라운 사실은 1, 2, 3단계 기간 동안에 하나님께서는 리더 안에서 우선적으로 일하시기 원하십니다. 비록 사역에 열매가 나타난다 해도 주된 과업은 하나님께서 리더 안에서 일하시는 것이지, 그를 통해서 하는 것이 아닙니다. 잠재적 리더들은 대부분 이것을 깨닫지 못합니다. 그들은 사역을 생산성, 활동, 열매 등을 중심으로 평가합니다. 그러나 하나님께서는 잠잠히 그리고 가끔씩 예외적인 방법을 통하여 우리가 사역해야 한다는 것을 알게 하십니다. 그것은 "나는 네 안에 그리스도의 형상을 이루고 있기를 원한다."라는 것입니다.**[15]

4단계: 삶의 성숙 단계 - 사역은 사람 됨됨이에서 나온다.

이제 리더는 자신의 강점을 발견하고, 하나님께서 자신을 통해 일하신다는 확신을 갖게 된다. 실패와 성공, 배신과 인정, 위기와 회복을 통해 하나님과의 관계는 더욱 깊어지고, 인생 전체가 하나님의 손에 있다는 신뢰가 자리 잡는다. 이 시기는 리더가 하나님과 함께 걸어가는 여정의 중심부이다. 영적 리더가 자신의 장점에 주력하여 최고의 역량을 발휘할 수

15 로버트 클린턴, 《영적 지도자 만들기》, 베다니출판사, 2014, p.48.

있는 기회를 찾기 시작하는 때다. 그동안은 하나님이 주로 리더 안에서 역사하셨다면 이제 점점 리더를 통해서 일하시기 시작한다. 그래서 이 시기에 하나님에 대한 체험적 이해가 깊어지고 인생과 인간관계도 새롭게 배운다. 삶의 상황에 긍정적으로 반응할 때 리더는 보다 성숙한 리더십의 차원으로 나아갈 수 있다.

5단계: 수렴[16] 단계 - 경험과 사역이 하나로 정리되는 단계

수렴 단계가 되면 사람과 사역의 경험이 구체적인 직무나 책임으로 수렴되면서 그동안 배운 모든 것을 동원해 최대의 효율성을 발휘하게 된다. 즉 인생의 최고의 성공을 맛보게 되는 때이다. 삶과 사역의 경험이 하나의 리더십 역할로 수렴되어, 배우고 빚어진 모든 것이 역할 안에 훌륭히 녹아드는 현상은 역적 리더와 세상 리더가 공히 경험할 수 있는 일이다.

리더는 자신의 은사와 성품, 기술을 총동원하여 가장 영향력 있는 사역을 감당하게 된다. 이 시기에 리더는 하나님께서 자신을 위해 준비하신 자리에서 최대의 열매를 맺는다. 그러나 모든 리더가 이 단계에 도달하는 것은 아니다. 많은 이들이 수렴되지 못한 채 잠재력을 온전히 펼치지 못하고 생을 마감하기도 한다. 역사상 가장 뛰어난 리더 중에는 인생 후반이 돼서야 가장 영향력 있는 역할에 오른 사람들이 많다. 윈스턴 처칠은 노년에 비로소 수상이 됐다. 모든 그리스도인의 삶의 경험을 종합하여 더 깊은 성숙으로 이끄시는 분은 바로 성령이시다. 자신의 삶에서 성령의 역할을 무시한다면 영적 리더로서 온전한 잠재력을 실현할 수 없다.

---

16 '수렴'의 국어사전적 의미: 1. 돈이나 물건 따위를 거두어들임. 2. 의견이나 사상 따위가 여럿으로 나뉘어 있는 것을 하나로 모아 정리함. 3. 방탕(放蕩)한 사람이 심신(心身)을 다잡음.

6단계: 회상 혹은 축제 단계

클린턴은 극소수 사람들만이 이 단계에 도달한다고 하였는데, 이는 자신의 삶과 조직에 하나님 뜻이 이루어지도록 충실히 자신을 드린 결과로 이 단계에 이르게 된다고 설명한다. 이들은 더 이상 자신을 입증할 필요가 없다. 그들의 삶 자체가 하나님의 임재를 증거하며, 주변 사람들은 그들의 존재만으로도 감동을 받는다. 이 시기는 다음 세대를 가르치고, 삶의 지혜를 나누는 시기다. 마치 모세의 얼굴에 하나님의 영광이 빛났던 것처럼, 이 단계의 리더는 하나님과 동행한 흔적을 삶 전체에 새겨 놓는다. 이 단계는 다음 세대를 가르치는 시기이기도 한데, 그래서인지 위대한 리더들이 말년에 교육계에 몸담는 것은 흔한 일이다. 참된 리더의 주변에는 그가 살아온 삶만으로도 사람들이 모여들기 마련이다. 이 단계에 들어선 리더들에게는 평생 하나님과 가깝게 동행해 왔다는 틀림없는 증거가 나타난다. 하나님과 동행해 온 사람이 눈에 띌 때 그 주변에 모여들어 그의 신앙 순례를 배우는 것은 당연한 수순이다.[17]

오랫동안 성경을 가르쳤고, 많은 신자를 상담해 온 목회자로서 이러한 영적 성장의 패턴을 구체화한 연구 결과는 신앙생활에 많은 유익을 준다고 확신한다.

먼저 많은 신자가 경험하게 되는 신앙의 정체(停滯: 발전하거나 나아가지 못함) 현상에 대한 답이 되기 때문이다.

특별히 죄를 지은 것도 아닌데, 신앙이 정체되거나 하나님과의 관계가 원활하지 않다. 특별한 이유 없이 재정상의 문제가 생기거나, 건강상의

---

17 헨리 블랙커비, 《영적 리더십》, 두란노서원, 2014, pp.105-108.

문제가 생긴다. 이유 없이 인간관계가 끊어지고 고립이 온다. 화목했던 가정에 불화가 생기고 이웃 간에 분쟁이 생긴다.

이러한 현상이 모두 악한 영의 시기 때문에 일어난 일일까? 아닐 수도 있다. 신앙은 분명한 목표가 있다. 바로 예수 그리스도를 닮는 것이다. 하지만 세상에서 살다 보면 이러한 영적인 목표에 집중하지 못하고 옛 본성을 따라 자신의 능력을 드러내고 성공에 매달리게 된다. 성장이 아닌 성공에 집착하게 될 때 신자는 '신앙의 정체기'를 경험하게 된다.

하나님께서는 신자의 영적 성장을 단계로 나누시고, 각 단계마다 명확한 과업이 두고 이에 합당한 성취를 이룰 때, 비로소 다음 단계로 이끄신다. 그런데 신자가 세상에 눈을 돌리고 영적인 안일함과 게으름에 빠지게 되면 신앙의 정체기를 경험하게 되고, 신자는 이를 통해 뭔가 문제가 있다는 사실을 비로소 알게 된다. 하지만 이러한 영적인 경험에도 불구하고 신자들이 성공을 좇는 일을 즉시 그만두는 일은 흔치 않다.

심지어 교회조차 영적 성장을 도모하기보다 성공을 좇는 일이 한국교회 내에서 일어나고 있다. 목회자를 비롯한 모든 교인이 다단계에 빠져 있는 교회가 생겨났다는 소식을 종종 듣게 된다. 인기 있는 간증 집회의 간증은 '신앙의 성장'이 아닌, '성공'이 주제가 되어 버렸다. 세상에서 성공한 사람은 교회에서도 훌륭한 신앙인으로 여겨진다. 세상에서 성공한 사람은 하나님께 인정받고 복 받은 신자로 교회가 인식하는 것이다.

우리는 이러한 시기에 한국교회 성장의 정체를 경험하고 있다. 갑자기 양적인 성장이 멈춘 것이다. 코로나19 사태 이후 50,000 교회를 자랑하던 한국교회는 40,000 교회로 축소되어 10,000 교회가 사라져 버렸다. 심지어 코로나19 이후에도 계속해서 한국교회가 양적 성장세를 회복하지 못하고 있다.

그럼 부정적인 결과만 남았을까? 그렇지 않다. 교육기관이나 교단의 허가도 없이 무분별하게 생겨나던 무인가 신학교들이 사라졌다. 자격도 없이 목회자 행세를 하던 거짓 목사들이 교회의 인기가 사그라지자 슬그머니 사라져 버린 것이다. 전심으로 하나님을 찾지 않던 신자들도 교회에서 많이 사라져 버렸다.

아이러니하게도 교회는 코로나19를 통해 강제적으로 질적인 성장을 추구할 수밖에 없게 되었다. 교회가 성공을 좇던 일에서 교회의 정체성을 회복하고, 영적 성장을 고민할 수밖에 없게 된 것이다.

세속화로 정체성을 잃어버린 한국교회는 영적 혼란에서 서서히 깨어나고 있다. 이러한 시기에 신자가 구체적인 신앙 성장에 대한 단계를 이해하고, 단계별 하나님께서 주시는 과업을 이해하게 된다면 한국교회는 영적인 깊은 잠에서 더 빨리 깨어나게 될 것이다.

3) 연단(鍊鍛)의 이유

신학생 시절, 도서관의 여러 성경 주석을 연구하는 것은 신학생에게 많은 도움을 준다. 특히 '이 구절을 이렇게 해석하는 것이 옳은가?' 하는 자기 해석에 대한 의문으로 자신감이 없을 때, 성경 주석을 참고하다 보면, 자신의 해석에 대한 확신을 얻게 된다.

물론 가장 기본적인 해석의 원리는 성경원어인 히브리어와 헬라어, 그리고 교리를 깊이 연구하는 것이지만, 논란이 많은 성경 난해 구절들은 역사적으로 교회가 어떻게 받아들였는지와 성경 주석가들의 주석을 참고하는 것이 일반적이다.

프란츠 델리취(Franz Delitzsch, 1813. 2. 23. ~ 1890. 3. 4.)는 독일의 루터교 신학자이자 히브리어 학자였다. 델리취는 성경주석, 유대고대사, 성경 심리학 등 많은 저서를 남겼다. 델리취는 신약성서를 히브리어(1877)로 번역한 것으로 잘 알려져 있으며, 칼 프리드리히 카일(Carl Friedrich Keil)과 함께 발간된 《카일-델리취 구약주석》도 잘 알려져 있다.

하지만 신학생 시절, 《카일-델리취 구약주석》은 그렇게 손이 많이 가는 성경 주석은 아니었다. 때문에 프란츠 델리취라는 신학자에게 깊은 관심을 갖지 않았던 것이 사실이다.

하지만 졸업 후에, 구약학자인 그가 유대인을 위해 신약성경을 헬라어에서 히브리어로 번역한 《히브리어 신약성경》 번역이 있다는 것을 알게 되면서 그에 대한 관심이 많아지게 되었다. 특히 야고보서에 대한 《히브리어 신약성경》은 그동안 매끄럽게 해석되지 않던 구절에 대한 새로운 관점을 제시하였다.

[2] 내 형제들아 너희가 여러 가지 시험을 당하거든 온전히 기쁘게 여기라
[3] 이는 너희 믿음의 시련이 인내를 만들어내는 줄 너희가 앎이라
[4] 인내를 온전히 이루라 이는 너희로 온전하고 구비하여 조금도 부족함이 없게 하려 함이라
[5] 너희 중에 누구든지 지혜가 부족하거든 모든 사람에게 후히 주시고 꾸짖지 아니하시는 하나님께 구하라 그리하면 주시리라(약 1:2-5, 개정)

야고보서 1:2-5절의 말씀은 몇 가지 의문에서 시작하게 된다.

① 2절의 시험은 하나님의 테스트(test)인가? 사탄의 유혹(temptation)인가?

② 3절의 믿음의 시련이 어떻게 인내를 만드나? 시련과 인내의 인과관계는 무엇인가?
③ 4절의 인내는 신자로 하여금 어떠한 차원에서 조금도 부족함이 없게 하나?
④ 5절의 지혜는 시련, 인내와 연관성 없이 왜 갑자기 등장하나?

본문을 그저 부담 없이 읽으면, 좋은 말씀이고 뭔가 깨달음을 주는 것 같지만, 그래서 '어떻게 하라는 건가?'의 'How'를 생각하면 막연하기 짝이 없다. 이런 막연한 수준의 깨달음 가지고는 삶으로 믿음을 실천할 수 없다.

하지만 신자뿐 아니라, 이 본문을 해석하고 메시지를 전해야 하는 목회자의 입장에서도 이 구절은 결코 쉽지 않은 구절이다. 이 본문의 해석을 위한 4가지 의문을 풀이해 보자.

① 2절의 시험은 하나님의 테스트(test)인가? 사탄의 유혹(temptation)인가?

먼저 한글 성경의 다양한 번역본(개역개정, 개역한글, 쉬운성경, 새번역, 우리말 등)을 들여다보아도 이것이 하나님의 테스트(test)인지, 사탄의 유혹(temptation)인지 알 수 없다. 왜냐하면 이를 구별하지 않고 모두 '시험'이라고만 번역해 놓았기 때문이다.

그렇다면 영어 성경의 경우는 어떨까? NIV와 NASB는 'trials(시련들)'로 번역하였다. NLT는 'troubles(문제들)'로 번역하였는데, 논쟁을 의도적으로 피한 듯한 번역이다. 그런데 KJV은 'temptations(유혹들)'로 번역하였다.

이렇게 되면 영어성경 번역 역시, 2절의 '시험'을 하나님의 테스트(test)인지?, 사탄의 유혹(temptation)인지? 온전히 결론을 내리지 못하고 있는 것이 된다.

왜 이런 혼란이 오는 걸까?

그 이유는 우리말 '시험'이라고 번역된 성경원어인 헬라어 단어 'πειρασμός(페이라스모스)'가 기본적으로 시험(test), 시련(trial), 유혹(temptation) 등으로 해석될 수 있는 다양한 의미를 가진 단어인데, 그중에서도 '시험'이란 표현은 '시련'과 '유혹' 모두를 포괄하는 표현이기 때문이다.

결국 이러한 모호한 해석이 발생하는 것은 이 헬라어 단어가 문맥에 따라 그 자체로 '하나님의 테스트'로 해석될 수도 있고, '사탄의 유혹'으로도 해석될 수 있는 단어의 특수성 때문이다.

역사적으로 교회는 본문을 '유혹'이란 의미보다는 그리스도인으로서 믿음을 지켜야만 하기에 따르는 '시련'이라는 의미로 받아들였다. 당시 로마제국 곳곳에 흩어져 사는 그리스도인들이 받는 위협과 도전의 '시험'은 한둘이 아니었다. 즉 내적인 욕심으로 인한 시험이라기보다는 '외적 고난으로서의 시험'이란 의미가 더 강한 것이다.

그런데 프란츠 델리취가 헬라어 신약성경을 히브리어로 번역한 《히브리어 신약성경》은 2절에 대한 조금 다른 번역을 제시한다.

[2] 반복되고 다양한 시련[하나님께서 역경으로 사람들의 신앙을 시험하는]을 당하고 있다면(미완료), 내 형제들아 반드시 기쁘게 여기라(완료) [히브리어 신약성경 직역]

히브리어 '나싸(נסה)'는 '시험'을 뜻하는 동사인데 이는 '하나님께서 역경으로 사람들의 신앙을 시험하는 것'을 의미한다. 감찰하시는 하나님은 악인들만 감찰하시는 것이 아니다. 하나님의 자녀들도 감찰하신다.

그러나 하나님께서 '역경을 통해 하나님 자녀들의 신앙을 시험하신다' 라는 개념은 일부러 역경에 밀어 넣고, 믿는지 안 믿는지 보신다는 의미는 아니다. 하나님의 자녀에게 악한 세력이나, 악한 영적 권세가 대적하여 일어났을 때, 이 역경을 통해 자녀들의 믿음을 보신다는 의미이다.

더불어 빨리 구원해 주시지 않고, 믿음을 시험하신다는 것 또한 하나님께서 자녀들의 믿음 수준을 몰라서가 아니다. 학교에서 중간고사와 기말고사를 보는 이유는 학생 스스로 자신의 학업 수준을 객관적으로 알게 하고 학업성취에 따라 상을 주어 독려하기 위함인 것과 같다.

결론적으로 하나님께서는 이 악한 세력에 의해 일어난 역경을 통해 신자의 믿음을 확인하실 뿐만 아니라, 신자 스스로 자신의 믿음의 수준을 확인할 수 있는 기회로 활용하신다. 이것은 신자에게 자신의 신앙을 점검할 수 있는 기회일 뿐 아니라, 상급을 얻을 수 있는 기회이기도 하다. 시험 뒤에는 반드시 상급이 있기 때문이다.

《히브리어 신약성경》은 해석의 여지를 두고 혼란을 일으키는 다른 번역들과는 달리 보다 명확하게 의미를 전달하고 있다는 점에서 더욱 명쾌한 해석이 가능해진다.

② 3절의 믿음의 시련이 어떻게 인내를 만들어 내나? 시련과 인내의 인과관계는 무엇인가?

그렇다면 3절의 믿음의 시련은 어떻게 인내를 만들어 내는 걸까? 더불어 3절은 2절의 그리스도인들이 시험을 당할 때 왜 그것을 전적으로 기쁘게 생각해야 하는지 그 까닭을 설명해야 하는 구절이기 때문에 매우 중요하다.

하지만 애석하게도 여러 한글 번역본과 영어 번역본을 살펴보아도 '믿음의 시련이 인내를 만들어 내기 때문'이라는 해석만을 내어놓고 있어서 믿음의 시련과 인내의 인과관계를 설명하기 어렵다.

그런데 《히브리어 신약성경》의 야고보서 1:3절을 직역하면 다음과 같이 흥미로운 내용이 나온다.

[3] 앞서 너희가 알고 있다. 너희 확고함에 대한 시련[사람의 마음을 조사하기 위한]이 짐을 지는 권능(손)을 만들어 내는 줄(착수하게 하는 사역능동완료) [히브리어 신약성경 직역]

《히브리어 신약성경》에 의하면 신자에게 닥친 시련을 기뻐해야 할 이유가 무엇인가? 그것은 바로 신자가 마땅히 짊어져야 할 짐을 즉시 짊어지게 하는데 유익하기 때문이다.

예수 그리스도의 희생을 통해 새 생명을 얻었음에도 영적 게으름에 빠져 죄에서 즉시 빠져나오지 못하고, 육체의 본성을 따라 여전히 쾌락을 추구하며, 신앙의 유익만을 취하고 성장을 거부하는 게으른 신자들에게 '시련'은 그 즉시 죄를 그치게 하고 신앙 성장의 의무와 책임을 다하게 하는 효과가 있다.

이에 예수께서 제자들에게 이르시되 누구든지 나를 따라오려거든 자기를 부

인하고 자기 십자가를 지고 나를 따를 것이니라(마 16:24, 개정)

《히브리어 신약성경》이 말하고 있는 '짐'은 예수님의 제자라면, 하나님의 거듭난 자녀라면 누구나 짊어져야 할 '자기 십자가'를 의미한다.

신자는 누구나 내 안에 있는 옛 본성을 부인하고, 이 옛 본성을 못 박을 '자기 십자가'를 짊어져 날마다 죄의 종류와 횟수가 줄어드는 성화의 삶을 기쁜 마음으로 살아야 한다.

그런데 무슨 이유에서인지, 많은 신자는 영적 게으름에 빠져 신앙의 의무와 책임을 다하려 하지 않는다. 그런데 역경의 시련은 잠자는 신자를 깨운다. 자기 부인과 자기 십자가를 짊어지지 않으려 했던 게으른 손에 힘을 준다.

왜냐하면 이런 신앙의 역경은 '확고한 믿음(인내)'을 갖지 못하면 결코 이겨 낼 수 없기 때문이다. 계속되는 시련에 확고한 믿음으로 신앙을 지키지 않으면 이 시련이 물러가지 않는다는 것을 이미 우리가 알고 있기 때문이다.

시련은 결단을 미루고 죄에 허덕이는 게으른 신자에게 결단의 의지를 준다. 죄에서 벗어날 기회와 힘을 준다. 영적인 깊은 잠에 빠져 신앙 성장을 미루었던 신자를 깊은 잠에서 깨운다. 부귀영화에 미혹되어 세상에 눈을 돌리고 하나님을 등진 신자에게 세상의 헛됨을 알게 하여 돌아오게 한다.

그러므로 나의 신앙을 온전하게 하는 시련을 우리는 기뻐해야 한다. 더욱 확고한 믿음이 없이는 통과할 수 없는 역경을 통해 내가 더 성숙할 것을 바라보기 때문에 역경은 괴로운 것이 아니라, 기쁜 것이 된다.

③ 4절의 인내는 신자로 하여금 어떠한 차원에서 조금도 부족함이 없게 하나?

4절을 한글 성경 여러 번역과 《히브리어 신약성경》을 비교하여 보면 좀 더 명확한 차이가 나타난다.

[4] 인내를 온전히 이루라 이는 너희로 온전하고 구비하여 조금도 부족함이 없게 하려 함이라(개정)

[4] 여러분은 인내력을 충분히 발휘하여, 조금도 부족함이 없이 완전하고 성숙한 사람이 되십시오(새번역)

[4] 인내력을 한껏 발휘하십시오. 그러면 여러분은 조금도 흠잡을 데 없이 완전하고도 원만한 사람이 될 것입니다(공동번역)

여러 번역본을 통해 4절을 이해하고자 하면 다음과 같은 의문이 든다.

'인내를 온전히 이루는 것은 무엇인가?'(개정)
'인내력을 한껏 발휘하는 것은 어떤 것인가?'(새번역, 공동번역)

그런데 《히브리어 신약성경》에 의하면,

[4] 그러니, 너희 행실에 군대가 강건함 같이 짐을 지는 것을 이루라(단수 미완료) 이는 너희로 온전하고 흠 없는 제물의 완벽함을 이루게 하여, 모든 일(약속, 어떤 것, 어떤 일)에 부족함이 없게 하려는 것이다(복수 미완료) [히브

리어 신약성경 직역]

이미 전쟁의 여러 가지 어려움을 극복할 수 있도록 잘 훈련된 군인이 전쟁터를 능숙하게 누비며 적을 쳐부수는 것처럼, 내 안의 죄(옛 본성)와 외면의 죄악(악한 세력, 악한 영)과 싸우는 데 능숙한 장성한 분량인 신자는 능숙하게 십자가를 짊어지고 죄와 싸운다.

이는 십자가에서 흠 없는 희생의 제물로 자신을 드리신 예수님과 같이 나 자신을 온전히 하나님께 드리는 행위를 의미한다. 그러므로 인내는 신자가 삶으로 실천하여 하나님께 드리는 예배를 흠 없고, 완전하게 한다. 바로 이것이 인내가 신자에게 주는 유익이다.

[23] 아버지께 참되게 예배하는 자들은 영과 진리로 예배할 때가 오나니 곧 이 때라 아버지께서는 자기에게 이렇게 예배하는 자들을 찾으시느니라
[24] 하나님은 영이시니 예배하는 자가 영과 진리로 예배할지니라(요 4:23-24, 개정)

한글 성경번역본과 영어 성경번역에 의하면 '인내'는 하나님 보시기에 흠 없는 '신앙의 성숙'을 이루는 것이라고 해석할 수 있다.

여기에 《히브리어 신약성경》의 번역을 더해 의미를 살피면 '자신의 삶을 하나님께 온전히 예수님과 같이 드릴 수 있게 되는 것'이라고 해석할 수 있다.

이는 같은 맥락에서 '신앙의 성숙'을 말하고 있다고 할 수 있지만, 보다 명확하게 나 자신을 온전히 하나님께 드릴 수 있고, 진정한 예배를 하나님께 드릴 수 있으며, 삶 전체가 예배가 되어 하나님께 드려지는 상태가 진정한 '신앙의 성숙'이라고 말하고 있다는 점에서 차이를 보인다.

④ 5절의 지혜는 시련, 인내와 연관성 없이 왜 갑자기 등장하나?

[5] 그러니, 너희 중에 누구든지 지혜(하나님께 대한 경건)가 부족하거든 구하라(하나님의 얼굴을 보려 하다, 얻으려 애쓰다 – 미완료) 하나님께서 모든 사람에게 영광(고결하고 복된 상태)을 주시고(허락하다, 기적을 행하다 – 완료) 꾸짖지(진멸하다, 호통치다) 않으시는 그가 모든 것을 주신다(단수 미완료) [히브리어 신약성경 직역]

천주교에서 사용하는 '영성(靈性)'이라는 단어를 개신교에서는 '경건(敬虔)'이라고 한다. '경건(敬虔)'이란, ① 하나님을 믿고 거듭난 모든 자녀에게 주어진 영적인 성품을 말한다. ② 성령의 역사하심으로 예수 그리스도를 통해서 이루어진 하나님의 모든 은혜와 은총을 경험하는 자에게서 나타나는 자연스럽고 경건한 성품이다. ③ 성령의 충만한 은혜 속에서 성령의 지배를 받고 살아가는 영적인 사람의 속성을 말한다(엡 3:16, 20). ④ 이는 하나님과의 바른 관계에서 이뤄지는 것으로(요일 1:3), 이를 통해 하나님과 인간에 대한 온전한 사랑, 말씀에 기초한 도덕적 통찰과 능력, 그리고 하나님의 깊은 신비에 대한 신령한 지식과 지혜를 겸비하게 된다.

5절에 갑자기 등장한 '지혜'는 헬라어 '소피아(Σοφια)'인데, ① 세상에 속한 자연적 지혜, ② 신적 존재가 주는 지혜, ③ 인격화된 지혜를 의미한다.

그런데 헬라어 '소피아'를 프란츠 델리취는 히브리어로 번역하면서, '지혜'를 뜻하는 히브리 단어 '호크마(חָכְמָה)'를 사용하였다. '호크마'는 '숙련된 기술', '교묘한 솜씨', '일반적인 지혜와 명철'을 의미하기도 하지만, '하나님에 대한 경건에 이르는 지혜'를 의미한다.

따라서 5절의 지혜는 일반적인 지혜를 의미하는 것이 아니다. 이것은 하나님께서 사랑하는 자녀에게만 특별히 부어 주시는 지혜인데, 이는 곧 '경건에 이르는 지혜'를 말하는 것이다.

이것을 문맥의 흐름에 맞게 해석하면, 신자는 장성한 분량이 되어 예수님과 같이 자신을 거룩한 산 제물로 하나님께 드리는 삶을 살아 내야 한다. 하지만, 자녀 중에는 이 지혜가 부족하여, 악한 영의 유혹에 빠지거나 스스로 영적 게으름에 빠져 경건을 이루지 못한 자녀가 나온다. 그때 자비로우신 아버지 하나님께서는 경건을 이룰 수 없는 모든 연약한 자녀에게 말씀하신다. '내게 구하라! 그리하면 작은 예수로 이 땅에서 살아가는데, 부족함이 없도록 내가 경건에 이르는 지혜를 넘치도록 부어 줄 것이다!'라고 말씀하시는 것으로 본문을 해석할 수 있다.

신약성경은 분명히 헬라어로 기록되었다. 하지만 헬라어를 구사하고 기록한 신약성경의 저자들은 대부분 유대인(히브리인)이다. 이들은 히브리적 정서를 가지고 다만 헬라어를 구사하고 있는 것뿐이다.

마치 한국인이 영어를 사용하지만, 한국인이 사용한 영어는 한국적 정서가 묻어나는 것이어서, 분명 영어이지만 한국인만 이해할 수 있는 한국적인 표현이 가미되어 있는 것처럼 말이다.

한국인이 "파이팅!(Fighting)"이라고 하면 "싸우자!"는 뜻이 아니라, "힘내라!"는 격려의 말이다. 하지만 미국인에게 이렇게 말하면 단어의 뜻 그대로 "싸우자!" 하고 시비 거는 것과 같다. 미국인은 이 말에 대해 극도로 화를 내며 싸우려 하겠지만, 한국인이라면 분명 명확하게 "힘내라!"라는 격려의 뜻으로 받아들였을 것이다.

우리가 신약성경을 히브리어로 번역한 것을 참고하는 이유가 바로 여기에 있다. 예수님의 친동생으로 알려진 야고보서의 저자 야고보는 5절을 통해 '경건에 이르는 지혜'가 필요하다고 말한다. 그리고 이러한 지혜는 이 세상으로부터 얻을 수 없고, 오직 하나님께서만 주실 수 있는 것으로 하나님께 구해야 한다고 강조하고 있다.

그런데 이 '지혜'를 헬라어 '소피아'로 기록하자, '경건에 이르는 지혜'라는 의미가 사라져 버렸다. 당시에는 그저 '신적 존재가 주는 지혜'라는 헬라적 표현으로 바꿔 기록할 수밖에 없었던 것이다. 하지만 초대교회 유대인(히브리인)이라면 누구나 이 표현이 '경건에 이르는 지혜'라는 것을 정서적으로 이해하고 있다. 헬라어로 쓰였지만, 히브리 정서를 가진 유대인들은 정확히 저자의 의도를 아는 것이다.

하지만 시간이 흘러 현대에 이르러서는 히브리 유대인조차 이러한 정서를 잊게 되었다. 프란츠 델리취는 이러한 히브리 정서를 후대 기독인들(유대인+현대 기독인)에게 알리고자 하였다.

이처럼 십자가를 지고 예수님의 뒤를 따라 경건을 이루는 일은 절대적으로 하나님의 지혜가 필요하다.

결국 '믿음의 시련(연단)'은 우리 자신의 신앙 수준을 여과 없이 보여 준다. 하나님께서는 확고한 믿음을 갖추기까지, 믿음이 연약한 신자(확고한 믿음이 없는, 영적 게으름과 나태함에 빠진)에게 바로 이 '시련'을 허락하신다. 신자는 역경을 통해 시련을 통과할 '확고한 믿음'이 자신에게 없음을 깨닫는다. 깨달음을 얻은 신자는 이내, 이 시련을 통해 그동안 십자가를 짊어지지 않고 안락한 삶을 원했던 자신의 어리석음을 깨닫고 통회하며 오직 십자가를 붙들기 위해 힘쓴다.

믿음이 연약한 신자는 이제 '세상을 이기는 경건'에 관심을 갖게 되었다. 예수님의 삶을 본받는 것을 통해 세상을 이기고 하나님의 거룩하심에 참여할 수 있다는 것을 깨닫는다. 이것이 이 땅에서 취할 수 있는 가장 큰 영광이라는 사실에 하나님 앞에 더욱 가까이 나아가 '경건'을 이루려 간구한다.

성도의 구원 이후의 삶은 하나님의 영광을 얻어, 천국에서 해같이, 달같이, 별같이 빛날 수 있는 유일한 기회이기도 하다.

100년도 안 되는 현재의 삶을 위해 이 땅의 부귀영화를 좇을 것이 아니라. 영원한 아버지 집에서 너무나 아버지를 닮은 영광스러운 모습으로 성부, 성자, 성령 하나님과 하나 되어 살게 될 그날을 위해 현재를 살아가야 한다.

그런데 이렇게 영적인 일에 관심이 없고, 세상을 좇던 나를 다시 천국 시민으로 살게 하는 것이 바로 '연단(鍊鍛)'이다. 영적 게으름과 깊은 잠에 빠진 나를 흔들어 깨우고, 나의 달려갈 길을 다시 달려가게 한 것이 바로 '연단'이다.

'연단'이 아니었다면 나는 여전히 부귀영화를 좇았을 것이다. '연단'이 아니었다면 나의 허울 좋은 가짜 신앙은 드러나지 않았을 것이며, 지금도 교우들을 속이며 교회를 다녔을 것이다. '연단'이 아니었다면 나는 결코 십자가를 짊어지지 않았을 것이다. '연단'이 아니었다면 나는 믿음으로 세상을 이기는 지혜를 얻지 못했을 것이다. '연단'이 없었다면 나는 믿음을 잃고, 하늘나라에 들어가지 못했을 것이다.

내 형제들아 너희가 여러 가지 시험을 당하거든
온전히 기쁘게 여기라(약 2:2)

내세의 소망: 우리의 본향은 어디에?

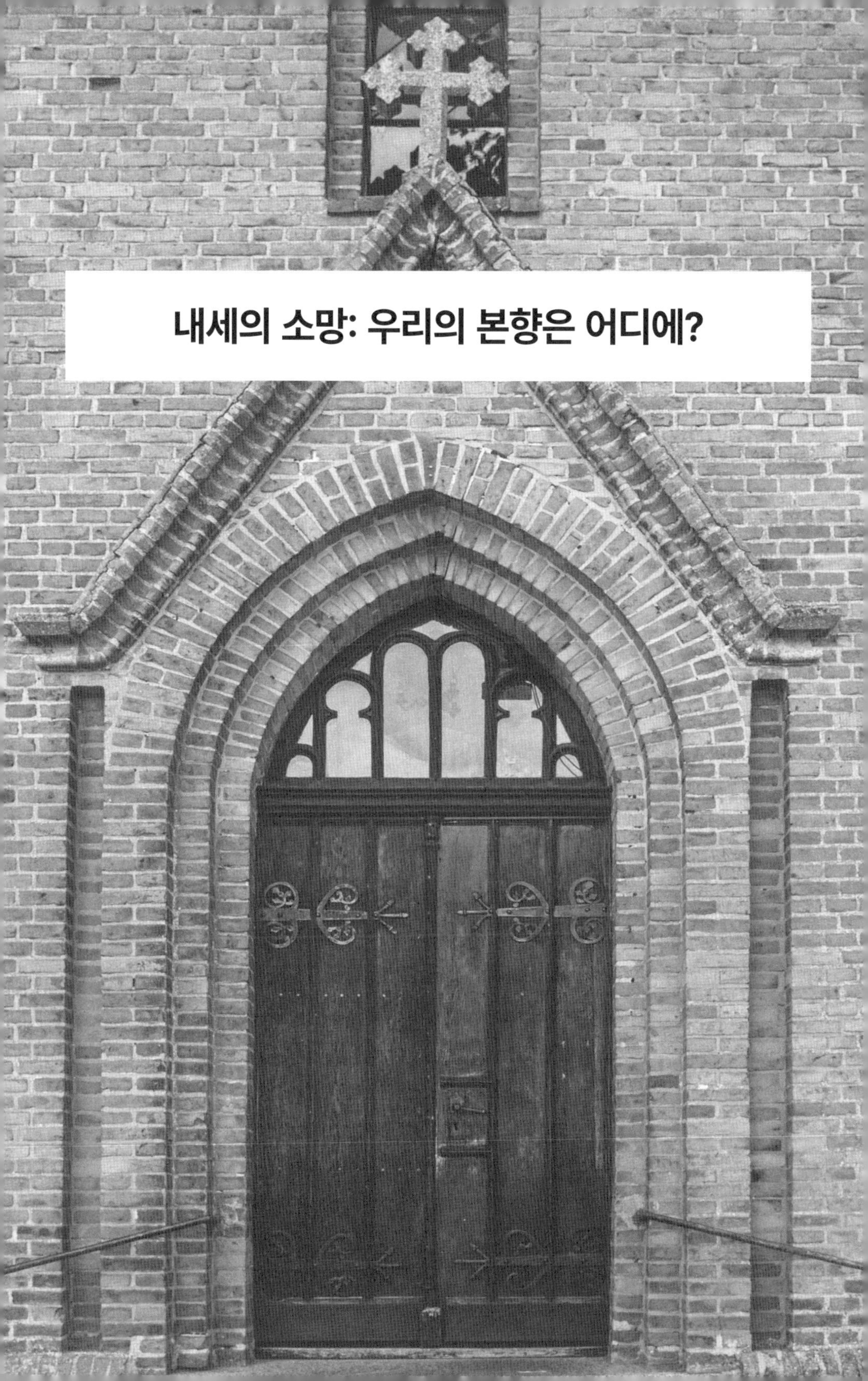

I. 샤머니즘과 유교가 죽어야 하나님 나라가 산다

비교종교학적 관점에서 샤머니즘의 생명력은 너무나 질긴 것이어서 잡초와 같다. 어쩌면 이것이 타락한 인간의 본성과 닮아 있어 누가 가르쳐 주지 않아도 전 세계 어디서나 존재하는 것은 아닐까? 하고 생각하게 된다.

우리나라는 비교적 늦게 기독교가 전파되면서 샤머니즘과 불교, 그리고 유교라는 영적인 토양 위에 복음이 전파되어 교회가 세워지게 되었다. 한국 기독교는 이러한 종교들과 경쟁하면서 크게 성장하여 고유한 종교 영역을 구축하게 되었다. 그런데 엄밀히 말해, 우리나라의 불교와 유교, 그리고 기독교는 사실상 샤머니즘에 의해 오염되어 있다고 보아야 한다.

불교는 우리나라에 전래되는 과정에서 샤머니즘을 받아들였다. 산신각(山神閣: 절에서 산신을 모시는 전각), 칠성각(七星閣: 북두칠성을 신격화한 것으로, 생로병사를 주관한다고 알려진 신령), 명부전(冥府殿: 죽음의 세계를 관장하는 지장보살(地藏菩薩)을 봉안한 전각), 조왕(竈王: 가택신 중 하나, 부엌을 관장) 등 샤머니즘과 관련된 전각이 절에 들어와 있을 뿐 아니라 자연숭배, 정령숭배, 신당(神堂)숭배, 주술 등 불교 교리와는 직접적으로 관련 없는 민간신앙의 요소가 불교 안에 자리 잡고 있다.

유교는 일반적으로 공자(주전 551-479)에서부터 시작한 것으로 알려졌지만, 본래는 조상숭배와 같은 원시 샤머니즘에서부터 시작되어 오랜 역사 가운데서 발전한 신념 체계이다. 완성된 유교의 형태는 샤머니즘과 매우 다르지만, 한 뿌리에서 나왔기 때문에, 모두 [현세 지향적인 특징]을 갖는다.

샤머니즘의 기본적인 특징은 죽은 자의 영혼이 이 세상에 함께 있고, 무당을 매개로 하여 산 자의 생활에 영향을 끼친다는 것인데, 유교 역시 샤머니즘을 비판하면서도 그 실상은 죽은 조상의 도움으로 현세적인 수복강녕(壽福康寧)을 보장받으려는 것에서 벗어나지 못하고 있다. 이처럼 유교의 조상 제사는 언제나 샤머니즘적인 신념 체계 안에서 시행되었던 것이다.

기독교에 끼친 샤머니즘의 대표적인 영향은 '기복(祈福)신앙'과 '지성(至誠)이면 감천(感天)'이라는 샤머니즘의 방법론이다. 샤머니즘에서 복(福)을 기원(祈願)하는 것은 무당(shaman)이 종교의식인 제사를 행함으로써 화(禍)나 액(厄)을 물리치고, 복(福)을 불러오게 할 수 있다고 믿는 것이다. 기독교에 들어온 기복신앙의 형태는 신자로 하여금 교회에 나와 예배에 참석하는 것만으로 하나님께 복을 받을 수 있다는 잘못된 신앙관을 갖게 하였다.

이러한 이유로 과거 한국교회는 복 받기 위해 삼일기도(새벽기도, 수요기도, 금요기도)와 주일성수에 크게 집착하였다.

하나님께서 베푸시는 '복(福)'은 노력이나 공헌에 의해 주어지는 것이 아니다. 그럼에도 기복신앙의 영향을 받은 신자는 교회 안에서 직분과 헌금에 집착한다. 직분을 얻고, 헌금을 많이 하면 하나님께 인정받고 복을 얻을 수 있는 것으로 인식했기 때문이다. 오늘날 현대 교회의 화려한 교회 건물의 이면에는 이와 같은 기복신앙이 큰 역할을 하였다. 크고 화려한 교회를 세우는 데 공헌함으로써 하나님께 복을 얻을 수 있다고 생각했기 때문이다. 이제 화려한 교회의 건물은 그 자체로 물질적 축복의 상징이 되어 버렸다.

샤머니즘에서 복을 받는 또 다른 방법은 '지성(至誠)이면 감천(感天)'이라는 말로 대변되는 '지극정성(至極精誠)'이다. 샤머니즘의 신(神)은 지극한 정성에 감복되어 복을 내린다. 그러므로 샤머니즘의 신을 위한 제사상은 언제나 정성을 다해 차려지며, 두 손이 발이 되도록 빌고 비는 행위를 통해 신을 감동하여 복을 얻으려 한다.

반면 기독교에서 하나님께 복을 받는 비결은 하나님께서 베풀어 주신 구원의 은혜에 감사하고, 예수님 수준의 자녀로 성장하여 '성화(聖化)'되는 것이다. 하나님과의 깊은 교제 가운데 그를 닮아 가는 것으로 복을 누린다. 하나님과 원수 된 죄인의 신분에서 예수님의 대속의 죽으심으로 말미암아 하나님의 자녀가 된 신분의 변화로 말미암아 신자는 자녀의 복을 누린다.

마치 돌아온 탕자를 기쁘게 맞이한 아버지처럼, 하나님께서도 잃어버린 자녀가 돌아올 때 이를 가장 기뻐하신다. 탕자의 아버지는 잃었던 아들을 다시 찾았다며 잔치를 열고, 즉시 아들의 신분을 회복시켜 준다. 그는 가장 좋은 옷을 입히고 손에 가락지를 끼워 주며, 발에 신을 신겨 자녀의 영광을 회복시킨다. 이처럼 우리의 창조주이신 하나님께서는 우리의 아버지가 되시기 때문에, 죄로 인해 멀어진 자녀가 다시 하나님과 연합하는 것보다 더 기뻐하실 일이 없다.

[21] 아들이 이르되 아버지 내가 하늘과 아버지께 죄를 지었사오니 지금부터는 아버지의 아들이라 일컬음을 감당하지 못하겠나이다 하나

[22] 아버지는 종들에게 이르되 제일 좋은 옷을 내어다가 입히고 손에 가락지를 끼우고 발에 신을 신기라
[23] 그리고 살진 송아지를 끌어다가 잡으라 우리가 먹고 즐기자
[24] 이 내 아들은 죽었다가 다시 살아났으며 내가 잃었다가 다시 얻었노라 하니 그들이 즐거워하더라(눅 15:21-24, 개정)

자녀 됨을 회복한 탕자는 그 즉시 가난에서 벗어난다. 지혜로운 아버지 밑에서 다시 성장할 수 있는 기회를 얻게 됨과 동시에 든든한 아버지의 보호하심과 후원 아래 있게 된다. 바로 이것이 성경이 말하는 자녀가 누리는 복(福)이다.

스스로 교만하여 아버지를 죽은 셈 치고, 유산의 반을 챙겨 돈을 의지하고 떠났던 탕자는 돈이 복의 근원이라고 생각하였다. 하지만 돈은 그리 오래가지 못했다. 쓸 줄만 알았지 벌 줄 몰랐던 탕자는 아버지 곁에서 누렸던 모든 것이 돈에 있지 않고, 자비로우신 아버지께로부터 나온다는 사실을 뒤늦게 깨달았다. 자신을 지켜 주고 쓸 것을 공급하는 것은 돈에 있지 않고, 아버지의 자비하심에 있다는 것을 알게 된 것이다.

탕자의 아버지는 자신의 전 재산의 반을 탕자에게 주었다. 물론 이 재물이 탕자에 의해 허랑방탕하게 쓰여 순식간에 사라지리라는 것도 잘 알고 있었다. 하지만 전 재산의 반을 잃어도 탕자가 깨닫고 자녀 됨을 회복한다면 이 재물의 손실은 아무렇지도 않았다.

이 비유처럼 하나님 아버지께서는 탕자와 같은 죄인을 불러 자녀가 되길 원하셨다. 자녀는 아버지 집의 종처럼 열심히 일하기 때문에 아버지의 모든 것을 누리는 것이 아니다. 지극정성을 다해 간절히 구하기 때문에 아버지의 모든 것을 누리는 것도 아니다. 오직 자녀 된 신분 때문이다.

이 자녀 된 신분 때문에 아버지의 모든 것을 상속받게 되며, 더불어 아버지를 닮을 것을 요구받는다. 따라서 기독교는 죄에서 벗어나 자녀 됨을 회복하는 것으로 복(福)을 얻는다. 자녀 된 신분을 회복한 자녀가 아버지 하나님과 깊은 교제를 통해 필요한 모든 것을 공급받는다.

아버지에게 자녀가 자신의 필요를 공급받는 것이 이상한가?

그런데 교회 안에 샤머니즘의 방법론이 들어오고 말았다. 세상의 때를 벗겨내지 못하고, 그 습관대로 교회 안에서 샤머니즘의 신을 대하듯 아버지 하나님을 대하려는 것이다. 힘써 아버지를 닮은 자녀가 되는 것에는 관심이 없고 그저 익숙한 지극정성으로 하나님을 감동시켜 복을 얻으려는 것이다.

가장 대표적인 것이 일천번제의 헌금이다. 겉으로 보기에는 일천번제의 헌금이 솔로몬의 일천번제에서 유래되어 성경적인 근거가 있는 것처럼 보이지만 전혀 그렇지 않다.

교회에서 행해지는 일천번제의 헌금은 일천 번의 횟수로 헌금을 드리는 것이다. 하지만 솔로몬의 일천번제는 일천 마리의 번제물을 단번에 하나님께 예물로 드린 것이다. 번제의 제사가 1,000번 행하여진 것이 아닌데, 이를 근거로 1,000번의 헌금을 강요하는 것은 모순이 아닐 수 없다.

자녀의 대학 합격을 기원하거나, 자신의 소원을 기도하면서 1,000번이라는 예배의 횟수로 지극정성을 다하여 하나님을 감동시키려는 것 또한 같은 맥락이다. 이는 전혀 기독교적이지 않다. 이 모든 것은 샤머니즘을 통해 기독교 안에 들어온 기복신앙의 영향이 그 원인이라 할 수 있다.

하지만 샤머니즘의 진정한 해악은 따로 있다. 그것은 바로 하나님을 믿는 성도로 하여금 '내세 지향적인 삶'을 살지 못하고 '현세 지향적인 삶'을 살게 한다는 점에 있다.

위에서 설명한 바와 같이 유교와 샤머니즘은 사실상 뿌리가 같다. 따라서 유교와 샤머니즘은 뚜렷한 내세관이 없다는 공통점을 갖는다.

즉 사람의 삶을 이승과 저승으로 구별할 뿐, 사람이 죽으면 어떻게 되는지에 대한 명확한 지식이 없는 것이다. 이처럼 유교와 샤머니즘이 현세에 집착하는 이유는 명확한 내세관이 존재하지 않기 때문이다.

유교는 이러한 약점을 보완하는 방법으로 자신이 죽은 뒤에도 제사를 통해 자신의 이름이 후손들에 의해 기억되고 불리거나, 출세하여 역사책에 기록되어 자신의 존재가 잊혀 사라지지는 것을 방지하였다. 따라서 유교에서 자신의 이름을 불러줄 자손을 남기는 일은 매우 중요한 일이 되었다. 특히 자신의 제사를 책임지는 자녀는 남자이기 때문에, 여자가 결혼하여 남자아이를 낳지 못해 대(代)를 잇지 못하는 것은 가장 큰 죄로 취급하였다.

칠거지악(七去之惡)은 아내를 내쫓아도 되는 정당한 사유가 되는 일곱 가지 사항으로 조선시대 유교 사상에서 나온 제도이다. ① 시부모를 잘 섬기지 못하는 것, ② 아들을 낳지 못하는 것, ③ 부정한 행위, ④ 질투, ⑤ 나병·간질 등의 유전병, ⑥ 말이 많은 것, ⑦ 훔치는 것이다.

유교에서 말하는 효(孝)사상 역시 내세관의 부재에서 나온다. 유교의 경전 가운데 하나인 《효경(孝經)》에는 "신체의 머리털과 살갗은 부모에게서 받은 것이니 감히 손상하지 아니함이 효도의 시작이고, 입신출세하여 도를 행하여 후세에 이름을 드날려 부모를 드러내는 것이 효도의 마침이다(身體髮膚, 受之父母, 不敢毁傷, 孝之始也. 立身行道, 揚名於後世, 以顯父母, 孝之終也)."라고 하였다.

즉, 내세관이 없는 유교에서 자신의 존재를 이 땅에 영원히 남기는 방법은 ① 자손을 남겨 제사를 받는 것과 ② 자손 중 뛰어난 인재가 태어나 가문의 이름을 역사책에 기록하여 영원히 불리는 것뿐이기 때문이다(입신양명: 立身揚名). 이것이 유교에서 자신의 영원성을 보장받는 방법이다.

샤머니즘도 세상을 이승과 저승으로 나누어 삶과 죽음의 세상을 구별하지만, 사실상 저승에 대한 지식이 없다. 적어도 저승은 육체가 없기 때문에 생로병사의 고통이 없는 곳일 수 있다. 하지만 '개똥밭에 굴러도 이승이 좋다'라고 말한다. 저승의 밥이 이승보다 훨씬 더 맛있을 수도 있지만, 이상하게도 샤머니즘에 의하면 조상들은 불교처럼 윤회하지도 않고, 평생 정기적으로 이승으로 돌아와 이승의 제삿밥을 얻어먹기 원한다.

이는 샤머니즘의 한계로 저승에 대한 명확한 지식이 없기 때문에 이승에 대한 집착을 보여 주는 것이다. 이러한 이유로 샤머니즘은 현세에 집착한다. 복을 받아도 현세에 받아 누려야 한다. 현세의 삶이 고작 100년 남짓이지만, 저승의 삶은 알 수 없어 두려운 것이기에 무조건 이승에서 누려야 하는 것이다.

기독교 안에 기복신앙으로 들어온 샤머니즘의 영향은 신자로 하여금 현세 지향적 삶에 집착하게 하였다. 이 땅에서 고난을 겪더라도 영원한 하나님 나라에서 영광을 누리기보다, 반드시 이 세상에서 복 받고 많은 사람에게 인정받는 것을 더 큰 복을 누리는 것으로 인식하게 만들었다.

성경의 가르침대로 이름도 없이 빛도 없이, 오른손이 한 일을 왼손이 모르게 하는 것은 오히려 어리석게 보인다. 이는 하나님 앞에 자신의 행위를 판단받으려는 것이 아니라, 세상 사람들에게서 판단받고자 하는 것이다. 이렇게 되면 '복(福)'은 하나님 앞에서 누리는 것이 아니라, 사람들 앞에서 누려야 하는 것으로 변질되고 만다.

[2] 그러므로 구제할 때에 외식하는 자가 사람에게서 영광을 받으려고 회당과 거리에서 하는 것 같이 너희 앞에 나팔을 불지 말라 진실로 너희에게 이르노니 그들은 자기 상을 이미 받았느니라
[3] 너는 구제할 때에 오른손이 하는 것을 왼손이 모르게 하여
[4] 네 구제함을 은밀하게 하라 은밀한 중에 보시는 너의 아버지께서 갚으시리라(마 6:2-4, 개정)

마치 이 시대의 신자들은 더 이상 성경의 가르침을 따를 생각이 없는 것처럼 행동한다. 내세의 소망을 따라 이 세상을 감찰하시는 하나님을 믿어 나의 상급을 하늘에, 내세에 쌓는 것에 크게 관심을 두지 않는다. 그들의 눈에 이러한 삶의 방식이 그리 현명해 보이지 않는 것이다.

[19] 너희를 위하여 보물을 땅에 쌓아 두지 말라 거기는 좀과 동록이 해하며 도둑이 구멍을 뚫고 도둑질하느니라
[20] 오직 너희를 위하여 보물을 하늘에 쌓아 두라 거기는 좀이나 동록이 해하지 못하며 도둑이 구멍을 뚫지도 못하고 도둑질도 못하느니라(마 6:19-20, 개정)

이러한 신자들의 모습에서 내세관의 부재를 본다. 기독교가 유교나 샤머니즘과 같이 뚜렷한 내세관이 없어서가 아니라, 명확한 내세관을 가지고 있음에도 유교나 샤머니즘의 영향으로 기독교적 내세관이 신자에게 받아들여지지 않기 때문이다.

유교와 샤머니즘의 내세관을 극복하지 않고
한국교회를 기복신앙과 현세주의에서 구원할 수 있을까?

한국교회는 신자의 내세관이 얼마나 중요한 역할을 하는지 잘 모르는 것 같다. 사람들의 사소한 행동에도 반드시 이유가 있다. 한국교회가 기복신앙으로 치우치고, 현세에 대한 강한 집착을 보이는 것은 성경이 말하는 내세관을 신자들이 사모하지 않기 때문이다.

II. 내세의 소망-소망의 사람 '제임스 엘리엇'

그런즉 믿음, 소망, 사랑, 이 세 가지는 항상 있을 것인데
그 중의 제일은 사랑이라(고전 13:13, 개정)

고린도전서 13:13절의 말씀은 분명 '사랑'에 강조점이 있다. 하지만 믿음과 소망을 소홀히 여겨도 된다는 뜻은 절대 아니다. 믿음, 소망, 사랑, 이 세 가지는 항상 있어야 할 것이다.

한국교회는 믿음과 사랑을 강조하다 종종 '소망'의 중요성을 놓치고 있는 것은 아닌가? 우려스럽다.

'소망'은 현재를 살아갈 힘이다. 천국의 소망이 없으면 신자는 세상이 주는 어려움을 이길 힘이 없다. '소망'이 없으면 고단한 삶 속에서 기쁨을 누릴 수 없고, 살아갈 이유도 없어지며, 박해를 참고 견딜 수도 없다.

[17] 그리스도께서 다시 살아나신 일이 없으면 너희의 믿음도 헛되고 너희가 여전히 죄 가운데 있을 것이요
[18] 또한 그리스도 안에서 잠자는 자도 망하였으리니
[19] 만일 그리스도 안에서 우리가 바라는 것이 다만 이 세상의 삶뿐이면 모든 사람 가운데 우리가 더욱 불쌍한 자이리라
[20] 그러나 이제 그리스도께서 죽은 자 가운데서 다시 살아나사 잠자는 자들의 첫 열매가 되셨도다(고전 15:17-20, 개정)

제임스 엘리엇은 1927년 10월 8일 미국 오리건주 포틀랜드에서 스코틀랜드에서 이주한 아버지 프레드(Fred)와 스위스 출신의 어머니 클라라(Clara) 사이에서 셋째 아들로 태어났다.

순종하면 그분을 아는 것이다.
순종은 하나님께 대한 사랑의 표현이다.
순종한다는 것은 우리가 하나님 안에 거한다는 뜻이다.
그분 안에 거하면 우리도 예수님이 행하시는 대로 행하게 된다.

그의 목표는 하나님을 아는 것이었다. 그의 길은 순종이었다. 순종은 그의 목표를 이룰 수 있는 유일한 길이었다. 기독교 신앙심이 깊은 부모 밑에서 자란 제임스는 1945년 가을 일리노이주 서부, 시카고에 위치한 복음주의 기독교(evangelical christian) 학교인 휘튼 대학교(Wheaton College)에 진학하여 대학을 다니는 동안 선교를 위해서 생애를 바치기로 작정하였다.

영원한 것을 얻고자 영원할 수 없는 것을 버리는 자는
결코 바보가 아니다.

위의 문장은 제임스가 자신의 일기장에 기록한 그의 신앙고백이자, 좌우명이었다. 휘튼 대학교를 수석으로 졸업한 그에게는 교수들의 추천으로 이미 교수직이 보장되어 있었다. 하지만 그는 그의 신앙고백처럼 영원한 것을 얻고자, 플리머스 형제단(Plymouth Brethren)과 세계 성서번역 선교회(WBT)에서 교육을 받고, 선교사가 되었다.

1952년 봄, 선교사로서 에콰도르에 도착한 제임스는 와오라니(waorani) 부족에게 복음을 전하기 위하여 현지에서 언어와 풍습을 익히며 함께 선교활동을 할 친구들을 모았다.

1953년, 제임스는 같은 비전을 가진 엘리자베스(Elisabeth)와 결혼하였다. 엘리자베스는 1926년 벨기에에서 선교사의 딸로 태어나 휘튼대에서 고전 그리스어를 전공했으며, 신약성경을 미전도 종족 언어로 번역하는 일로 제임스와 함께 헌신하고자 하였다.

그리고 부부의 헌신은 마침내 열매를 맺을 수 있을 것 같았다. 제임스는 몇 달 전부터 비행기를 이용하여 선교 방송과 함께 선물꾸러미를 투하하며 와오라니족과의 접촉을 준비하였다.

1956년 1월 8일, 제임스 엘리엇과 네 명의 친구들(네이트 세인트, 피트 플레밍, 로저 유드리언, 에드 맥컬리)은 모든 준비를 마치고 비행기를 타고 와오라니족이 사는 마을에 도착한다. 정글 도착 사흘 만에 부족민과 만났고 서로 인사했다. 선물도 전했다. 1월 8일은 주일이었다. 하지만 그날이 마지막이었다.

선교사들의 무선이 끊긴 후, 뭔가 잘못되었음을 직감한 선교회의 신고로 수색대가 출동하였다. 수색대는 파괴된 비행기와 심하게 부패한 선교사들의 시신이 발견하였다. 어떤 시신에는 야자나무로 만든 창이 그대로 몸에 꽂혀 있었다. 맥컬리 선교사의 시신은 강물에 떠내려간 것으로 추정되었다.

이상한 것은 그들 주머니에는 권총이 있었는데, 아무도 그 권총을 사용하지 않았다는 점이다. 제임스 엘리엇은 선교를 떠나기 전, '공격을 당하면 총을 사용할 거지요?'라고 묻는 어린 아들에게 '아들아 우리는 그들에게 총을 쏠 수 없단다. 우리는 준비되어 있지만, 그들은 아직 천국에 들어

갈 준비가 되어 있지 않기 때문이란다.'라고 답하였다.

선교사들은 자신을 공격하는 와오라니족에게 저항하지 않았다. 그저 예수님처럼 자신의 삶을 내어주었다.

와오라니 부족은 당시 남미에서 가장 호전적인 부족이었다. 1943년, 8명의 셸 정유사 직원이 이들에게 목숨을 잃었다. 그때가 처음은 아니었다. 17세기 후반 로마가톨릭 예수회 사제였던 페드로 수아레즈가 원주민의 창에 맞아 사망했다. 19세기 후반에는 천연고무 채집자들이 정글 지역에 들어와 원주민들을 들쑤셔 놓았다. 가옥 약탈, 방화, 강간, 고문을 일삼고 무려 50년간 부족민들을 노예로 삼았다. 때문에 와오라니족은 백인을 향한 적개심이 강했다. 이들은 5명의 선교사를 적으로 오해하고 두려움에 사로잡혀 살해하고 만 것이다.

이 사건은 당시 미국 기독교계와 시민들에게 큰 충격을 주었다. 사람들은 훌륭한 젊은이들이 너무나 허무한 죽음을 맞이하였다고 슬퍼하거나, 이들의 선교가 너무나 무모했다고 비판하기도 하였다.

이런 혼란 속에서도 5인의 선교사 아내들은 마냥 슬퍼하지만은 않았다. 엘리자베스 엘리엇은 "이건 비극이 아니었다. 하나님은 만사에 계획과 목적을 갖고 계신다."라고 고백했다. 고린도후서 5장 5절은 이들에게 큰 힘이 되었다.

곧 이것을 우리에게 이루게 하시고 보증으로 성령을 우리에게 주신 이는 하나님이시니라(고후 5:5, 개정)

와오라니족을 향한 하나님의 선교는 결코 멈추지 않았다. 선교 사명은 이제 남편에게서 아내에게로 이어졌다. 항공선교회(MAF) 소속 조종사들은 계속해서 선물 바구니를 와오라니족 마을에 투하했고, 2년이 지나 부족 사람들과 다시 소통할 수 있게 되었다.

2년 동안 간호사로 훈련받고 돌아온 엘리자베스(Elisabeth)는 1958년 9월에 레이첼 세인트와 어린 딸 밸러리(Valerie)와 함께 목숨을 걸고 남편이 이루지 못한 그리스도의 복음을 전하기 위해서 와오라니족을 찾아갔다. 엘리자베스가 만나 본 와오라니 부족은 남자 어른이 8명에 불과한 56명의 작은 부족이었다.

와오라니족은 다행히 남자는 죽이지만, 여자는 죽이지 않는 부족이있다. 부족민들은 경계하였지만, 마을에 전염병이 돌아 열병으로 하나둘 쓰러져 가자 엘리자베스와 레이첼을 의지할 수밖에 없었다. 이들의 헌신은 와오라니족의 마음을 열게 하였다. 그리고 와오라니족은 조금씩 변화되었다.

6년 후, 이들을 위하여 헌신한 엘리자베스는 7년 차, 안식년을 준비하고 있었다.

안식년이 되어 돌아간다고 하자 추장은 그녀를 위한 파티를 열며, 그녀가 누구인가를 물었다. “당신들은 도대체 누구요? 우리가 어렵고 힘들 때, 우리를 위로하고 병이 들면 같이 아파하며, 고쳐 주는 당신들은 도대체 누구요?”라고 재차 물었다.

엘리자베스는 6년 만에 자신의 신분을 밝혔다. “나는 당신들이 죽인 제임스 엘리엇의 부인”이라고 답변했다. “내 남편은 당신의 친구였고, 당신들을 사랑했습니다. 나는 내 남편이 전하고자 하는 말을 전하기 위해 지난 2년 동안 부족의 말을 배우며 헌신했습니다. 그런데 내 남편보다 당신들을 더 사랑하는 이가 있습니다."라고 하였다.

추장은 "그게 누구입니까?"하고 물었다. 엘리자베스는 "그분은 바로 예수 그리스도이십니다."라고 답하였다. 그 이야기를 들은 와오라니족은 숙연해졌다. 그리고 그들은 곧바로 자신들의 잘못을 회개하고 예수 그리스도를 구세주로 영접했다. 이들 중, 제임스 엘리엇과 함께 간 선교사 네이트 세인트를 죽인 와오라니족의 족장 민케이(Mincaye)도 이때 그리스도를 영접하였다.

10년 후에는 5명의 선교사를 살해하는 일에 가담했던 '키모'가 부족 최초의 목사가 됐다. 그리고 순교한 선교사들의 자녀 중 2명이 아버지가 순교한 팜 비치 강가에서 세례를 받았으며, 엘리엇의 딸은 와오라니족과 함께 살았다. 92년에는 순교 현장에서 '와오라니족어로 번역된 신약성경' 봉헌 예배가 드려지기도 하였다.

엘리자베스는 후에 고국으로 돌아와 저술과 강연 활동을 이어갔으며, 2015년 향년 88세에 소천하였다. 저서로는 《전능자의 그늘: Shadow of the Almighty》, 《영광의 문: Through Gates of Splendor》, 《흔들리지 않는 믿음: Faith That Does Not Falter》 등 총 27권이 있다.

엘리자베스는 《영광의 문》 초판 서문에서 "사람들은 제임스와 함께 죽은 이들을 영웅으로, 순교자로 칭송했다. 하지만 나는 찬성하지 않는다. 본인들도 찬성하지 않을 것이다. 그리스도를 위해 사는 것과 그리스도를 위해 죽는 것이 그렇게 크게 다른 일인가? 후자는 전자의 논리적 귀결이 아니겠는가? 게다가 하나님을 위한 삶은 사도 바울의 말처럼 '날마다' 죽는 것이다. 그리스도를 얻기 위해 모든 것을 잃는 것이다. 그렇게 목숨을

버릴 때 우리는 그것을 도로 얻는다."라고 회고하였다.[18]

엘리자베스는 그리스도께서 자신의 생명을 우리에게 주셨듯이, 우리의 생명을 주님께 드리는 것은 당연한 일이라고 하였다. 값진 은혜를 이해하는 사람은 누구나 그렇게 하였을 것이라고 하였다.

세상 사람들은 너무도 젊은 나이에 비참한 모습으로 순교한 5인의 선교사의 삶을 헛되고 어리석은 죽음으로 기억할지도 모르겠다.

하지만 33세에 십자가에 달려 돌아가신 예수님께서도 세상으로부터 동일한 평가를 받았다는 사실을 기억해야 한다. 세상은 지혜롭고 능력이 많으신 예수님이란 분이 유대 땅에서 자신의 꿈을 펼쳐 보지도 못하고, 정치적 희생양이 되어 비참하게 십자가에서 돌아가셨다고 기억한다.

그렇지 않다. 예수님께서는 정치적 희생양으로 돌아가신 것이 아니다. 인류를 용서하시려는 하나님의 놀라운 구원 사역에 동참하셔서 자신의 생명을 내어주신 것이다.

5인의 젊은 선교사의 순교는 50년간 자행된 백인들의 횡포로 상처받은 와오라니족의 마음 문을 열고 복음을 받아들이게 하였다.

2006년, 순교한 네이트 세인트의 아들 스티브 세인트가 쓴 책 《창끝: End of the Spear》이 영화가 되어 상영되었다. 이 영화에는 5명의 선교사 중 항공 선교사였던 네이트 세인트의 아들 스티브 세인트가 성공적인 사업을 정리하고 선교사가 되어 아버지가 순교한 그 부족을 찾아가

18 국민일보 신상목 기자, [이번 주 세계 교회 역사] 주님은 우리에게 '와서 죽으라' 하신다. 2024. 1. 7.

는 장면이 나온다.

족장 민케이는 누가 자신의 아버지를 살해했는지 궁금해하는 스티브를 강가로 데려간다. 그리고 선교사들을 살해한 바로 그 현장에서 자신의 죄를 고백하고 창을 스티브에게 건네준다. 와오라니족은 아버지의 원수를 아들이 갚는 전통이 있었기 때문이다.

민케이는 자신의 죽음을 통해 죗값을 치르기 원했다. 하지만 아버지의 원수가 누구인지 알게 된 스티브는 분노했지만, 결코 민케이를 죽일 수 없었다. 민케이를 사랑하는 마음이 더 컸기 때문이다. 스티브는 민케이를 용서하고 큰 깨달음을 얻었다.

자신을 죽이려고 달려든 민케이를 바라보는 아버지의 시선으로 이 사건을 이해할 수 있게 된 것이다. 네이트와 4명의 선교사에게는 권총이 있었다. 얼마든지 맞설 수 있었지만, 그렇게 하지 않은 것은 자신의 생명을 통해 복음을 전하려는 헌신과 그들을 사랑하는 마음이 방아쇠를 당기지 않았기 때문이다. 네이트는 자신의 죽음에 대한 두려움보다 와오라니족을 사랑하는 마음이 더 컸다. 5명의 선교사 모두 목숨을 내어줄 수 있을 만큼 와오라니족을 진심으로 사랑했다.

스티브는 깨달았다. 자신의 아버지 네이트는 민케이에게 죽임을 당한 것이 아니라, 예수님처럼 사랑에 이끌려 자신의 생명을 스스로 내어준 것이라는 사실을 깨닫게 된 것이다. 스티브는 결국 아버지의 뒤를 이어 선교사가 되었다. 와오라니족에 대한 아버지의 사랑을 이어받아, 와오라니족의 진실한 친구가 된 것이다. 민케이는 스티브의 양아버지가 되어 스티브가 부족 생활에 적응하고 부족을 선교할 수 있도록 곁에서 도왔다.

나는 모든 성도에게 이 영화를 꼭 볼 것을 권한다. 제임스 엘리엇과 4명의 선교사, 그리고 부인들과 자녀에게서 나타난 헌신과 용서는 예수님의 십자가와 내세의 소망에서 나온다고 나는 믿는다.

기독교 문화가 무엇일까? 기독교 문화는 왜 필요한가? 자연스럽게 남편에게서 아내에게로, 또 아내에게서 자녀에게로 흐르는 선교 사명은 강요되거나 주입된 것이 아니다.

아버지도, 어머니도, 심지어 자녀들조차 하나님의 선교적 부르심에 응답하고 헌신하게 된 것은 이 선교사 가정 가운데 깊이 뿌리내린 기독교 문화와 삶이 아름다운 본보기가 되어 전해지고 있었기 때문이다.

하나님의 부르심에 순종으로 응답하는 것이 당연한 가정문화, 심지어 아버지의 순교조차 영예로운 것으로 알고 자녀에게로 사명이 흘러가는 것은 얼마나 강력한 믿음이 이 가정에 '내세의 소망'이 되어 붙들고 있는지 잘 보여 준다.

'내세의 소망'은 결코 죽음을 두려워하지 않는다. 죽음은 또 다른 시작이며, 진정 사랑하는 주님과 영원토록 죄 없는 몸으로 함께 사는 영예로운 새로운 삶의 시작일 뿐이다. 죽음을 통해 흩어진 가족은 모두 천국에서 다시 모여 영원토록 함께하게 될 것이다. 영원한 사랑을 나누는 천국은 모든 신자의 고향이다.

양화진 외국인 선교사 묘원에는 많은 외국인 선교사들이 잠들어 있다.

이곳에는 조선 말 고종 때부터 한국을 위해 공헌한 언론계, 교육계, 종교계 외국인 인사들 500여 명이 묻혀 있다. 한국의 암흑기였던 1900년 전후에 언론창달의 기수 역할을 했던 대한매일신보의 어니스트 베델, 연희전문학교(현재 연세대학교)를 세운 장로교 선교사 호러스 그랜트 언더우드, 이화여대 설립에 공이 큰 감리교 선교사 헨리 아펜젤러와 그의 가족들, 세브란스 의대를 세운 더글러스 B. 에비슨, 한국의 은인으로 추앙받는 호머 헐버트 박사, 대한제국 국가를 작곡한 프란츠 에케르트의 묘도 이곳에 있다.

이들은 왜 자신의 본국으로 돌아가 고향 땅에 묻히지 않았나?

선교사들에게 고향은 하나님께서 나를 부르신 곳, 하나님께서 나와 함께 역사하신 곳, 하나님께서 현재도 서 계신 곳, 아버지께서 계신 그곳이 바로 그들의 고향이기 때문이다. 그들은 어느 곳, 어떤 상황, 어떤 조건 속에서도 아버지 하나님과 동행하므로 자녀로서 이 땅에서 하나님 아버지와 함께하는 천국을 누렸다.

그러므로 이들은 자신이 태어난 고향 땅으로 돌아가지 않고, 영원히 아버지 하나님과 동행하기 위해 부르심 받은 이 땅에서 삶을 마감하였다.

이로써 이들이 무엇을 위해 살았는지 증명된다. 이들이 무엇을 의지하였고, 어떻게 그 모든 고난을 이겨 냈는지 증명되는 것이다. 이들은 무엇을 통해 기쁨을 얻었는지 자신의 삶으로 하나님 앞에 증명하였다.

내세의 소망은 바로 이들의 삶을 통해 우리에게 말한다.

눈에 보이는 것이 다가 아니다.
삶은 이 땅에서의 삶이 진짜가 아니다.
우리에게는 영원한 본향이 있다!

III. 성경이 말하는 영생(永生: eternal life)의 의미

동양철학에서 말하는 '영생(永生)'은 '영원히 죽지 않는 것'을 말한다. 흔히 '불로불사(不老不死)', '불로장생(不老長生)'처럼 좀처럼 늙지 않고, 젊음이 영원히 유지되는 삶을 의미한다. 사실상 교회를 다니는 신자조차 이러한 동양철학에서 말하는 영생의 개념으로 '기독교의 영생'을 이해하고 있는 경우가 종종 있다. 하지만 성경이 말하는 '영생'은 '동양철학의 영생'과는 전혀 다른 개념이다.

1) 기독교의 '영생'은 육체의 죽음을 두려워하지 않는다

한번 죽는 것은 사람에게 정해진 것이요
그 후에는 심판이 있으리니(히 9:27, 개정)

성경이 말하는 '영생'은 오히려 한번 죽는 육체의 죽음을 믿음으로 받아들인다. 거듭난 신자는 구원 이후에도 옛 본성의 죄성(罪性)이 남아 있는 육체를 가지고 영생을 누리기보다, 육체의 완전한 죽음을 통해 하나님과 완전한 연합을 이룰 수 있는 '거룩한 새 몸'으로 부활하기를 소망한다.

따라서 기독교의 '영생' 개념은 동양철학에서 말하는 '죽음 없는 영원한 삶'을 말하는 것이 아니며, 육체의 죽음 이후에 그저 천국에서 영원히 죽지 않는 삶을 가리키는 것도 아니다. 오히려 '죄와 사망 권세로부터 완전히 해방된 구원, 자유, 기쁨으로 가득 찬 새 생명'을 일컫는다.

2) 기독교의 '영생'은 하나님과의 관계 회복을 통해 주시는 '새 힘'으로, 이 땅에서 주님과 함께 살아가는 '새로운 삶의 방식'을 의미한다

영생은 곧 유일하신 참 하나님과
그가 보내신 자 예수 그리스도를 아는 것이니이다(요 17:3)

'영생'에 해당하는 헬라어 '조에 아이오니오스(ζωὴ αἰώνιος)'는 공간적 개념이 아니며, 단순한 시간적인 영원함뿐만 아니라, '삶의 질적인 풍요'를 의미한다. 예수님께서는 '영생'을 유일하신 참 하나님과 예수 그리스도를 아는 것이라고 정의(定義)하신다(요 17:3). 이는 하나님과 깊은 교제를 나누는 질적인 측면에서 말씀하신 것이다.

왜냐하면 성경에서 '누구를 안다'라는 의미는 체험적이고, 전인격적인 관계로서, 서로 깊은 유대 관계를 맺고 있는 상태를 의미하기 때문이다. 이런 맥락에서 '영생'은 하나님과 친밀한 관계를 맺고 살아가는 것이며, 매일의 삶 속에서 하나님과 연결되어 하나님께서 주시는 '생명력'과 '채워짐'을 경험하며 살아가는 것이다.

따라서 장차 임할 하나님의 나라, 곧 천국에서의 삶만이 아닌, 현재 '그리스도를 믿은 이후 이 세상에서 성령 하나님과 동행하며 그의 공급하심으로 누리는 새로운 삶'을 의미한다.

3) 기독교의 영생은 '다가올 다음 시대', 하나님 아버지와 영원히 함께 할 '천국에서의 삶'을 의미한다

히브리어 '올람(עולם)은 '시대', 또는 '세상'이라는 의미를 갖는데, 이 시대라는 단어는 두 가지로 구분할 수 있다. 바로 '현시대(העולם הזה: 올람 하제)'와 '오는 시대(העולם הבא: 올람 하바)'이다. 이스라엘 사람들이 겪던 비참한 '현시대'에서는 '오는 시대'에 소망을 두고 살아갈 수밖에 없었다. 따라서 구약에서 말하는 '영생'은 '오는 시대'를 말한다.

'영생'을 뜻하는 헬라어 '조에 아이오니어스(ζωὴ αἰώνιος)' 역시 시간적으로 '영원한 시간'인 동시에 '다가올 시대'에 대한 소망을 의미한다.

그렇다면 '오는 시대', '다가올 다음 시대'는 어떤 시대인가? 경건을 완성하고 거룩한 새 몸을 입어 죄의 종식이 이루어져 죄에 대한 완전한 자유를 누리며 하나님과의 완전한 연합을 이루어 사는 삶이자, 하나님의 사랑을 깨닫고 진심으로 예배드리는 삶이 바로 '다가오는 다음 시대의 삶'인 것이다.

이러한 새로운 삶은 분명 아버지 하나님의 나라 '천국(天國)'에서 죽음 뒤에 이루어질 것이다. 하지만 이미 이 땅에서 성령 하나님과의 연합된 삶을 살아가고 있다면 이 땅에서 천국을 맛보고 있는 것이 된다. 우리 안에 나와 분리할 수 없는 죄성(罪性)이 내재되어 있지만, 이것을 십자가에 못 박고, 거룩한 새 본성으로 성령 하나님과 연합된 삶을 살아가고 있다면 이 땅에서도 천국을 누릴 수 있다.

기독교에서 영생은 단순히 죽음 이후의 삶만을 의미하는 것이 아니라, 현재의 삶에서도 하나님과의 관계를 통해 경험할 수 있는 영적인 삶이다. 이 개념은 신자들에게 소망과 위로를 제공하며, 하나님과의 영원한 관계를 약속한다.

IV. 먼저 그의 나라와 그의 의를 구하라!

[30] 오늘 있다가 내일 아궁이에 던져지는 들풀도 하나님이 이렇게 입히시거든 하물며 너희일까보냐 믿음이 작은 자들아
[31] 그러므로 염려하여 이르기를 무엇을 먹을까 무엇을 마실까 무엇을 입을까 하지 말라
[32] 이는 다 이방인들이 구하는 것이라 너희 하늘 아버지께서 이 모든 것이 너희에게 있어야 할 줄을 아시느니라
[33] 그런즉 너희는 먼저 그의 나라와 그의 의를 구하라 그리하면 이 모든 것을 너희에게 더하시리라(마 6:30-33, 개정)

신자에게 영생이, 곧 하나님의 나라가 죽어서 누리는 것이라면 참으로 고달픈 삶을 견디기 어려울 것이다. 아버지 하나님께서는 반드시 구원받은 자녀가 영생을, 하나님의 나라를 이 땅에서 누리기를 원하신다.

마태복음 6:33절에 '구하라(제테오: ζητέω)'는 단어의 원어적 의미는 [발견하려고 찾다. 구하다. 얻으려고 노력하다. 목표를 삼다. 원하다]라는 의미를 갖는다. 구원받은 신자가 영생을 누리는 곳이 바로 [하나님의 나라]이다. 신자는 바로 이 하나님의 나라에서 영생을 누린다.

그런데 이 [하나님의 나라]의 다른 이름이 [천국: 하늘나라]이다. 성경 중 맨 마지막 성경인 요한계시록은 죄악 된 세상이 말세에 하나님의 준엄한 심판을 받게 되면 새 하늘과 새 땅이 임한다고 기록한다.

이처럼 천국은 장차 도래할 하나님의 나라를 말한다. 하지만 성경에서 말하는 영생의 개념이 죽음 뒤에 오는 영원한 삶만을 의미하는 것이 아니라, 현재와 미래를 연결하는 개념으로 설명된다는 점을 기억해야 한다. 성경이 말하는 영생의 개념이 현재와 미래에 누릴 수 있는 개념인 것처럼 하나님의 나라 또한 그러하다.

요한복음 5:24절은 "내 말을 듣고 또 나 보내신 이를 믿는 자는 영생을 얻었고"라고 말하여, 영생이 이미 시작된 종말론적 관점에서 현재의 삶에서도 경험될 수 있음을 강조한다. 이처럼 하나님의 나라도 장차 도래할 미래적 개념이지만 이미 이 땅에, 지금 내 안에 경험할 수 있는 개념이기도 하다.

나라, 국가의 개념은 ① 국민과 ② 주권과 ③ 영토의 3요소를 갖추어야 한다. 천국은 ① 하나님의 구원받은 자녀와 ② 하나님의 주권(통치)과 ③ 새 하늘과 새 땅의 3요소를 갖는다. 하지만, 다른 나라에 파견된 외교관이 근무하는 대사관과 영사관은 비록 타국에 있지만, 본국의 법령과 통치를 따라 본국에 속해 있는 것처럼 신자는 이 땅에 살고 있지만, 하나님의 말씀(통치)을 따르기 때문에 하나님의 나라를 이루고 있다.

이 땅에서 하나님의 말씀(법)을 따라 살며, 하나님의 통치 아래 있으면 비록 이 땅이 하나님의 나라는 아니지만 내 가정, 내 직장, 우리 교회는 하나님의 대사관, 영사관으로 하나님의 나라 범주 안에 있게 된다.

신자는 이렇게 천국이 도래하지 않았음에도 하늘에 속하여 하나님 나라를 누린다. 하나님의 영토는 아직 이 땅에 도래하지 않았지만, 그의 통치하심으로 하나님의 나라를 누리게 된다는 의미이다.

그렇다면, 마태복음 6:33절의 [그의 의(義)]를 구하는 것은 무엇을 말하나?

나의 내면에 하나님의 뜻이 이루어지는 것이다. [하나님의 나라]를 구하는 것이 외면적 하나님의 나라, 즉 가정과 직장, 교회가 하나님께 속하게 되는 것이라면, [그의 의]를 구하는 것은 나의 내면이 하나님의 통치 아래 하나님의 말씀대로 그의 뜻을 이루는 삶을 의미한다.

그러므로 [하나님의 나라]가 가장 처음 임하는 곳은 성령 하나님께서 내주하시는 [나 자신의 내면]이다. 신자 한 사람, 한 사람은 성령께서 거하시는 거룩한 성전이다. 그리고 이렇게 하나님의 통치가 나의 내면에서 일어나게 되면 나의 삶은 하나님의 나라와 동기화되어 천국에서 누리는 신령한 아버지의 공급이 자녀 된 신자에게 이루어지게 된다.

너희가 내 안에 거하고 내 말이 너희 안에 거하면 무엇이든지 원하는 대로 구하라 그리하면 이루리라(요 15:7, 개정)

우리는 이 점을 간과해서는 안 된다. 선하신 아버지께서 자녀의 필요를 채우시는 일에 절차와 방법이 존재한다. 우리도 자녀가 무언가 사 달라고 할 때, 무조건 공급하지는 않는다. 꼭 필요한 것인지, 사치나 과한 것은 아닌지, 적절한지 그리고 주는 방법조차도 그냥 주는 것과 어떤 일에 보상으로 주는 방법 등 다양한 방법을 통해 공급한다.

그러므로 아버지 하나님께서 우리에게 요구하시는 예수님과 같은 '자녀 됨'을 이루는 것이 [그의 의]를 구하는 일이다. 이것이 왜 중요한가? 하늘의 것을 맡기는 일에 죄를 따르던 옛 본성이 개입되어 있으면, 이 공급은 죄짓는 일에 사용되고 말 것이다. 하늘의 풍요로움은 결코 죄 된 일을 이루도록 공급되는 것이 아니다. 하나님 아버지의 뜻과 그의 나라를 이루도록 공급되는 것이다.

우리의 내면이 하나님의 통치가, 곧 완전히 말씀대로 사는 삶으로 전환되어 있으면 옛 본성은 아무런 영향력을 행사할 수 없을 것이다. 그렇게 되면, 신자는 하나님의 신령한 공급을 따라 이 땅에서 성령의 열매 맺는 삶을 살게 된다. 천국을 이 땅에서 누리는 것이다.

우리가 이러한 과정을 이해한다면 단순히 우리의 필요를 기도하여 간구한다고, 하나님께로부터 필요한 모든 것을 얻게 되는 것이 아니라는 것을 명확하게 이해할 수 있을 것이다. 하나님의 공급은 이(하나님의 뜻)를 이루기 위함이다. 따라서 나의 내면이 하나님의 나라, 하나님의 통치에 저항하는 것이 없는 완전한 하나님의 나라가 되는 것은 매우 중요하다.

신자의 내면에 하나님의 통치를 거부하는 염려, 근심, 걱정, 불안, 두려움이 가득하고, 옛 본성이 성령 하나님을 따르는 삶을 거부하고 있다면 하늘나라의 공급은 불안정할 수밖에 없다. 나의 내면이 원망과 불평으로 가득하여 하나님의 은혜를 거부하고 쏟아 버리고 있다면 하나님의 공급하심은 온전히 우리 안에 이루어질 수 없다.

그래서 성경은 먼저 [그의 나라와 그의 의]를 구하라고 말한다.

이 땅에서 영생을 누리는 삶은 내주하시는 하나님을 경외하며, 그분과 함께 나의 내면을 거룩하게 만드는 일에 동참하는 것으로 시작된다. 마침내 우리의 내면이 정화되어 내 안에 하나님을 거부하거나, 의심하거나, 불만을 품는 일이 사라지고 평안(平安)이 임하게 되면 이전에 경험해 보지 못했던 놀라운 삶의 열매와 공급하심을 맛보게 된다.

그저 내가 필요한 것을 기도하는 것만으로 하늘 아버지의 풍요로움을 누릴 수 있는 것이 아니다. 영생을 누리는 삶, 하나님의 나라를 경험하는 삶, 아버지 되신 하나님의 공급이 시작되는 삶은 단순히 기도를 했느냐 하지 않았느냐의 문제만이 아니라는 것을 꼭 기억해야 한다.

기도가 응답되고, 하나님의 은혜가 내 안에 머무는 일에는 기도의 요청과 더불어 우리에게 임한 은혜가 머물 수 있는 내면의 환경이 매우 중요하다. 하나님의 은혜와 능력, 권세와 치유하심은 나를 통해 이 땅에 전달(실현)되기 때문이다.

전도체는 전기 전도율이 높아 전기가 잘 통하는 물질을 말한다. 금, 구리와 같은 금속, 흑연, 전해질, 초전도체 등이 대표적인 전도체에 속한다. 그런데 전도율이 제일 높은 금속은 단연 금(金)이다. 다만, 금은 워낙 귀하고 고가이기 때문에 대부분의 전선은 구리로 만든다.

전 세계에서 전기 전도율이 높은 구리 전선을 만들 수 있는 나라는 손에 꼽을 정도인데, 거기에 우리나라가 속해 있다. 구리 전선에 불순물이 많거나 공기가 많으면 전기에 대한 저항값이 높아져 전기 손실이 생긴다. 때문에 전기 전도율이 좋은 순도 높은 전선을 만드는 것은 전기 손실을 줄이게 되기 때문에 얼마나 순도 높은 전선을 만들 수 있느냐는 전기를 생산하는 것만큼이나 중요하다.

하나님 나라의 풍요로움도 우리 안에 전해질 때, 저항값이 없어야 한다. 하늘에 상달된 기도가 응답받고 우리에게 이루어지기 위해서도 우리 안에 하나님의 은혜를 거부하거나, 의심하는 저항값이 없어야 한다.

"왜 나예요? 왜 나에게만 일을 시키시나요?", "언제 이루어 주시나요?",

"제 기도만 늦게 들어주시는 거 아니죠?", "왜 이 방법밖에 없나요?", "일하고 계신 거 맞죠?", "빨리 안 들어주시면 저 금식할 거예요!", "걔보다 더 좋은 것 주세요!", "제가 교회에서 봉사를 남들보다 더 많이 하는 거, 아시죠?", "하나님이 오셔도 소용은 없을 것 같지만, 딱히 도움을 청할 때가 없으니 기도라도 할 게요.", "안 이루어지면 어쩌죠?" ……

전도체 중에는 초전도체라는 것이 있다. 초전도체는 특정 온도 이하에서 전기 저항이 완전히 사라지는 물질을 말한다. 신자도 특정한 조건 아래 영적인 초전도체가 될 수 있다.

신자 안에 있는 염려, 근심, 걱정, 불안, 두려움과 불평과 불만, 원망이 한순간에 사라지는 것이다. 신자의 내면에 하나님을 거스르고, 방해하는 저항값이 '0(제로)'가 되는 것이다.

언제 그렇게 될 수 있나? 바로 내 안에 있는 옛 본성을 십자가에 못 박고, 성령으로 충만할 때이다. 그렇게 되면 예수님처럼 하나님과 자유로운 소통이 가능해지고, 하늘의 충만함이 즉시 공급되어, 하나님의 자녀가 이 땅에서 예수님과 같은 자녀로 살아가는데, 전혀 부족함이 없게 된다. 따라서 신자는 기도와 더불어 영적 초전도체가 되어야 한다. 우리의 내면에 저항값이 '0(제로)'가 되어야 한다. 영생을 누리는 삶은 우리의 내면에 이러한 변화를 요구한다.

불뱀과 놋뱀

[4] 백성이 호르 산에서 출발하여 홍해 길을 따라 에돔 땅을 우회하려
하였다가 길로 말미암아 백성의 마음이 상하니라
[5] 백성이 하나님과 모세를 향하여 원망하되 어찌하여 우리를 애굽에
서 인도해 내어 이 광야에서 죽게 하는가 이곳에는 먹을 것도 없고 물
도 없도다 우리 마음이 이 하찮은 음식을 싫어하노라 하매
[6] 여호와께서 불뱀들을 백성 중에 보내어 백성을 물게 하시므로 이
스라엘 백성 중에 죽은 자가 많은지라
[7] 백성이 모세에게 이르러 말하되 우리가 여호와와 당신을 향하여
원망함으로 범죄하였사오니 여호와께 기도하여 이 뱀들을 우리에게
서 떠나게 하소서 모세가 백성을 위하여 기도하매
[8] 여호와께서 모세에게 이르시되 불뱀을 만들어 장대 위에 매달아
라 물린 자마다 그것을 보면 살리라
[9] 모세가 놋뱀을 만들어 장대 위에 다니 뱀에게 물린 자가 놋뱀을 쳐
다본즉 모두 살더라(민 21:4-9, 개정)

I. 왜 하필 '불뱀'인가?

민수기 21장을 대할 때, 우리는 무척이나 당황스러운 광경을 목격하게 된다. 가나안을 앞두고 원망과 불평으로 일관하던 이스라엘을 하나님께서 징계하시는데, 하필 '뱀'을 사용하고 계시기 때문이다.

성경에서 '뱀'은 악한 영, 사탄의 상징이다. 에덴동산에서 하와를 유혹해 타락하게 만든 것도 동물 중에 가장 간교한 뱀이다. 뱀의 이미지는 지혜롭지만 교만하고 스스로 타락한 사탄의 편에선 첫 번째 동물로 기억된다.

그런데 뜻밖에 이 뱀이 하나님의 백성 이스라엘을 징계하는 데 동원된 것이다. 이러한 상황은 상식적으로 받아들이기 어렵다. 출애굽한 이스라엘이 광야에서 하나님께 원망하고 불평했던 것은 거의 일상에 가깝다.

그럼에도 하나님께서는 그들을 40년 동안이나 돌보셨다. 물론 원망과 불평에 대해 무조건 인내하시기만 한 것은 아니어서, 징계하신 적도 많이 있었지만 이렇게 파격적인 징계의 수단은 없었다.

잘못 인식하면 하나님께서 사탄에게 이스라엘 백성들을 내어주신 것이 아닌가? 하고 오해할 만한 상황이 되어 버리기 때문이다.

우리는 능력이 많으신 하나님께서 뱀을 사용하시는 것 말고도 다른 징계의 수단이 있으실 텐데, 굳이 뱀을 사용하셔서 이스라엘을 징계하시는 이유는 무엇일까? 하는 의문을 갖게 된다.

이러한 의문을 풀기 위해서는 불뱀 사건에만 주목할 것이 아니라, 민수기 전체에 대한 깊은 통찰이 필요하다. 하나님 편에서 이렇게 파격적인 징계를 사용하실 수밖에 없는 이유가 분명히 있을 것이기 때문이다.

1) 먼저 시점이 중요하다

민수기는 총 36장으로 구성되어 있는데, 민수기는 크게 두 부분으로 나눌 수 있다. 즉, 1~25장, 그리고 26~36장으로 나눌 수 있는 것이다. 민수기에는 총 2번의 인구조사가 있는데 먼저 1장에 첫 번째 인구조사가 있었고, 26장에 두 번째 인구조사가 기록되어 있다.

민수기 (군대에 입대할 수 있는 20세 이상 성인 남성의 수)		비고
1~25장	26~36장	
첫 번째 인구조사 결과: 출애굽 2년째 총 603,550명	두 번째 인구조사 결과: 출애굽 40년째 총 601,730명	1,820명 감소

왜 두 번의 인구조사가 필요했던가?

첫 번째 인구조사는 출애굽한 이스라엘 백성, 대략 200만의 인구 중 싸울 수 있는 성인 남성을 헤아려 군대를 조직하기 위함이다. 두 번째 인구조사는 가나안 정복을 거부하여 불순종한 출애굽 1세대가 모두 죽고, 광야에서 태어난 2세대로 다시 군대를 조직하기 위함이다.

민수기 21장의 [불뱀 사건]은 불순종한 1세대가 완전히 사라지는 25

장의 거의 직전 사건이 된다. 이 시점이 이 사건을 이해하는 데 매우 중요하다. 불순종의 징계로 소멸되어 가던 출애굽 1세대에게는 딱히 다른 희망이 없다.

민수기 13장에는 출애굽한 1세대가 처음 가나안 땅을 눈앞에 두고 불순종하여 정복하기를 거부한 사건이 기록되어 있다.

[25] 사십 일 동안 땅을 정탐하기를 마치고 돌아와
[26] 바란 광야 가데스에 이르러 모세와 아론과 이스라엘 자손의 온 회중에게 나아와 그들에게 보고하고 그 땅의 과일을 보이고
[27] 모세에게 말하여 이르되 당신이 우리를 보낸 땅에 간즉 과연 그 땅에 젖과 꿀이 흐르는데 이것은 그 땅의 과일이니이다
[28] 그러나 그 땅 거주민은 강하고 성읍은 견고하고 심히 클 뿐 아니라 거기서 아낙 자손을 보았으며
[29] 아말렉인은 남방 땅에 거주하고 헷인과 여부스인과 아모리인은 산지에 거주하고 가나안인은 해변과 요단 가에 거주하더이다
[30] 갈렙이 모세 앞에서 백성을 조용하게 하고 이르되 우리가 곧 올라가서 그 땅을 취하자 능히 이기리라 하나
[31] 그와 함께 올라갔던 사람들은 이르되 우리는 능히 올라가서 그 백성을 치지 못하리라 그들은 우리보다 강하니라 하고
[32] 이스라엘 자손 앞에서 그 정탐한 땅을 악평하여 이르되 우리가 두루 다니며 정탐한 땅은 그 거주민을 삼키는 땅이요 거기서 본 모든 백성은 신장이 장대한 자들이며
[33] 거기서 네피림 후손인 아낙 자손의 거인들을 보았나니 우리는 스스로 보기에도 메뚜기 같으니 그들이 보기에도 그와 같았을 것이니라(민 13:25-33, 개정)

출애굽 1세대는 40일 동안, 가나안 땅을 샅샅이 정탐하고 돌아온 정탐꾼의 보고를 듣고 크게 낙담하고 말았다.

"그 땅은 정말로 여호와 하나님께서 말씀하신 것처럼 젖과 꿀이 흐르는 땅이 맞다. 가나안 땅의 과실은 참으로 탐스러웠다. 그러나 가나안의 성읍들은 견고하고, 거인인 아낙 자손이 지키고 있는 땅이기에 감히 넘볼 수 없는 땅이다. 그들에 비해 메뚜기 같은 우리가 어떻게 정복할 수 있겠나! 가나안 땅에 들어가는 순간 군대는 전멸하고 우리의 아내와 자식들은 사로잡혀 그들의 노예가 될 것이다!"

[1] 온 회중이 소리를 높여 부르짖으며 백성이 밤새도록 통곡하였더라
[2] 이스라엘 자손이 다 모세와 아론을 원망하며 온 회중이 그들에게 이르되 우리가 애굽 땅에서 죽었거나 이 광야에서 죽었으면 좋았을 것을
[3] 어찌하여 여호와가 우리를 그 땅으로 인도하여 칼에 쓰러지게 하려 하는가 우리 처자가 사로잡히리니 애굽으로 돌아가는 것이 낫지 아니하랴(민 14:1-3, 개정)

이상하게도 출애굽 1세대는 이곳에서 좌절과 죽음을 맛보았다. 실제로 전쟁에 나아가 패전한 것도 아닌데, 정탐꾼의 보고에 이미 모든 것을 잃은 것처럼 낙심하여 밤새도록 통곡하며 울었다. 이들은 여기서 이렇게 죽을 거라면 차라리 애굽에서 평생 노예로 살며 노동하다 죽거나, 광야에서 굶어 죽는 것이 오히려 좋았을 것이라고 말한다.

출애굽 1세대는 "여호와의 인도하심은 결국 우리를 살리려는 것이 아니라, 우리를 속여 이곳까지 끌고 와서 저 거대한 아낙 자손의 손에 죽게 하려는 것이었다."라고 결론지었다. 이들은 이 거대한 아낙 자손에게 사로잡혀 죽고, 처자식이 노예가 되는 것을 보는 것은 애굽의 노예 생활보다 훨씬 더 비참하다고 말한다.

이것은 참으로 놀라운 계산법이다. 출애굽 1세대는 여호와 하나님의 놀라운 이적과 기사를 직접 경험한 세대이다. 애굽에서 10가지 재앙으로 자신들을 구원하신 하나님을 경험했을 뿐만 아니라, 홍해를 가르신 하나님의 이적으로 애굽의 군대를 무찌르고 광야로 나왔다. 대략 200만의 출애굽 1세대는 이 광야에서 매일 만나를 하나님께로부터 공급받으며 지금까지 살아왔다.

이처럼 이스라엘의 공급자가 되시고, 보호자가 되시며, 앞서 이스라엘을 대신하여 싸우신 하나님을 경험한 출애굽 1세대가 가나안 땅의 거인 아낙 자손을 보고 낙심하는 것은 참으로 이해하기 어려운 일이 아닐 수 없다.

언제 이스라엘이 자신의 힘만으로 싸워 이긴 적이 있었던가? 늘 하나님께서 함께하셔서 승리할 수 있었던 것이 아닌가? 그럼 무엇이 문제인가? 강한 적을 만나든, 약한 적을 만나든 이스라엘은 함께하신 하나님을 의지하여 싸우면 되는 것이 아닌가? 어째서 이들의 머릿속 계산은 자신들의 연약함만을 계산하여 두려워하고 있는 걸까?

마치 하나님을 전혀 모르는 백성처럼, 마치 하나님의 도우심을 한 번도 경험한 적이 없는 백성처럼 자신들의 연약한 능력만을 계산하고 두려움에 사로잡혀 있다.

하나님께서는 크게 진노하셨다. 하나님의 충만한 은혜를 경험하고도 거듭나지 못한 이스라엘을 향해 크게 진노하셨다. 출애굽 1세대는 이러한 불순종으로 가나안 땅에 들어가지 못하였다. 순종한 여호수아와 갈렙을 제외하고 그 누구도 가나안 땅을 유산으로 상속받지 못한 것이다.

출애굽 1세대는 다시 광야로 보내졌다.

그리고 광야 38년의 세월을 보내고서야 2세대와 함께 다시 가나안 땅으로 향할 수 있었다. 이것이 바로 민수기 21장의 상황이다.

그런데 민수기 21장의 출애굽 1세대는 매우 불안한 모습을 하고 있다. 과거 가나안 땅을 눈앞에 두고 다시 광야로 보내진 트라우마가 그들을 괴롭히고 있는 것이다.

본능적으로 다시 마주할 거대한 아낙 자손에 대한 두려움은 38년이 지났건만, 여전히 극복하지 못하여 진정 두려운 것이다.

[4] 백성이 호르 산에서 출발하여 홍해 길을 따라 에돔 땅을 우회하려 하였다가 길로 말미암아 백성의 마음이 상하니라
[5] 백성이 하나님과 모세를 향하여 원망하되 어찌하여 우리를 애굽에서 인도해 내어 이 광야에서 죽게 하는가 이곳에는 먹을 것도 없고 물도 없도다 우리 마음이 이 하찮은 음식을 싫어하노라 하매(민 21:4-9, 개정)

먼저 홍해 길을 따라 지름길인 에돔 땅을 통과하여 지나가지 않고, 멀리 돌아가는 우회로를 선택한 것으로 백성들의 마음이 상했다. 왜냐하면 38년 전에도 가나안으로 가는 지름길을 두고 에돔의 방해로 인해 우회하여 돌아갔기 때문이다. 돌아갈 수밖에 없었던 그때의 생생한 기억이 아낙 자손에 대한 두려움을 떠올려 그들을 사로잡았기 때문이다. 출애굽 1세대는 이 길의 끝에 무엇을 마주해야 하는지 너무나 잘 알고 있었다.

'이 길은 처음 가나안으로 향했던 그 경로와 정확하게 일치한다…….'

출애굽 1세대는 38년 전에 하나님의 진노를 샀던 그 길을 다시 가고 있다. 다시는 마주하고 싶지 않은 아낙 자손을 향해 걸어가고 있다. 여전히 그들과 싸워 이길 힘이 없는 출애굽 1세대는 반드시 패하고, 죽고, 빼앗기고, 사로잡힐 것이 뻔한 그 패망의 길을 향해 다시 걷고 있다는 사실이 믿기지 않는다.

이처럼 38년 전이나, 지금이나 출애굽 1세대는 변한 것이 없다. 아무것도 극복해 내지 못하였다. 여전히 여호와를 자신의 힘 삼을 줄 모른다. 여전히 하나님을 의지할 줄 모른다. 출애굽 1세대는 광야에서 베푸신 하나님의 은혜를 모두 땅에 쏟아버렸다. 그리하여 이들은 이렇게 말했다.

"내가 이 하찮은 음식을 싫어하노라!"

'이제 이 광야에서 우리를 기다리는 것은 죽음뿐이다. 오늘 만나를 먹는다고 뭐가 달라지나? 그저 우리를 이 광야에서 죽이려고 우리를 데리고 나온 것이다. 우리는 가나안으로 가야 하는 것이 아니라, 다시 애굽으로 돌아가야 한다! 그것만이 우리가 살길이다!'

출애굽 1세대는 이 광야에서 자신들의 불신앙을 탓하기보다 하나님을 원망하는 것을 선택했다. 어차피 자신들은 38년 전 불순종으로 인해 징계받아 가나안에 들어갈 수 없다. 하지만, 출애굽 1세대는 자신들이 마주하고 있는 이 징계조차 자신들의 잘못으로 이해하기보다 이 길로 인도하신 하나님께 있다고 말하는 것이다.

하나님께서는 이들을 40년 동안 먹이시고 입히시며 아버지 노릇을 하셨건만, 이들은 이 은혜의 광야에서 하나님 아버지의 자비하심도, 사랑하심도, 인내하심도, 보호하심도, 깨닫지 못하고 원망과 불평으로 죽어 갈 뿐이다. 기왕에 노예에서 자유를 얻어 여기까지 왔으니, 어떻게든 하나님의 자녀로 단 하루라도 살아 보겠다는 생각은 안 하고 그저 자기 연민에 빠져 있다.

2) '불뱀'의 이유

투탕카멘의 황금 가면

광야 40년 동안 출애굽 1세대를 인내로 돌보셨건만 돌아온 것은 원망과 불평뿐, 도무지 변하지 않는 이들을 하나님께서 '불뱀'으로 징계하셨다. 이렇게 '불뱀'으로 징계하시는 하나님을 이해하기 위해서는 먼저 당시 애굽의 문화와 상징을 이해할 필요가 있다. 왜냐하면 '불뱀' 사건은 애굽의 노예 생활과 밀접하게 연결되어 있기 때문이다.

애굽의 파라오 중 하나인 투탕카멘의 황금 가면에는 매우 특이한 이마 장식이 눈에 띈다. 바로 [코브라 뱀]과 [민목독수리] 장식이다. 이것은 애굽의 두 여신의 상징으로 북부의 수호신 뱀 '우라에우스'와 남부의 수호신 독수리 '네크베트'를 의미한다.

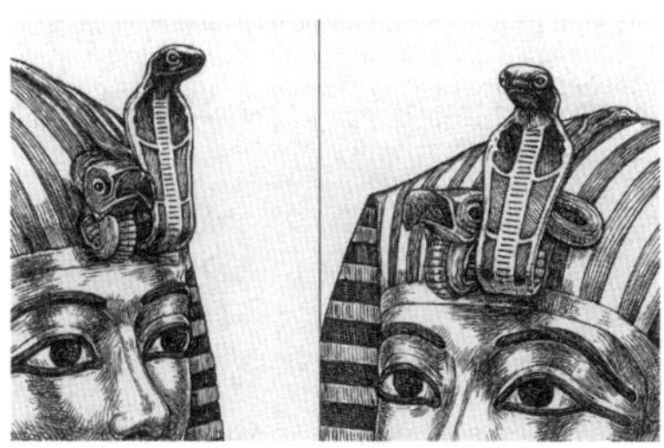
네크베트와 우라에우스

뱀 '우라에우스'는 여신 우제트의 상징이다. 본래 우제트는 나일강 삼각주의 신이었지만 그 중요도가 점차 높아져 결국엔 파라오의 수호신 지위에 오르게 되었다. 이런 이유로 파라오는 왕관의 앞부분에 그녀를 상징하는 코브라 형태의 장식을 붙였다. 이집트의 전 국토 통일에 즈음해서는, 이집트 남부의 수호신인 벵골민목독수리(White vulture)의 형상을 한 '네크베트'의 모습이 왕관에 추가되었다.

이 장식들은 '두 명의 귀부인(Two Ladies)'이라고 불렸는데, 이집트 초기왕조 시대부터 공동 수호신으로 인정되었다. 따라서 파라오 이마에 있는 이 두 개의 장식은 파라오가 북부와 남부의 유일한 통치자임을 상징하는 것이다.

이 둘 중, 코브라 뱀인 '우라에우스'(영어: uraeus, 고대 그리스어: *οὐραῖος*)는 '일어선 코브라'라는 뜻으로, 고대 이집트에서 왕권과 통치권, 그리고 신성함의 상징이다.[19]

가시북살모사(톱비늘살모사)

민수기 21장의 '불뱀'은 애굽의 왕권을 상징하는 '코브라'와 동일시된다. 다만, 애굽에 주로 서식하는 코브라와 달리 '불뱀'은 광야에 서식한다. '불뱀'을 뜻하는 히브리어 '싸라프(שׂרף)'는 '타는 듯한 고통을 주는 뱀'이라는 뜻이다. 학자들은 이 뱀을 사하라 사막과 이집트, 이스라엘, 사우디아라비아, 인도 등의 지역에 서식하는 '[가시북살모사(톱비늘살모사)]로 추정한다.

이 뱀은 이름처럼 몸을 스쳐 긁듯이 부딪치며 톱니바퀴 같은 불사리의 뼈로 서로 마주쳐 특이한 소리를 내는 특징을 갖는다. 또한 강력한 독을 가지고 있어 물린 부위가 심하게 화상을 입은 것처럼 불타는 듯한 고통을 유발하는 것으로도 유명하다.

가시북살모사의 독은 다른 살모사류와 달리 출혈독이 아닌 치명적인

19 위키백과: 검색 단어 '우라에우스' 2025년 4월 14일 (월) 00:01에 마시막으로 편집본.

신경독이다. 치사율도 훨씬 높다. 매년 전 세계에서 독사에 물려 사망한 사람이 평균 10만 명에 이른다. 그런데, 이들 중 가시북살모사에 물려 사망한 사람의 숫자는 매년 8만 명대이다. 이는 전 세계 독사로 인한 사망자 중 80%가 바로 이 가시북살모사에 물려 죽었다는 뜻이다. 블랙맘바, 코브라 등의 맹독사를 제치고 치사율 1위를 차지하는 뱀이 바로 이 '가시북살모사'이다

하나님께서는 광야에 서식하는 '가시북살모사'를 동원하여 출애굽 1세대를 징계하셨다. 광야의 모래 속에 숨어 있다가 스프링처럼 튀어 올라 덮치는 '불뱀'의 모습은 흡사 애굽의 관리들이 휘두르던 채찍과 같았다.

원망과 불평으로 애굽으로 돌아가길 원했던 출애굽 1세대는, 순간 애굽에서 겪었던 고통스러운 노예 생활을 떠올렸다. 치명적인 독이 온몸에 퍼져 불타는 듯한 고통 속에서, 작열하는 애굽의 태양 아래 짓밟히며 쓰러져 갔던 그 참혹한 노예 생활이 생생하게 기억난 것이다.

이상하게도 이스라엘은 그동안 고통스러운 애굽의 노예 생활을 애써 미화해 왔다.

이스라엘 자손이 그들에게 이르되 우리가 애굽 땅에서 고기 가마 곁에 앉아 있던 때와 떡을 배불리 먹던 때에 여호와의 손에 죽었더라면 좋았을 것을 너희가 이 광야로 우리를 인도해 내어 이 온 회중이 주려 죽게 하는도다(출 16:3, 개정)

이스라엘 백성은 과거 애굽에서의 노예 생활을 어이없게도 '좋았던 시절'로 회상한다. 그러나 출애굽 1세대의 말과 달리, 애굽의 강제 노역에 시달리던 이스라엘 백성들이 고기 가마 옆에 편히 앉아 있던 때는 결코 없었다. 떡을 배불리 먹을 만큼 풍족하게 살았던 적도 없다. 그럼에도 이들이

이렇게 과장된 말로 애굽 생활에 대한 향수를 토로하는 것은 아낙 자손에게 죽느니, 차라리 적은 양식이라도 먹을 수 있었던 애굽에서의 노예 생활이 더 낫다고 하는 한심스러운 노예근성을 나타내는 것이라 할 수 있다.[20]

[5] 우리가 애굽에 있을 때에는 값없이 생선과 오이와 참외와 부추와 파와 마늘들을 먹은 것이 생각나거늘
[6] 이제는 우리의 기력이 다하여 이 만나 외에는 보이는 것이 아무 것도 없도다 하니(민 11:5-6, 개정)

'파'와 '마늘' 같은 것은 강제 노역에 동원된 일꾼들의 식사로 주어졌던 것들이다. 그러나 그 음식들을 '값없이' 먹었다고 말하는 것은 정말 해서는 안 되는 거짓말이다. 왜냐하면 이들은 모두 강제 노역에 동원되어 피흘리도록 수고하고 나서야 겨우 얻은 양식이기 때문이다.

그럼에도 굳이 '값없이'라는 표현을 사용한 것은 모세를 향한, 나아가 하나님을 향한 강한 불만의 표현이다. 이 말은 '애굽의 종으로 있을 때도 이런 음식들을 값없이 먹었는데, 이제 자유로운 언약 백성이 된 우리에게 겨우 값없이 주어지는 것이 오직 만나뿐이냐?'라고 한탄하는 것이다. 결국 이 표현은 하나님에 대한 불신앙의 극치를 드러낸다.[21]

하지만 정작 하나님께서 분노하신 것은 이것 때문이 아니다. 이들의 그치지 않은 원망과 불평이 애굽의 노예 생활을 미화하여 출애굽 2세대에 영향을 끼치고 있었기 때문이다.

---

20 옥스퍼드원어성경대전 구약 《출애굽기 6권》, 출애굽기 16:1-12, p.199. 2006년 바이블네트.

21 옥스퍼드원어성경대전 구약 《민수기 10권》, 민수기 11:4-9, p.643. 2006년 바이블네트.

광야에서 태어난 출애굽 2세대에게 애굽의 기억이란 존재하지 않는다. '만나' 말고 또 다른 음식에 대한 경험조차 없다. 더욱이 하나님 말고 다른 신을 알지도 못한다. 하얀 도화지처럼 깨끗한 종이 위에 하나님께서는 신실한 믿음을 그려내고 싶으셨다. 순전한 믿음으로 가나안의 모든 죄를 물리치고 하나님의 나라를 함께 세울 거룩한 백성을 키워 내고 계셨던 것이다.

그런데, 출애굽 1세대들이 2세대를 오염시키고 있었다. 1세대인 할아버지, 할머니, 아버지와 어머니의 하나님을 향한 끝없는 원망과 불평은 애굽에 대한 이상한 환상을 갖게 하였다.

[5] 이집트에 있을 때에는 생선을 마음껏 먹었소. 그 밖에도 오이와 수박과 부추와 파와 마늘을 먹었소.
[6] 그런데 지금은 이 만나밖에 없으니, 우리 몸이 쇠약해지고 말았소."(민 11:5-6, 쉬운)

"애굽에는 광야에 없는 생선과 오이와 참외와 부추와 마늘이 있다. 너희들이 맛보지 못한 엄청난 과일과 야채와 생선이 즐비한 것이다. 이것들과 '만나'를 비교하자면 '만나'는 하찮은 음식이다. 하나님은 하찮은 음식을 주시는 나쁜 신(神)이다. 하나님은 '만나'라는 하찮은 음식으로 우리의 기력을 쇠약하게 할 뿐이다."

이 말을 들은 하나님께서 진정 분노하셨다. 이제 가나안 땅이 코앞이다. 그런데도 1세대들은 회개하여 하나님의 자녀 됨을 회복할 생각이 전혀 없다. 오히려 원망과 불평으로 자신들의 인생을 망쳐 버린 것도 모자라 2세대에게까지 죄로 오염시키고 있는 것이 아닌가?

하나님께서는 출애굽 1세대를 더 이상 참으실 수 없으셨다.

하나님께서는 이들의 거짓이 출애굽 2세대에게 전염되는 것을 더 이상 참으실 수 없으셨던 것이다. 하나님께서는 이들과 진실한 변론을 하시기 위해 광야의 '불뱀'을 불러 모으셨다. '불뱀'이 나타나 원망과 불평하는 이스라엘 백성들을 물어뜯자, 그들의 거짓이 벗겨지고 일순간 애굽의 고통스러운 노예 생활의 실체가 드러났다.

"너희가 애굽에서 고기와 생선을 값없이 먹었더냐? 그들이 너희를 사랑으로 섬기고 상처를 싸매 주며 너희를 돌보았더냐? 그들이 지금 너희가 입고 있는 비단옷을 주었느냐? 지금 너희 손과 목에 걸린 귀금속은 누가 너희에게 준 것이냐? 너희가 그토록 애굽을 그리워하니, 애굽에서 너희가 어떻게 살았는지 생생하게 기억나게 해 주마! 그곳에서 너희에게 자유가 있었느냐! 관리들의 채찍질 아래, 처참한 노동을 하다 죽어 가지 않았더냐! 너희의 거짓된 입술은 언제쯤 진실을 말하겠느냐! 나와 변론하자. 너희는 진실한 입으로 내게 나아 오라!"

출애굽 1세대와 이들에게 동조하여 함께 원망했던 오염된 2세대는 '불뱀'의 독에 신음하며 쓰러져 갔다. 애굽의 왕권을 상징하는 '뱀'에 물려 이 광야에서 끔찍한 애굽의 노예 생활을 다시 맛보게 된 것이다. 그들은 일순간 애굽으로 소환되어 다시 애굽의 파라오의 통치 아래, 고통 하며 신음하게 되었다. 땅에서 순간 모래를 뚫고 날아드는 '불뱀'에 물려 쓰러진 이스라엘은 애굽의 관리들의 채찍질에 피 흘리며 비참하게 쓰러졌던 그때처럼 고통 속에 나뒹굴었다.

이처럼 하나님께서는 '불뱀' 사건을 통해 출애굽 2세대에게 애굽의 진실을 알리시고자 하셨다. 출애굽 1세대에게 거짓을 벗으라고 명령하셨다.

II. '놋뱀'의 의미

[6] 여호와께서 불뱀들을 백성 중에 보내어 백성을 물게 하시므로 이스라엘 백성 중에 죽은 자가 많은지라
[7] 백성이 모세에게 이르러 말하되 우리가 여호와와 당신을 향하여 원망함으로 범죄하였사오니 여호와께 기도하여 이 뱀들을 우리에게서 떠나게 하소서 모세가 백성을 위하여 기도하매
[8] 여호와께서 모세에게 이르시되 불뱀을 만들어 장대 위에 매달아라 물린 자마다 그것을 보면 살리라
[9] 모세가 놋뱀을 만들어 장대 위에 다니 뱀에게 물린 자가 놋뱀을 쳐다본즉 모두 살더라(민 21:6-9, 개정)

순식간에 너무 많은 사상자가 나왔다. 이스라엘은 하나님의 노여워하심이 평소와 같지 않다는 것을 단번에 깨달았다. 이번 하나님의 진노는 쉽게 사그라질 진노가 아니었다. 다급해진 이스라엘은 그토록 원망했던 모세를 찾아 애원하였다.

하나님의 진노 앞에, 진멸의 위기에 놓인 이스라엘을 대신해 모세가 하나님 앞에 섰다.

이때 하나님께서는 '불뱀'을 만들어 장대 위에 매달고 그것을 보면 살아날 것이라고 하셨는데, 모세는 이 말씀을 따라 '놋'으로 '불뱀'을 만들어 장대에 매달았다.

그럼 놋으로 만든 불뱀, 즉 '놋뱀'은 무엇을 의미하는가? 또 '놋뱀'을 바라보는 것만으로 어떻게 다시 살게 되는 걸까? 왜 하나님께서는 '놋뱀'을 바라보는 것으로 진노를 그치셨나?

많은 신학자와 이에 대한 다양한 주석서에는 이 '놋뱀'을 요한복음 3:14절을 근거로 십자가에서 달려 돌아가신 예수님의 예표로 해석한다.

모세가 광야에서 뱀을 든 것 같이 인자도 들려야 하리니(요 3:14, 개정)

> **이스라엘이 광야에서 하나님을 시험한 것에 대한 징계로 불뱀 재앙을 만나 이스라엘이 멸절되는 심각한 위기에 직면했을 때, 재앙을 만난 사람들을 구원하기 위해서 취해진 조치가 바로 불뱀 형상의 놋뱀을 드는 것이었다. 여기서 우리는 예수님의 십자가 위에 들리심이 죄로 인해 멸망의 위기에 놓인 인류를 위한 더 없이 중요한 조치임을 확인하게 된다.[22]**
>
> **이 구리 뱀은 사단의 세력을 없애기 위해 십자가상에서 대속의 죽음을 당한 예수의 희생을 예표한다.[23]**

이러한 신학자들의 견해에 대해 전적으로 동의한다. 하지만 너무 빨리 신약적 해석으로 넘어가는 것은 구약성경만이 가지고 있는 의미를 파악

22 옥스퍼드원어성경대전 신약 《요한복음 9권》, 요한복음 3:1-15, p.243. 2006년 바이블네트.

23 카리스종합주석 신약 《요한복음 9권》, 요한복음 1-7, 요한복음 3:14. p.254. 2002년 기독지혜사.

하지 못하고 그냥 건너뛰는 결과를 가져온다.

즉, 당시 '불뱀'으로 직접 징계받은 이스라엘에게 이 사건이 어떤 의미가 있었나? 또 하나님께서 '놋뱀'을 장대에 매달라고 명령하셨을 때, 모세는 이것을 어떤 의미로 받아들였던가? 마지막으로 '놋뱀'을 바라보는 것이 어떤 작용을 했나? 를 살핀 후에, 신약적 의미를 살펴봐야 하는 것이다.

왜냐하면 이 사건은 신약시대를 살고 있는 우리에게도 의미가 있는 사건이지만, 1차적으로는 당시 원망과 불평으로 진멸의 위기에 놓인 이스라엘 백성에게 교훈과 징계가 된 사건이기 때문이다.

성경에서 '놋', 그러니까 '구리'는 매우 독특한 의미를 가진다. 철기가 없었던 이스라엘에게 놋은 가장 강력한 군사 무기의 재료로서 심판과 징계의 도구이다. 또한 번제단과 물두멍, 거울과 같은 제사 도구의 재료로서 정결과 성결의 상징이기도 하다.

'불뱀'은 과거 애굽에서 노예 생활을 하던 이스라엘에게 파라오의 폭정에 상징이다. 즉 이집트 파라오의 통치 아래 고통받던 노예 생활과 파라오의 왕권을 상징하는 것이다.

이에 반해 '놋뱀'은 뱀은 뱀이나 살아 움직이지 않는 뱀, 즉 '죽은 뱀'이다. 더욱이 신명기 21:23절에 의하면 '저주받은 뱀'이 된다.

그 시체를 나무 위에 밤새도록 두지 말고 그 날에 장사하여 네 하나님 여호와께서 네게 기업으로 주시는 땅을 더럽히지 말라 나무에 달린 자는 하나님께 저주를 받았음이니라(신 21:23, 개정)

이 '저주받아 죽은 뱀'은 [놋]으로 만들어졌다. '놋'의 의미가 더해진 것이다. 그러면, 저주받아 마땅히 죽어야 할 이 뱀은 하나님의 권능에 의해 심판받아 죽은 뱀이 된다. '놋'이 심판을 상징하기 때문이다. 또한 이 심판받아 죽은 뱀을 바라보는 것으로 이스라엘 백성들은 정결하게 된다. 왜냐하면 '놋'은 또한 성결과 정결의 상징이기 때문이다.

이를 다시 설명하자면, 출애굽한 이스라엘은 더 이상 애굽의 파라오의 통치 아래 있지 않다. 하나님의 통치 아래 있다. 그럼에도 이스라엘의 죄성(罪性)은 하나님의 통치를 거부하고 다시 애굽의 파라오의 통치 아래로 돌아가고자 하였다. 심지어 출애굽하여 애굽의 통치에서 벗어난 지 40년의 세월이 흘렀음에도 말이다.

출애굽 1세대는 노예 생활을 미화하고 거짓으로 선동하여 이스라엘 전체를 다시 애굽으로 돌리고자 하였다. 이에 하나님께서는 여기에 동조한 모든 출애굽 1, 2세대에게 '불뱀'을 보내 선포하신다.

비참한 노동과 폭정 아래 죽음뿐인 애굽으로 돌아갈 것인가? 아니면 애굽의 통치, 파라오의 통치에 대해 완전한 자유를 얻어 하나님의 자녀로 살아갈 것인가?

자유를 얻어 하나님의 자녀로 살아갈 것이라면 더 이상 주저해서는 안 된다. 더 이상 애굽과 아무런 관련이 없음을 선언해야 한다.

"나는 더 이상 애굽의 통치와 관계없다. 애굽의 왕권은 나에게 아무런 영향력도 끼치지 못한다! 나에게 애굽 파라오의 왕권은 죽은 것이다. 파라오의 통치는 이곳에서 아무런 의미가 없다!"

이 선택에 동의한다면 '놋뱀'을 바라보라! 이 고백에 동의한다면 '놋뱀'을 바라보라! 그리고 하나님의 통치 아래 새로운 백성이 되었음을 선포하라! 더 이상 주저하지 말고 당당한 하나님의 백성으로만 살아가라! 이것이 마지막 기회임을 잊지 말라! 더 이상의 기회는 없다!

이스라엘은 이 광야에서 왜 하나님을 향해 원망과 불평을 쏟아 내었나? 이들은 물리적으로 애굽에서 해방되어 광야로 나왔지만, 그들의 정신과 정서는 그렇지 못하였다. 눈에 보이지 않는 하나님의 인도하심을 불기둥과 구름 기둥으로 확인하는 것보다 눈에 보이는 통치자의 존재를 여전히 사모하였다.

새로운 삶을 받아들이지 못한 이스라엘은 여전히 애굽에 매여 살았다. 애굽에서 노예 생활을 했던 출애굽 1세대는 여전히 이 광야에서 애굽의 노예로 산 것이다.

'불뱀'은 애굽의 노예 생활을 청산하지 못한 이스라엘을 향한 하나님의 마지막 경고였다.

'놋뱀'은 하나님 백성으로 거듭나, 이제는 오직 하나님의 통치에만 순종할 것을 선택한 이스라엘 백성에게 합당한 신앙을 고백할 수 있는 마지막 기회를 제공하기 위해 준비되었다.

끝까지 하나님의 통치를 거부한 이스라엘은 '불뱀'의 독이 퍼져 온몸에 불이 붙는 듯한 고통 속에 죽어 갔다. 반면, 많이 늦었지만 이제라도 하나님의 백성으로 살아갈 것을 선택한 이스라엘은 '놋뱀'을 바라보고 회복되었다.

하나님의 진노는 딱 여기까지였다. 이제라도 하나님의 백성으로 살아간다면 하나님께서는 더 진노하실 이유가 없는 것이다. 이제라도 합당한 신앙고백으로 하나님 앞에 선다면 하나님께서는 얼마든지 용서하신다. 하나님께서 이스라엘을 광야로 데리고 나온 것은 오직 하나님의 자녀 삼기 위함이다. 애굽의 삶을 청산하고 하나님의 나라에 합당한 백성으로 거듭나게 하기 위함이었다.

하지만, 출애굽 1세대는 이 광야에서 이중생활을 하였다. 한편으로는 하나님의 백성으로 살았으며, 또 한편으로는 여전히 애굽의 노예로 살아간 것이다.

모세기념교회에 세워진 놋뱀조형물

출애굽 당시 노예로서는 꿈꿀 수조차 없는 하나님의 권능으로 얻은 비단옷과 금은 장식으로 화려하게 옷 입어 누가 봐도 자유민이요, 누가 봐도 거룩한 하나님의 백성으로 거듭났건만 이들의 내면은 전혀 그렇지 못했다.

'놋뱀'은 더 이상 애굽의 왕권에 반응하지 말아야 하지만, 여전히 반응하고 있는 이스라엘 안에 남아 있는 옛 본성이다. 이 '놋뱀'을 장대에 매달아 든 것은 옛 본성을 십자가에 못 박는 것과 같다.

이것을 바라보는 것은 나의 내면에 있는 옛 본성을 십자가에 못 박는 것을 동의하는 것이다.

자유를 얻어 광야에 나와 하나님의 통치 아래 있으면서도, 여전히 애굽의 왕권에 반응하고 돌아가고자 했던 옛 본성을 죽여, 더 이상 애굽의 왕권에 반응하지 않고 진정한 하나님의 백성으로 살겠다는 신앙고백인 것이다.

나는 '불뱀' 사건이 두렵다. 신약시대를 살아가는 우리에게 이런 일이 반복되고 있지는 않나? 하는 의심이 들기 때문이다.

한국교회가 하나님과 세상을 겸하여 섬기고 있는 것은 아닐까?

아직도 우리는 죄의 종노릇하는 삶을 청산하지 못한 채, 하나님 앞에 거룩한 백성인 척 이중생활을 하고 있는 것은 아닐까?

거룩한 하나님의 부르심을 받고도 세상과 하나님 사이에서 양다리를 걸치고 있는 삶을 살고 있다면, 우리는 언젠가 하나님의 마지막 경고인 '불뱀'을 만나게 될 것이다.

한 사람이 두 주인을 섬기지 못할 것이니 혹 이를 미워하고 저를 사랑하거나 혹 이를 중히 여기고 저를 경히 여김이라 너희가 하나님과 재물을 겸하여 섬기지 못하느니라(마 6:24, 개정)

하나님과 세상 사이에서, 의에 종노릇하는 삶과 죄에 종노릇하는 삶 사이에서 애매하게 줄타기하는 성도들에게서 한 가지 이상한 현상이 나타난다.

그들은 이상하게도 스스로 지혜롭다고 생각한다. 이 줄타기가 세상에서 좋은 것과 하나님에게 좋은 것을 동시에 취할 수 있는 지혜로운 방법이라고 믿기 때문이다. 하지만 이는 그들 안에 있는 죄성(罪性)이 영혼을 기만(欺瞞)하는 것이다.

하와를 속여 죄에 빠지게 했던 사악한 뱀의 기만전술이다. 이 기만전술에 속아 하나님과 세상 사이에서 줄타기하던 자들의 결말은 분명하다. 세상에서도 버려질 것이고, 하나님에게서도 버려질 것이다.

[15] 내가 네 행위를 아노니 네가 차지도 아니하고 뜨겁지도 아니하도다 네가 차든지 뜨겁든지 하기를 원하노라
[16] 네가 이같이 미지근하여 뜨겁지도 아니하고 차지도 아니하니 내 입에서 너를 토하여 버리리라(계 3:15-16, 개정)

하지만 버림받기 전에 이들에게 반드시 '불뱀'이 찾아온다. 마지막으로 올바른 선택을 할 수 있는 기회가 온다. 그때 기회를 놓치지 말고, 십자가에 달려 돌아가신 예수님을 바라보자.

오직 하나님의 편에 서서
하나님의 신실한 자녀로 살아갈 것을 결단해야 한다.

우리는 왜 '불뱀'을 만나기 전에 스스로 진정한 하나님의 자녀가 될 수는 없는 걸까? 우리는 왜 이렇게 어려운 상황에 내몰려야만 하나님을 선택하게 되는 걸까?

하지만 이제라도 늦지 않았다. '불뱀'을 만나기 전에 합당한 신앙고백이 우리의 입술에 있기를 소원한다. 세상과 하나님을 겸하여 섬기는 일을 속히 청산하길 바란다. 이제라도 내가 세상과 하나님을 겸하여 섬기고 있다는 사실을 깨닫기를 원한다. 알면서도 주저했던 그 선택을 오늘 이 자리에서 선택하기를 권한다.

만일 여호와를 섬기는 것이 너희에게 좋지 않게 보이거든 너희 조상들이 강 저쪽에서 섬기던 신들이든지 또는 너희가 거주하는 땅에 있는 아모리 족속의 신들이든지 너희가 섬길 자를 오늘 택하라 오직 나와 내 집은 여호와를 섬기겠노라(수 24:15, 개정)